高职高专国际经济与贸易专业系列规划教材

港口业务与操作

GANGKOU YEWU YU CAOZUO

陈长英◎主　编

叶孟阳　宋　文　李　冰◎副主编

王智利◎主　审

電子工業出版社

Publishing House of Electronics Industry

北京·BEIJING

图书在版编目（CIP）数据

港口业务与操作 / 陈长英主编. —北京：电子工业出版社，2017.6

高职高专国际经济与贸易专业系列规划教材

ISBN 978-7-121-31666-1

Ⅰ. ①港⋯　Ⅱ. ①陈⋯　Ⅲ. ①港口－高等职业教育－教材　Ⅳ. ①U691

中国版本图书馆 CIP 数据核字(2017)第 120865 号

策划编辑：姜淑晶

责任编辑：刘淑敏

印　　刷：北京虎彩文化传播有限公司

装　　订：北京虎彩文化传播有限公司

出版发行：电子工业出版社

　　　　　北京市海淀区万寿路 173 信箱　邮编 100036

开　　本：787×1092　1/16　印张：14　字数：310 千字

版　　次：2017 年 6 月第 1 版

印　　次：2023 年 7 月第 11 次印刷

定　　价：38.00 元

凡所购买电子工业出版社图书有缺损问题，请向购买书店调换。若书店售缺，请与本社发行部联系，联系及邮购电话：(010) 88254888，88258888。

质量投诉请发邮件至 zlts@phei.com.cn，盗版侵权举报请发邮件至 dbqq@phei.com.cn。

本书咨询联系方式：(010) 88254199，sjb@phei.com.cn。

前　言

改革开放以来，特别是进入 21 世纪以来，我国港口实现了突飞猛进的发展，在港口规模、建港技术、装卸设备、信息技术等方面都已走在了世界的前列。我国港口要参与经济全球化并建立保障经济发展的港航格局，就必须加快培育一支掌握现代化港口技能的人才队伍。同时在港航职业教育方面，应更加注重内涵和质量提高，这就需要一批好的教材。

本教材以"任务驱动，行动导向"、"强化实训，突出技能"为教学模式，系统地论述了集装箱码头、件杂货码头、散货码头、液体货码头的业务操作，具有现代职业教学特点、符合港航物流企业用人需求。

本教材由广西交通职业技术学院管理系教师陈长英担任主编，钦州学院特聘教授叶孟阳、广西交通职业技术学院管理系教师宋文和李冰担任副主编，湖北省交通职业技术学院教师王卉参编。全书共 4 章，具体编写分工：陈长英撰写第一章；叶孟阳撰写第二章；宋文、李冰、王卉撰写第三、四章。陈长英负责拟定大纲，并为全书统稿、修改。

本教材可作为高职高专院校港口与航运管理、集装箱运输管理、报关等专业的教科书及专业教师的教学参考书，也可供物流企业、运输企业和贸易公司管理人员参考使用，还可以作为港口业务从业人员的培训教材。

本教材在编写过程中，参考了大量网站资料和图书文献，以参考文献形式列出。在此，对这些书籍资料的作者表示衷心感谢。

由于编者水平有限，书中疏漏之处还恳请广大读者批评指正，以便我们在今后修改时予以吸收。

编者

E-mail：mdlzy0821@163.com.

目　录

第一章 | 集装箱码头操作[①]

第一节 集装箱船舶预确报

教学目标

知识目标：

1. 了解集装箱船的分类和船舶结构。
2. 理解码头船舶预确报制度。

技能目标：

1. 能模拟船舶配载员，完成集装箱船舶的预确报作业。
2. 能根据船舶预确报情况，填制船舶动态表。

问题导入：

大连某集装箱码头公司收到马士基航运公司发来的关于马士基–艾德里安号的船舶资料、预报信息、船图清单、舱单、船期信息、离港信息及危险货物申报单，预计201×年7月21日10:23抵达大连，10:35靠泊。确报到港时间为201×年7月21日12:10，201×年7月21日12:30抵锚，12:45靠泊，13:20联检。计划201×年7月23日7:10离港，并准时正常离港。船期如表1-1所示，请模拟船舶配载员完成该集装箱船舶的预确报作业。

---

① 基于编写的需要，本章将集装箱码头出口操作和进口操作混合进行编写。

表 1-1　船期表

船名	航次	截单期	装期	开航日	挂港 MAINPORT				
					大连	丹帕拉	巴生	瓦伦西亚	釜山
VESSEL	VOY	CLD	LDD	SLD	Dalian	Tpp	Port Klang	Valencia	Busan
马士基-艾德里安/MAERSK-ADRIAN	0907	7月12日	7月13日	7月14日	7月21日	7月27日	7月29日	8月19日	9月8日

问题分析：

　　船舶配载员负责在船舶到港前，接收船公司的船舶资料数据，进行船舶挂靠及进口船图、进口舱单数据的输入。作为对即将发生的集装箱进出口业务进行资源（场位、设备、人员等）分配的基础，船舶预确报使装卸船、收发箱、堆场内部操作等业务能够按照计划实施。

一、集装箱船分类

　　集装箱船可分为部分集装箱船、全集装箱船和可变换集装箱船三种。

　　部分集装箱船，是以船的中央部位作为集装箱的专用舱位，其他舱位仍装普通杂货。

　　全集装箱船（见图 1-1），指专门用以装运集装箱的船舶。它与一般杂货船不同，其货舱内有格栅式货架，装有垂直导轨，便于集装箱沿导轨放下，四角有格栅制约，可防倾倒。集装箱船的舱内可堆放 3～9 层集装箱，甲板上还可堆放 3～4 层。

图 1-1　全集装箱船

　　可变换集装箱船，其货舱内装载集装箱的结构为可拆装式的。因此，它既可装运集装箱，必要时也可装运普通杂货。集装箱船航速较快，大多数船舶本身没有起吊设备，需要依靠码头上的起吊设备进行装卸。这种集装箱船也称为吊上吊下船。

集装箱船装卸速度高，停港时间短，大多采用高航速，通常为每小时 20～23 海里[①]。近年来为了节能，一般采用经济航速，每小时 18 海里左右。在沿海短途航行的集装箱船，航速每小时仅 10 海里左右。

二、集装箱船结构

（1）集装箱船的机舱基本上设置在尾部或偏尾部。这样布置主要是为了使货舱尽可能地方整，以便更多地装载集装箱。

（2）集装箱船船体线型较尖瘦，外形狭长，船宽及甲板面积较大，以保证较高的航速和合理的甲板装载。为防止波浪对甲板上集装箱的直接冲击，设置较高的船舷或在船首部分设置挡浪壁（见图 1-2）。

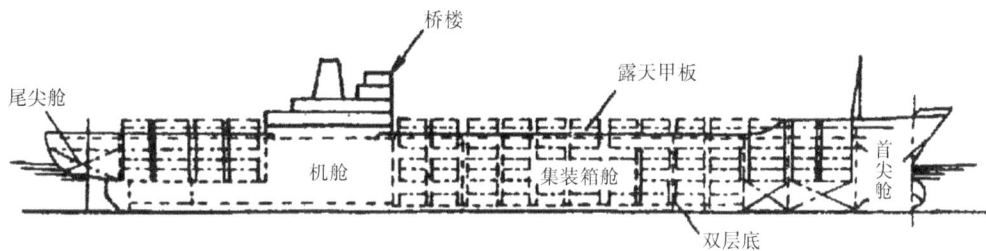

图 1-2 吊装式全集装箱船结构特点

（3）集装箱船为单甲板，上甲板平直无舷弧和梁拱，不设置起货设备，在甲板上可堆放 2～5 层集装箱，直接堆装在舱口盖上，并有专用的紧固件或捆扎装置，以利于固定货箱。

（4）船体由水密横舱壁分隔为若干货舱，货舱口大，有的船呈双排或三排并列。货舱口宽度等于货舱宽度，可达船宽的 70%～90%，以便集装箱的装卸和充分利用货舱容积。

（5）货舱内装有固定的箱格结构，便于集装箱的装卸和防止船舶摇摆时箱子移动。货舱内纵向一般可装 2 个 40ft 或 4 个 20ft 的集装箱，在横向可装 6～14 列集装箱，而在垂向可堆放 5～11 层集装箱。装在舱内的集装箱被放置在箱格中，因此无须紧固。

（6）船体为双层结构，具有两重侧壁和双层底。一般，船体两侧和船底部不能装载集装箱的部位设置边深舱（舱口围板向舱内的延伸部分与船侧外板形成的双层壳结构）和双层底舱，可装压载水以调整船舶的稳性。这种结构大大地增强了船舶的纵向强度（见图 1-3）。

---

① 1 海里=1 852 米。

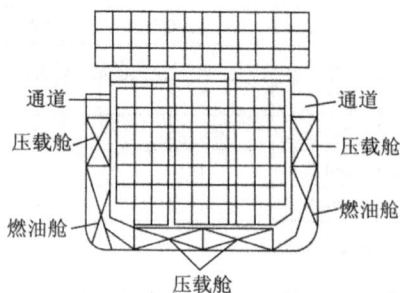

图 1-3　集装箱船横剖面

三、集装箱码头预确报

1. 码头船舶预报制度

（1）船务代理公司（或船公司、货主，下同），必须在船舶抵港前 5 天将需要抵靠港口的船资料、船舶规范（主要条款）、船舶到港装卸货物的种类及数量、船舶预计抵港的时间和预计停留的时间等汇报给船舶配载员。

（2）船务代理公司在船舶预报后，必须在每天上午 11:00 前，将抵港船舶的最新进展情况和最新预计抵港时间，报港口调度室。

（3）船务代理公司在船舶预计抵港前的 24 小时、12 小时、6 小时，必须及时向港口调度室分别报告船舶当前确切的所在位置和预计抵港时间。

（4）船务代理公司若不能按船舶预报、确报制度执行，而需要港口安排船舶靠港的，港口调度室可以视港口生产及泊位的具体情况，有权做出临时船舶靠泊计划，适时安排抵港船舶的靠泊。

2. 船舶确报制度

（1）船舶配载员接到船务代理公司船舶抵港预报后，在船舶抵港前 4 天根据船务代理公司提供的船舶抵港时间、船舶资料及规范、货物种类及装卸要求、港口航道状况及潮汐情况，初步确定船舶靠泊的时间及泊位；并经当天港口生产调度会确认后通知船务代理公司，并在港口船舶动态表（见表 1-2）和码头公司办公网上发布。

表 1-2　船舶动态（7 月 20 日 8:00）

状态	船名	航次	进/出	泊位	预泊时间	靠泊时间	开工时间	结束时间	离泊时间
待装	艾德里安	0907	出口	2#	21/10:35				
待装	鸿祥 28	1216N	出口	3#	21/09:00				
待装	金龙 313	12025	出口	1#	20/13:00				
待卸	丰顺 1	1322HI	进口	5#	20/21:00				
已装	丰顺 1	1321DE	出口	1#	18/01:00	18/01:10	18/01:30	18/05:25	18/05:45

续表

状态	船名	航次	进/出	泊位	预泊时间	靠泊时间	开工时间	结束时间	离泊时间
已装	泰晟 2	13009S	出口	5#	17/16:00	17/20:25	17/20:17	18/08:33	18/08:50
已卸	泰晟 2	13009	进口	5#	17/16:00	17/20:25	17/20:17	18/08:33	18/08:50

（2）船舶配载员接到船务代理公司 24 小时的预报后，根据码头在港船舶生产作业情况，再次确定抵港船舶的靠泊时间和泊位，并经港口生产调度会确认后通知船务代理公司，并在港口船舶动态表和码头公司办公网上发布。

想一想

根据表 1-2，7 月 20 日 12:00，客户在港口船舶动态表中查询的关于艾德里安号的状态是什么？

🔍 **知识拓展：马士基订造新型"3E"级船舶**

2011 年 2 月，全球航运巨头、中国香港—A. P. 穆勒-马士基集团与韩国大宇造船海洋株式会社签署合同，订造 10 艘全球规模最大、最高效的"3E"级集装箱船舶，打破由马士基旗下、当今世界上最大的集装箱船"艾玛·马士基"保持的世界纪录。这些船舶于 2013—2015 年陆续交付后，将极大地促进航运业效率。

新型"3E"级船舶长 400 米，宽 59 米，高 73 米，其设计装载能力为 18 000 个 20ft 集装箱，比"艾玛·马士基"多承载 2 500 个集装箱，扩容约 16%，每艘造价约 1.9 亿美元。之所以被称为"3E"，是因为其在规模经济、能源效率及环保绩效三个方面的卓越表现。与"艾玛·马士基"号相比，"3E"级船舶将减少 20% 的二氧化碳排放，比亚欧航线上航行的船舶碳排放平均水平减少 50%。船上还装载有先进的余热回收系统，能够收集并重新利用发动机所排放的热气，并形成新的推动力。此外，用来建造"3E"级船舶的材料都将被记录在案，当船舶退役时，绝大部分材料都可以通过安全有效的方式循环使用、回收或弃置。

新型"3E"级船舶将主要用于亚欧航线的运营，未来将覆盖中国的上海、宁波、厦门、盐田、香港等港口。马士基航运公司是世界上最大的集装箱航运公司，目前各大航运公司的亚欧航线上，马士基的市场份额处于领先位置，从亚洲到欧洲的集装箱货运量份额达 18%，从欧洲到亚洲的集装箱货运量份额达 15%。

思考题

1. 简述集装箱船舶的分类。
2. 试分析船舶配载员在船舶预确报环节的工作内容。

第二节　泊位策划

教学目标

知识目标：

1. 了解泊位策划的日常工作。
2. 熟悉泊位分配图的内容。

技能目标：

能够制作泊位分配图。

问题导入：

大连某集装箱码头公司收到马士基航运公司发来的关于马士基-艾德里安号的船舶资料、预报信息、船图清单、舱单、船期信息、离港信息及危险货物申报单，预计201×年7月21日10:23抵达大连，10:35靠泊。确报到港时间为201×年7月21日12:10，201×年7月21日12:30抵锚，12:45靠泊，计划201×年7月23日7:10离港。该集装箱码头的泊位策划员应如何进行泊位策划？

问题分析：

泊位计划是码头控制中心的一个重要组成部分，其首要职责是利用现有资源制订合理而有效的泊位分配计划，最大限度地提高泊位利用率，以满足船舶靠泊的需要。主要工作是绘制每日泊位图、制作靠泊申请、负责船舶的靠泊、离泊等事项。

泊位策划（Berth Allocation，BA）是指预先为每天到港的船舶安排一个停泊的位置（泊位），是码头控制中心的重要组成部分，是其他计划的前提。

为什么需要事先做泊位策划呢？

（1）为了在船舶到港之前让有关部门知道船舶的确切到港时间、停泊位置，以便有关部门做好准备工作。譬如，出口箱一般提前进入场地，这就需要泊位策划提供的靠泊计划来设定集装箱的进箱场地。

（2）船舶在码头的停泊位置受船舶本身及码头等客观条件限制，并不是可以任意停靠的，它与船舶本身的长度、泊位的岸线长度、船上所装卸货物的装卸位置，以及需在本港装船的集装箱在码头堆场的堆放位置有关。

泊位策划是一项非常重要的工作， 泊位策划的好坏，直接影响船舶在港时间的长短和码头装卸作业的快慢，最终影响集装箱运输的生产效率。

泊位策划的首要任务是制订合理而有效的泊位分配计划，绘制码头每日作业用的泊位分配图，负责船舶的靠泊、离泊等事项的安排。此外，建立各船舶准确的航次并输入相关信息，同时还要熟练掌握挂靠码头的船公司及每条航线的船期与船舶动态，为码头及有关单位提供准确的船舶、航线资料和相关信息。

一、泊位分配图

制作泊位分配图（Berthing Allocation Map，BA MAP）是泊位策划部门工作的中心内容。在泊位分配图的主页面上主要显示最近几天码头的各个泊位的船舶动态，靠泊时间和靠泊位置、离泊时间、装卸箱量等信息。一张完整的泊位分配图包括以下内容：

（1）标题，即标明"某码头泊位分配图"。

（2）需传送的单位和部门。

（3）泊位分配图的制作日期与时间。

（4）码头现有泊位分布情况，按比例据实绘出，并标出装卸桥或龙门起重机的配置情况和位置限制情况，码头系缆桩的号码和位置。

（5）当日及未来 5 天的船舶到港情况（船期）。按船舶到港日期先后整齐排列从当天起，连续 5 天的船舶到港情况，包括船名、航次、靠泊的泊位、靠泊方向（左舷靠泊或右舷靠泊）、靠泊位置、ETA、ETB、ETD 等相关靠离泊时间，以及预计使用的岸吊数量、大概装卸数量。

（6）另外，在 BA MAP 上专门列出泊位和装卸桥保养消息（Berth & QC Maintenance）及备注（Remarks）两项内容，分别注明每日有关泊位的装卸桥维修保养安排和靠离船舶的需要特殊跟进事项。

图 1-4 是某国际集装箱码头所用的泊位分配图，现按从上到下的顺序说明如下。

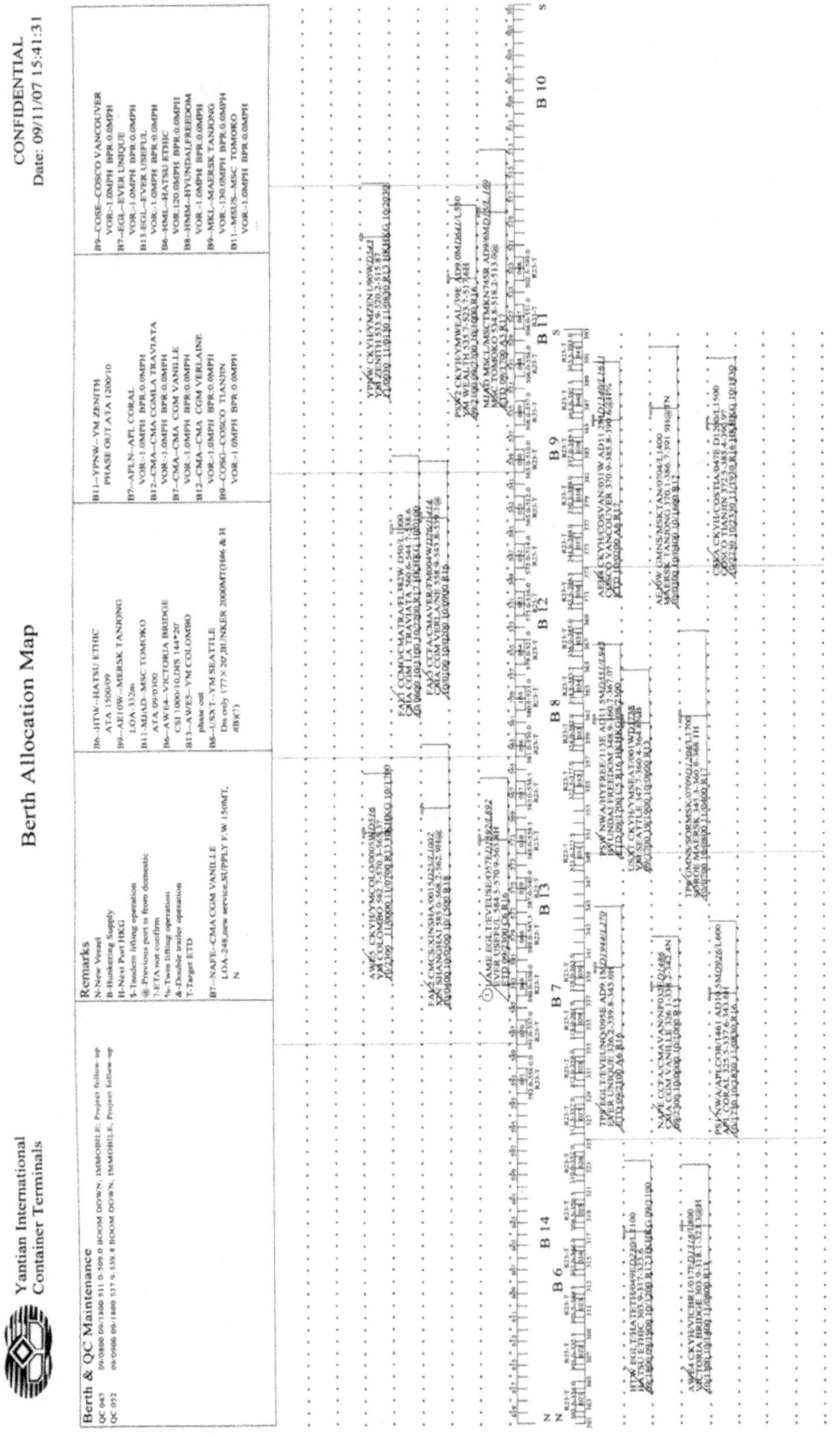
Yantian International Container Terminals
Berth Allocation Map
CONFIDENTIAL
Date: 09/11/07 15:41:31
Berth & QC Maintenance
Remarks
B 14
B 13
B 12
B 11
B 10
B 9
B 8
B 7
B 6

图 1-4 泊位分配图

（1）×××TERMINAL BERTH ALLOCATION MAP 为×××国际集装箱码头泊位分配图。

（2）Date/Time:2005/10/10 12:11 表示此泊位分配图是 2005 年 10 月 10 日上午 12点 11 分制定的。

（3）Berth & QC Maintenance：此处注明泊位和装卸桥的维修保养安排，如 Berth 7 11/0600 11/2000 335.0—349.0 Cable project following up 代表 7 号泊位，位置在 335 号和 349 号缆桩之间，从 11 日早上 6 点到晚上 8 点有电缆项目跟进，意思是说这段时间不能靠泊；QC20 11/0800 11/1700 184.0—186.0 BOOM DOWN；IMMOBILE；Annual Examination 代表 20 号装卸桥 11 日早上 8 点到下午 5 点要进行年度检查，这时装卸桥停在 184 号缆桩和 186 号缆桩之间，没有大车落泵状态，意思是这段时间这部装卸桥不能作业。

（4）Remarks：此处注明的是靠离船舶所需要跟进的特殊事项，如 ALP NEW YORK/Target ETD 10/1500hrs 意思是表明这条船对离港时间要求很严，目标离港时间在 10 日下午 3 点之前；如 HUI HUA LOAD ONLY 表示这条船没有卸箱，只有装箱。

（5）剩下的内容就是 BA MAP 的主要内容了。首先，BA MAP 中心所显示的 B1、B2、B3、B4、B5、B6，一直到 B9，说明这个码头共有 9 个泊位，B1 到 B9 表明泊位的位置。与这些数字相连的就是码头岸线了，在这个岸线上共有四行字，在岸线以内的那行数字如 101、103 一直到 303 是表明缆桩的号码和位置，这些缆桩是我们考虑泊位进行定位的主要参考依据；然后就是标注在方框内稍微大一些的数字，表明装卸桥的号码，在这个方框后方所标明的数字是这个装卸桥的位置限制，意思就是这个装卸桥左右移动所能到的最远地方；最后一行字标在最外面，如 R18 是表明这部装卸桥最大能操作 18 列集装箱的船舶。

（6）图 1-5 为 BA MAP 中的典型图例，其具体含义为：TP3 表示航线，此航线是码头为特定船公司所定义的航线，TP3 表明 Trans-Pacific 第 3 航线；GMNS/METMSK/0512 是这一航次在计算机内部的代号，GMNS 表示船公司联盟，METMSK 是船名的缩写，0512 表示航次；第二行 MEUE MAERSK 是船名的全称；D1150/L900 表明大概卸 1 150 个箱子，装 900 个箱子，后面的字符表示意思可以在 Remarks 中找到相应代表的意思，不再说明；第三行共有三个时间数字，第一个是 ETA，然后分别是 ETB 和 ETD；B6 表示 B 更靠船预计 6 部岸吊作业；R13 表明船舶宽度为 13 列集装箱。

反映泊位分配图中的内容可以有多种形式，图 1-4 只是其中一种，一般来说，各个集装箱码头都有自己习惯的表达方式。图 1-6 是另一国际集装箱码头所采用的泊位分配图，由图可见，在图的左侧表示每艘船舶的靠离泊时间，该图表示的时间为 1 月 21 日（星期四）至 1 月 24 日（星期日），共 4 天，每天的时间又以 2 小时为间隔。每艘船舶用一个长方形表示，图中 1 号泊位安排有 3 艘船舶，2 号泊位安排有 4 艘船舶，长方形的宽度表示船舶的靠离泊时间间隔（上下两条长边分别对应左侧的日期和时间），对于尚未确定的时间仍然用？？？／表示。图1-6在内容上没有图1-4那么详细，但基本上也能反映到港船舶的动态及泊位安排情况。

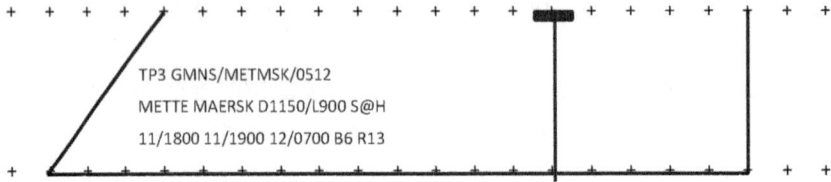

TP3 GMNS/METMSK/0512
METTE MAERSK D1150/L900 S@H
11/1800 11/1900 12/0700 B6 R13

图 1-5　BA MAP 中的典型图例

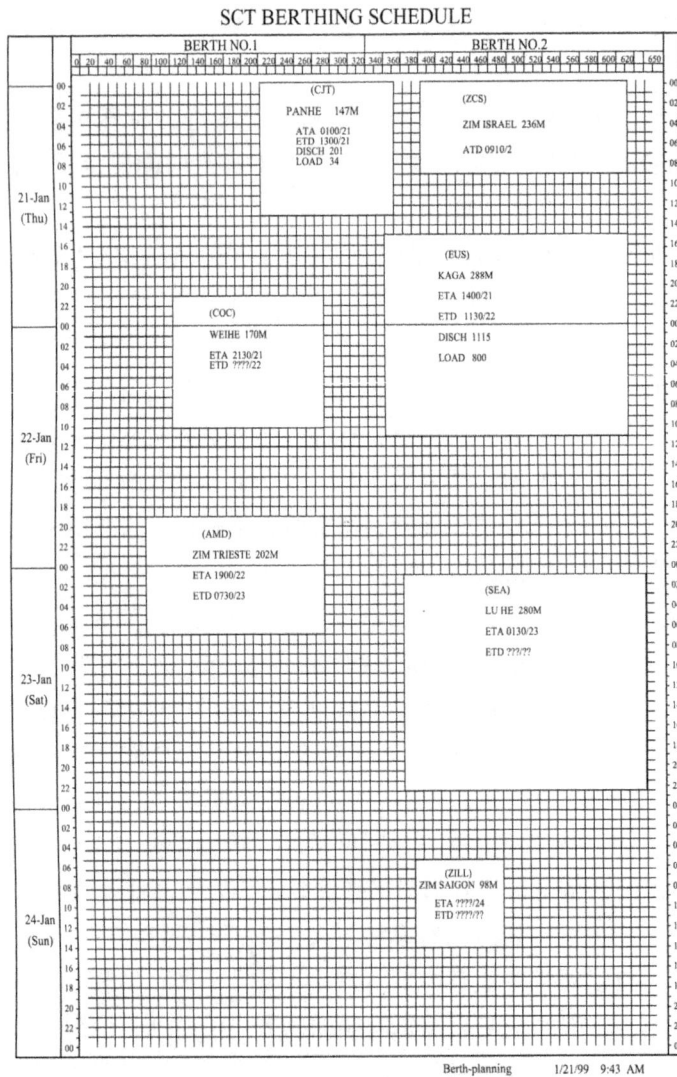

SCT BERTHING SCHEDULE

图 1-6　某集装箱码头泊位分配图

二、泊位分配图的制作

良好的泊位策划是码头顺利运作的前提保障，泊位策划员应具备良好的沟通、协调与应变能力。充分利用码头泊位及装卸桥资源，对码头可用泊位做出合理安排，以满足不同的船舶作业需要。

（一）制作泊位分配图的依据

泊位分配图的制作通常根据以下信息来进行。

1．船公司的船期表

船公司一般将近三个月内的船期表、一个月内的船期表及每艘船准确的船期提前传真给泊位策划部门，泊位策划部门根据船公司提供的信息，在计算机里建立船公司代号、船名、船期、船的总长、航次代号、航线靠泊港、目的港等资料，并输入截箱期、免费仓储期。

2．码头泊位分布图

每个码头均有自己的泊位配置，每个泊位的岸线长度及泊位水深决定了该泊位所能停靠的船舶大小，在制作泊位分配图时，必须清楚地了解码头泊位的配置情况及每个泊位的特点。

3．收箱及出口箱情况

掌握每条船、每个航次的收箱情况以及出口箱在堆场内的摆放位置，以便合理安排泊位，配备适当的装卸机械数量。

4．装卸桥情况

掌握装卸桥最新使用情况及维修情况。

（二）泊位分配图的制作方法

现代国际集装箱码头均采用计算机化管理，所以，泊位分配图的制作通常也是用计算机进行的。具体步骤如下分述。

（1）绘制码头泊位分布图。码头泊位分布图是以一定的比例反映出码头泊位的布置和每个泊位的大小的真实情形（岸线长度），如码头现有多少个泊位，每个泊位所占岸线长度是多少，位置在哪里，等等。通常均已事先绘制好，存储在计算机里，使用时直接调用便可。

（2）根据计算机里已有的船期资料，找出从当天至未来 2 天的船舶到港情况，如船公司、船名、航次、到港时间、装卸数量等，并与船公司电话联系，对船期作进一步确定。

（3）对于装有危险品集装箱的船舶，要求外代提供经有关部门批准的"船舶载运危险货物申报单"。

（4）根据每条船的长度以及待装货物在堆场上的存放位置决定该船的泊位，同时还应考虑装卸桥的情况是否良好。

（5）每艘大船在泊位图上的位置应准确无误，大船在桥位上的安全间隔应不小于30m。

（6）将已定好泊位的船舶在泊位分布图上相应泊位的上方按到港日期的先后从下到上地图示出来，要求图形整齐美观，层次感强，方便阅读。

（7）在图形中的适当空位加注注意事项，如装卸桥的状况，哪些装卸桥在维修，什么时候可维修好等。

（8）泊位分配图每天制作两次。通常上午10点和下午4点完成，并打印出来，送给堆场、调度室、策划部、操作机械部、财务部、杂货组、海关、港监、外代、外理、轮驳、引航、理货组。

三、泊位策划的日常工作

泊位策划除制作泊位分配图外，在实际工作中，尚需注意和处理以下几个方面的工作。

（1）经常与船公司及其代理沟通，与船公司及其代理保持紧密联系，了解船公司对码头服务的要求，以不断提高码头为船公司服务的水平。

（2）与政府各口岸管理机构及引水站、轮驳公司保持良好关系，以取得它们的积极配合与支持，保证船舶安全顺利地抵港。

（3）协作船公司及其代理办理船舶进出口手续，保证到港船舶按期靠泊和离泊。

（4）统筹管理船公司资料。除管理好船公司原有船舶资料外，船公司如有新的船舶挂靠本港，应将新船资料提前输入计算机，船公司资料应及时通报给码头各部门，以便码头各部门及时掌握船舶在港的动态，增强工作的主动性，保证各部门操作顺利进行。

（5）随时掌握码头装卸桥的维修情况。

（6）每周五要向港监、边检、引航站、轮驳公司及代理预报下周抵港船舶动态，船到的前一天还应传真"抵港船舶动态"给以上单位，确认第二天抵港船舶的确切时间。

（7）在每艘船到港前，应分别致电外代、船公司、拖轮公司、边检、海关，务必使它们都明白无误地知道船期，并在船舶靠泊前，准时派人在桥边待命，以便船舶靠泊后及时办理有关手续，尽早进行装卸作业。

（8）如船舶靠离泊时间有变，应尽快通知各有关单位更改时间（尤其在下班后、午饭时及星期六、星期日等时间），以免延误船期。

（9）当需要海关在非办公时间（如节假日）或下班后继续办理货物清关和船舶进

出口清关手续时，泊位策划的职员应与船公司及其代理认真协商，将需要加班的时间及有关部门加班的事项（如清关货物和转关货物的数量、船名及航次等）清楚写明在"海关加班申请表"上并报当地海关审核批准。

（10）对于每艘靠离泊的船舶，泊位策划的职员均应编写"泊位报告"。泊位报告是一份反映船舶从进入港口水域到离港的整个过程情况的文件，其中包括引水、边检检查、装卸货等具体操作的时间，从中可以看出船舶泊港时间及码头作业效率。

泊位策划工作牵涉面广，要求职员工作时认真细致，考虑周详，同时还要求职员具有较好的对外沟通能力，以保证泊位策划与政府有关部门及船公司关系融洽，各部门间配合默契，确保船舶按期靠离泊。

思考题

1．什么是泊位策划？

2．什么是泊位策划图？

3．泊位分配图应反映哪些主要内容？

4．制作泊位分配图首先应掌握哪些材料？

5．简述泊位分配图的制作步骤。

6．如何做好泊位策划部门的日常工作？

实训题

请根据表 1-3 所提供信息绘制泊位图。

表 1-3　船期信息表

信　　息	日　　期	船期信息
信息一 （船期 ETA、ETD）	8	Ship1 ETA：5:00　ETD：23:00 Ship2 ETA：11:00　ETD：待定
	9	Ship3 ETA：9:00　ETD：大约 16:00 Bargel-6 ETA：14:00 ETD：22:00
	9	Ship4　ETA：15:00　ETD：23:00
	10	Ship5　ETA：6:00　ETD：16:00 Bargel-4 ETA：7:00　　　ETD：13:00
	11	Ship6　ETA：8:00　　ETD：17:00
	12	Ship7　ETA：8:00　ETD：待定 Ship8　ETA：9:00　ETD：待定

续表

信　　息	日　　期	船期信息
信息二 （船期更改）		Ship2 晚 4 小时到港 Ship4 晚 10 小时到港 Ship6 晚 5 小时到港
信息三 （货物在码头堆场上的堆放位置）		A 区（对应泊位 1）：Ship1/Ship5/Barge1-4/Ship6/Ship8 B 区（对应泊位 2）：Ship2/Ship3/Ship4 / Barge1-6/ship7
信息四 （装卸桥维修）		9 日：5 号、6 号装卸桥维修 2 小时 10 日：2 号装卸桥大修，时间为：8：00—16：00
信息五 （码头现有泊位占用情况）		8 日：泊位 1：Ship9　ETD：14：00 泊位 2：Ship10　ETD：14：00

第三节　堆场策划

教学目标

知识目标：

1. 了解集装箱码头堆场布局。
2. 了解集装箱堆场的分配原则。
3. 熟悉箱区的编码方式。
4. 掌握堆场堆存能力的计算。

技能目标：

1. 根据既定的集装箱堆存任务表，给出可供分配的场位编号。
2. 能够模拟堆场计划员，识读、制作集装箱堆场计划图。

问题导入：

201×年 7 月 18 日，堆场计划员接到船舶配载员发出的一批集装箱的进场堆存任务，具体情况如表 1-4 所示。请根据集装箱进场堆存的具体情况，做出堆场计划，确定该批集装箱应分别存放在哪些区域？区位如何分配？

表 1-4 堆存任务信息

箱 号	船名/航次	开仓日	截关日	预约进场日	备 注	策划方案（堆场箱位号）
TGHU6234653	ESTAR/068	3-8,MAR	8,MAR	3,MAR	40'H 空	
COSU3656281	ESTAR/068	3-8,MAR	8,MAR	5,MAR	20'冷藏柜	
TGHU3514652	ESTAR/068	3-8,MAR	8,MAR	3,MAR	40'H 空	
COSU2316283	HANJIN/0236	1-6,MAR	6,MAR	5,MAR	20'冷藏柜	
HANU1326581	HANJIN/0236	1-6,MAR	6,MAR	2,MAR	40'重	
HANU1386257	HANJIN/0236	1-6,MAR	6,MAR	2,MAR	20'重	

集装箱码头堆场中，供出口集装箱堆存的 A3 区示意图如图 1-7 所示，每格子代表可以堆存 40ft 集装箱（或 2 个 20ft 集装箱）的箱位，其中格子里的数字表示目前堆存的高度（以集装箱的个数为单位），若先给集装箱 HANU1386257 分配箱位，合理的箱位有哪些？

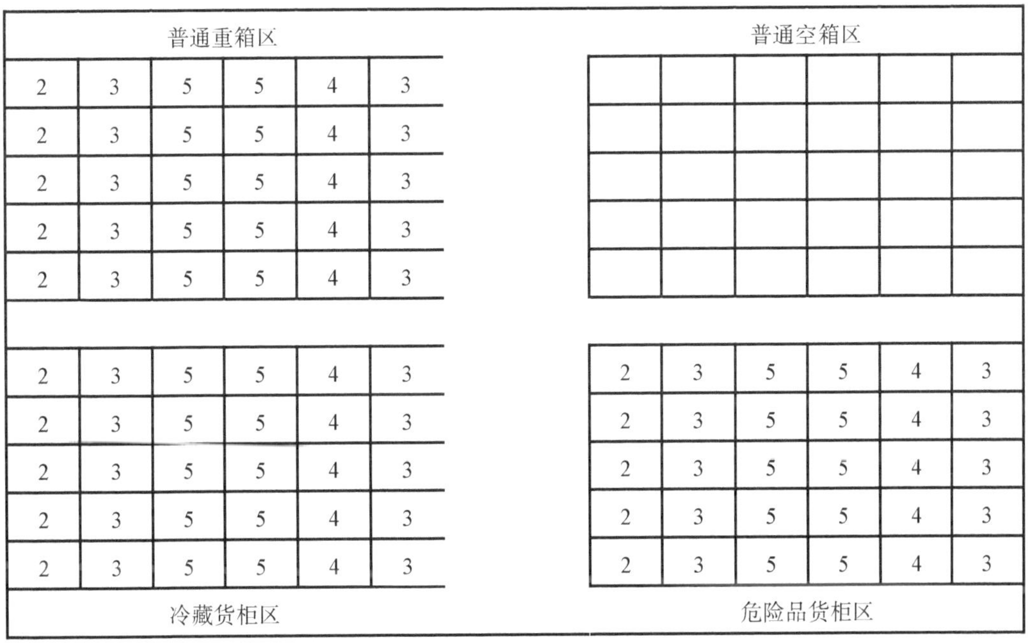

图 1-7 集装箱码头堆场 A 区

问题分析：

堆场内通常存放空箱、重箱、危险货物箱等，同时又分进口箱、出口箱，而且箱的结构尺寸也不尽相同，箱主也不同。这些都使得堆场的管理变得困难。堆场策划的目的就是要克服这些困难，充分利用有限的堆场面积，合理划分堆场，给每个集装箱配置理想的位置，提高堆场利用率和码头生产的作业效率。

堆场计划员负责对堆场进行规划，制订进口、出口堆存计划及空箱堆存计划。出口集装箱堆场策划，就是针对不同的船舶 ETA、ETD 及桥位，通过掌握每条船的航线规律来编排出口作业摆放位置。

在实际业务中，大多数的堆场计划任务都是依靠码头操作软件完成的，靠人的力量来识别每天大量的进出堆场和堆存分配任务，会大大降低工作效率。作为从业人员，应掌握堆场策划的基本原理与方法。

要想完成此任务，首先要了解堆场的相关概念与常识，堆场编码的基本方法，堆场分区与堆码的重要原则与要求，计算堆场堆存能力的方法，以及一些重要的概念，如开仓日、截关日等。

🔍 **知识拓展**：开仓日、截关日

集装箱港口为了避免集装箱在港内的大量积压，一般规定船舶装运的重箱应在指定的入港时间（开仓日）和截止时间内运至港区的指定地堆存。船舶对在本港装船的重箱的规定入港开始时间到截止的那一段时间称为开仓日（Receiving Dates），一般为 4～7 天。船舶接收重箱的截止日期为截关日（Closing Dates）。

一、集装箱码头堆场布局

堆场是集装箱码头堆放集装箱的场地，是集装箱码头最大的工作场所，如图 1-8、图 1-9 所示。堆场面积大，需要存放的集装箱数量、种类繁多。为提高码头作业效率，堆场又可分为前方堆场和后方堆场两部分。

（1）前方堆场：位于码头前沿和后方堆场之间，主要用于出口集装箱或进口集装箱的临时堆放。

（2）后方堆场：紧靠前方堆场，是码头堆放集装箱的主要部分，用于堆放和保管各种重箱和空箱。

图 1-8　堆场

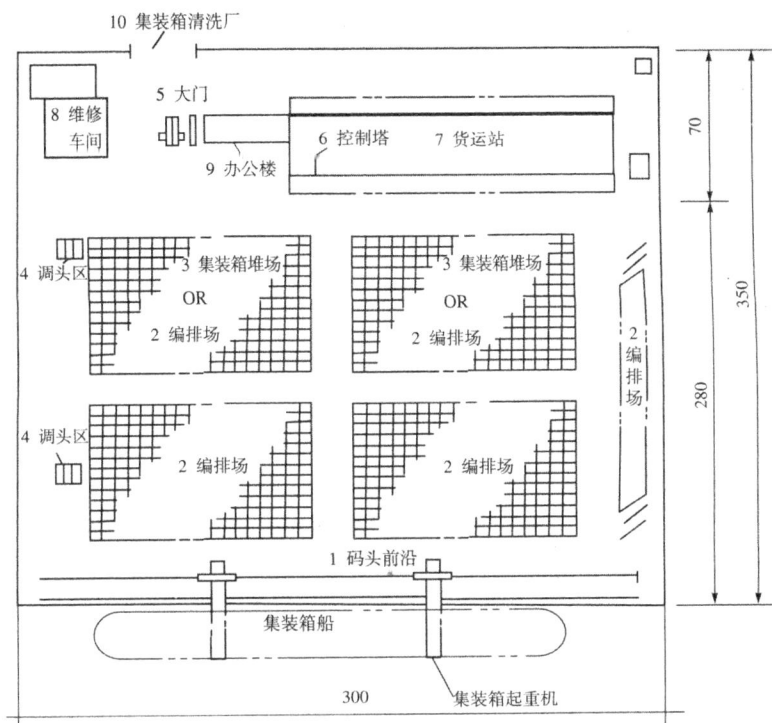

图 1-9　某集装箱码头平面示意

注：1—码头前沿；2—前方堆场；3—后方堆场；4—车辆调头区；5—大门；
　　6—控制塔；7—折、拼箱库；8—维修车间；9—办公楼；10—集装箱清洗厂

二、集装箱堆场的分配

1．堆场内箱区的分类

（1）按进出口业务可划分为进口箱区、出口箱区和中转箱区。

（2）按集装箱货种可分为普通箱区、危险品箱区、冷藏箱区、特种箱区和中转箱区。危险品箱区、冷藏箱区因有特殊设备，如冷藏箱区有电源插座，危险品箱区有喷淋装置及隔离栏，该类箱区是相对固定的。中转箱区虽无特殊设备，但由于海关部门有特殊要求，因此也是固定的。

（3）按集装箱空、重箱可分为空箱区、重箱区。空箱的位置标示不同于重箱的位置标示，一般只规定区位和段位，而没有行位和间位。因为空箱很少有指定箱号的，即如果船公司或代理人或客户要去堆场取空箱装货时，只要取该船公司的空箱就可以了，而不必非要领取某一个号码的空箱。一般在码头堆场会划分出几个空箱区，将其用于专门存放空箱，每个区分为若干区段。空箱区要求根据尺码的不同及箱型的不同，按不同的持箱人分开堆放。

2．堆场分配基本原则

（1）重、空箱分开堆放。

（2）20ft、40ft 和 50ft 集装箱分开堆放。

（3）冷藏箱、危险品箱、特种重箱应堆放在相应的专用箱区。

（4）进口箱和出口箱分开堆放。

（5）中转箱按海关指定的中转箱区堆放。

（6）出口重箱按装船要求分港、分吨位堆放。

（7）空箱按不同的持箱人、不同的尺码、不同的箱型分开堆放，污箱、坏箱分开堆放。

（8）重箱按堆场载荷要求堆放。

3．集装箱进场策划的基本原则

（1）就近原则。尽量安排出口集装箱摆放在靠近桥位的龙门吊作业区，以避免远距离操作。

（2）提高装船效率原则。出口箱在配载装船时，尽量减少翻箱。具体做法：①按堆放。同一排内，堆放同一港口、同一吨级的箱；但同一位内不同的排，可以堆放不同港口、不同吨级的箱。②按位堆放。同一位内，堆放同一港口、同一吨级的箱。③按位、排堆放。同一位内，堆放同一港口、同一吨级的箱，而该位的同一排内，堆放相同港口、相同吨级的箱。

（3）重量特性原则。放置重箱时，比较重的箱子放到下面；在同一位中，较重的箱堆放于靠近车道的第二排，较轻的箱堆放在最里面两排，中间等级的箱堆放于较中间的排。

（4）先入先出原则。

（5）面对通道原则。方便堆高机更有效地提取箱子。

（6）特性原则。将同一特征的放到一起，比如退租箱、坏箱。

（7）平衡原则。根据空箱场和龙门吊作业区的密度和可以使用的机械，合理地调节操作，从而有效地使用有限的堆场位置，避免因操作量过于集中而造成生产效率低下。

（8）储位标记原则。将集装箱堆场分贝，每个贝存放箱属相同类型的箱子。

三、箱区的编码方式

根据码头堆场的位置，往往将整个港区堆场划分为若干个区，如 A 区、B 区、C 区等，一般按照泊位顺序，每个泊位对应一个区。如 1 号泊位对应 A 区（或 1 区）；2 号泊位对应 B 区（或 2 区）；3 号泊位对应 C 区（或 3 区）。

将每个区划分为若干个段，并用代号表示。通常的做法是用油漆在堆场地面上整齐画线并标上段号，如 1 段、2 段、3 段等。每个段的形状相当于一条直直的矩形街道，其宽度可允许同时并排摆放 4~6 个 TEU，即相当于龙门吊的跨距。段的宽度可划分为贝，一般称为 BAY 或 ROW，与船箱位的 BAY 相对应，并用油漆清楚地写在地上面。用奇数贝表示 20ft，偶数贝表示 40ft。示意：

物理贝：1　2　3　4　5　6　7　8

逻辑贝：20ft：01　03　05　07　09　11　13　15

　　　　40ft：　　02　04　06　08　10　12　14

每贝又划分列（排）（COL），1 贝宽为 6 列，列的编号为 1~6 或 A~F。每列又分层（TIER），一般为 6 层，具体层数根据机械作业高度而定。编号从下往上，依次为 1、2、3、4、5、6。

综上所述，一个堆场箱位表示法为区、段、贝、列（排）、层。

如 01　A　01　E　2，即 01 区，A 段，01 贝（20ft），E 列（排），2 层高，如图 1-10 所示。

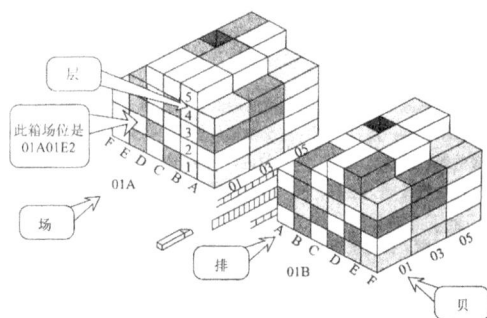

图 1-10　堆场箱位表示法

想一想

某堆场计划员将本案例中的 HANU1386257 集装箱分配在堆场 A302C2 箱位上，合理吗？

四、堆场堆存能力的计算

对于每一个堆场，其每个箱位的允许堆高层数要根据具体的装卸机械来定，如有的铲车只能堆码 4 层，有的可堆码 5 层，龙门起重机也有堆 4 层和 5 层的区别。所以计算堆场的堆存能力或给集装箱配位时，应注意这一点，本来只能堆 4 层如果按堆 5 层计算，结果会使实际操作无法进行；反过来，可堆 5 层，绝不要按 4 层考虑，因为这会造成堆场空间的浪费。

在同一个间位，不能将所有行都堆高至 4 层或 5 层，必须在每个间位靠边的 1~2 行上留出足够的空位，将其作为在装卸作业时（特别是取箱时）翻箱之用。比如，想取 1 行底或 3 行底的箱，就必须先将压在那个箱上面的所有箱移开，才能取出。上面的箱移到哪呢？就移到翻箱位。一般堆放 5 层时，应留 4 个翻箱位；堆放 4 层时，应留 3 个翻箱位（见图 1-11）。

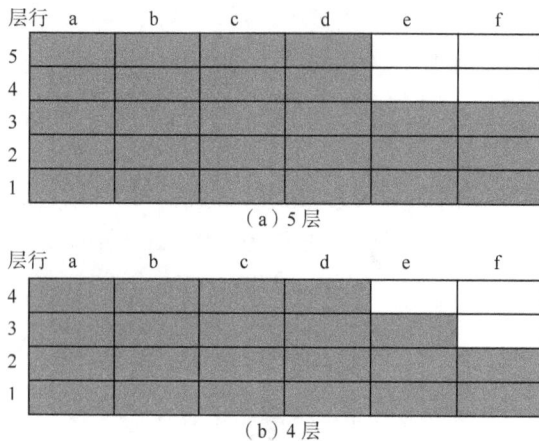

（a）5 层

（b）4 层

图 1-11　翻箱位

五、堆场策划涉及的日常工作

堆场策划的日常工作主要有堆场给位和后勤工作两个方面。

（一）堆场给位工作

所谓堆场给位，就是指给客户（拖车）送到码头的集装箱（出口箱）或从船上卸下来的集装箱（进口箱）安排一个堆场存放位置。这个位置的安排不是随意的，必须依据前述有关原则做出合理安排。

1．出口箱

（1）对即将靠泊的船舶，检查需装在该船上的集装箱在堆场上的位置是否合理，如有需要，应作适当变动。

（2）根据未来出口箱的情况、泊位分配及装卸桥的使用数量，预先给即将卸到堆场的集装箱安排位置。

（3）根据客观实际随时更改集装箱位置。如因船期改变、船舶舱位不够、转船转港等原因，都需要对集装箱的堆放位置做出相应的变动。

2．进口箱

（1）预先与船公司核对并确认即将靠泊船舶的卸箱数量，以便在堆场预先留出足够的卸箱位。

（2）对于特殊货物集装箱，如冷藏箱、危险货物箱等，应根据有关规定做出妥善安排。

3．其他

（1）紧密监控拖车在堆场提箱、交箱的作业秩序，合理安排拖车提箱、交箱的先后顺序。在同一位置作业的拖车应错开作业时间，以免发生拖车同时到某一堆场位置提箱或交箱的情况，影响码头作业效率。

（2）调整堆场用途。例如，由于工程部的需要，某些地方需摆放龙门吊，或者需进行维修等，这样，原堆场的这一位置便不可以使用，需要及时做出修改，以免错误估计堆场的堆存能力。

（二）后勤工作

（1）每天准备空白的堆场平面图并交给堆场给位组，以用于每天的给位工作。

（2）控制拖车到堆场提箱、交箱的时间先后和位置，避免拖车作业互相干扰。

（3）检查码头堆场里的坏箱情况，并安排将坏箱送到修理厂维修。

（4）收发传真件，并分送有关部门，以便有关部门就有关事项作好安排。

（5）检查船公司或客户的集装箱在码头的堆存时间是否过长，如有过期箱，应安排尽早提出码头。

（6）按堆场给位组的要求安排转堆（Marshalling）。转堆是将集装箱从一个堆场位置移到另一个堆场位置。转堆工作在堆场管理中是不可避免的，造成转堆的原因很多，常见的如下所述：

1）集装箱需转船（改装在另一艘船上）或转港（改变卸货港）。

2）由于堆场策划的失误，造成许多拖车在同一时间到同一地点取箱的情况（抢更现象）。如提早发现这种情况，就应将部分箱转堆，以免出现抢更现象。

3）海关手续问题。如有的箱海关已放行，可以装船，有的箱海关未放行，不能装船，但能装船的箱又被不能装船的箱压着，此时就应将不能装船的箱转堆到另一个地方，以保证装船作业的流畅。

4）散箱放位不准。这主要是由于龙门吊司机操作失误造成的。龙门吊司机在收箱时没有将箱堆放到堆场策划指定的位置，即放错位，经检查发现后，应作转堆处理。

5）在作业繁忙时，堆场策划来不及给出合适的位置，这时只好将运到堆场的大量集装箱先暂时收下，放在堆场缓冲区（一个用于周转箱的空位）。这样收下来的箱必然是杂乱无章的，等到作业比较空闲时，再将这些箱转堆到合适的位置。

6）新造的空箱装船运出码头时，需作相应的转堆。

7）冷藏箱作 PTI/PC（运前检查/预冷）、海关验箱等，也需转堆。

在实际操作中，要想完全避免上述情况的发生，几乎是不可能的，即便完全克服，转堆操作也同样需要。比如，在 3C 段位上原来摆放有某公司的 5 000 个空箱，现该公司已逐步提走了 4 800 个，剩下 200 个在 3C 段位上，那么，对于这 200 个箱是转堆还是继续留在原位等这家公司来提好呢？显然应该将这 200 个箱转堆到其他地方。因为空箱场的堆放原则是同一箱主、同一尺寸的箱堆放在一起，如果让这 200 个箱继续放在 3C 段位上，显然太浪费，将之移走后，可以重新考虑放置另一家公司或另一尺寸的大批量箱。由此可见，转堆是不可避免的。

（7）按客户要求对冷藏箱作 PTI 和 PC。通常 PTI 和 PC 是客户需要装冷藏货时向码头提出来的，堆场策划根据客户要求对冷藏箱进行操作。

1）PTI 工作程序。PTI（Pre-Trip Inspection）即运输前检查，是指对冷藏集装箱的制冷功能做全面检查，以保证冷藏箱能起到制冷作用，通常 PTI 的制冷温度为–18℃，检测时间为 8h。

PTI 的工作任务是：检查箱体的完整程度及测试机器的制冷是否正常（8h 内达到 –18℃ 为正常）。工作程序如下：

a. 接收船公司要求作 PTI 的传真文件。

b. 根据船公司传真文件，挑选符合要求的箱，在计算机中输入相应的代码 PI（表示被选作 PTI 或 PTI 在进行中）。

c. 把所选的冷藏箱转堆到雪地（雪地是指冷藏箱存放的堆场位置）位置后，开作业纸给电工进行作业。

d. 跟进电工操作进度，一般每个冷冻冷藏箱作 PTI 需要 7 ~ 8h，温度为–18℃。

e. 记录 PTI 结果并输入计算机，输入 TC，表示 PTI 完成（PTI OK）或输入 TX，表示 PTI 失败（PTI Failure）。

若有箱需要进行修理，在作业纸上注明修理，计算机输入相应的备注"Repair"。

f. 闸口部根据结果配给拖车。

g. 根据电工完成结果（通／断电的时间）填写作业纸并交给财务部，作为收费依据。

2）PC 工作程序。PC（Pre-Cool）即预冷，冷藏箱经 PTI 以后，客户在提箱装货前会要求先将箱预冷，达到预先设定的温度以便装载冷藏货。

PC 的工作任务是：冷藏箱在 PTI 结束后将箱制冷，以达到预设定的温度直至拖车提箱。工作程序如下：

a. 接收船公司要求作 PC 的传真文件，每家船公司要求对集装箱进行 PC 时，都必须向码头操作部提供书面文件，码头操作部收到船公司的文件后方可对集装箱做PC。

b. 根据船公司传真文件，挑选符合要求的冷藏箱，在计算机中输入相应的代码，如输入 TC，表示此集装箱目前在做预冷。

c. 输入与 PC 相关的资料：订舱单号、箱量、箱型、箱的尺寸、温度等。

d. 把所选的冷藏箱转堆到雪地位置后，开作业纸给电工进行工作。

e．跟进电工操作进度，一般根据船公司要求设定的温度确定每个冷藏箱作 PC 所需的时间。

f．记录 PC 结果并输入计算机，如在计算机中输入 CX，即表示 PC 失败（ PC Failure ），若有箱需要进行修理，在作业纸中注明修理，计算机输入相应的备注 "Repair"。

g．闸口部根据结果配给拖车。

h．根据电工完成的结果（通／断电的时间）填写作业纸并交给财务部，作为收费依据。

六、堆场交箱与收箱

交箱（Pick Up）是指货主前来码头（堆场）提箱时，码头将箱交给货主（拖车）；收箱（Grounding）则是指货主（拖车）送箱到码头，码头堆场收下集装箱。

（一）堆场交集装箱程序（见图 1-12）

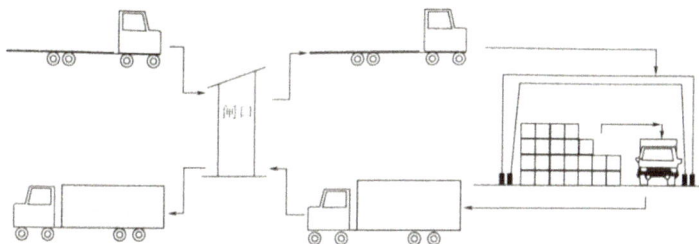

图 1-12　堆场交集装箱程序

（1）拖车驾驶员在闸口办好交箱手续后，持剩余的集装箱收发单和堆场作业纸驾驶空拖车到堆场指定位置，然后等待龙门起重机或前置式铲车来装箱。在装箱前，堆场理货员向拖车驾驶员索取集装箱收发单，并应对集装箱收发单作以下几方面审查。

1）核对拖车驾驶员所持集装箱收发单是否提箱单。

2）核对拖车车牌号及堆场作业纸上的堆场位置，以防驾驶员走错地方。

3）留意备注栏（Remarks）中的提示。

（2）堆场理货员指示龙门起重机司机或铲车司机到指定位置取箱并装在拖车上，注意核对集装箱号码与集装箱收发单上写明的集装箱号码是否相符。检查集装箱是否安全稳妥地放正在拖车车架上。

（3）交重箱时，如果因为交箱导致其他集装箱在堆场的存放位置有所改变，则龙门起重机司机应将箱位变动情况即时输入计算机，如果没有计算机，则由堆场管理员书面记录箱位变动情况，否则，就会造成因箱的存放混乱而找箱困难的局面。

（4）堆场管理员在堆场作业纸上签名确认后交给拖车驾驶员，拖车驾驶员载箱离开。

（二）堆场收集装箱程序（见图 1-13）

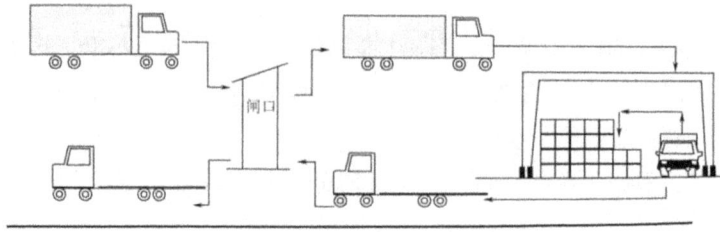

图 1-13　堆场收集装箱程序

（1）拖车驾驶员在闸口办好收箱手续后，持剩余的集装箱收发单和堆场作业纸驾驶拖车将集装箱拖到堆场指定位置。然后等待龙门起重机或前置式铲车来卸货，在卸货前，堆场理货员向拖车驾驶员索要集装箱收发单，并应对集装箱收发单作以下几方面检查：

1）核对拖车驾驶员所持集装箱收发单是否收箱单。

2）核对拖车车牌号码及堆场位置，以防驾驶员走错地方。

3）留意所交来的集装箱的状况（Status）及备注栏内容，若是冷藏箱及特别的集装箱应作特别处理。

4）核对集装箱箱号和尺寸与集装箱收发单是否相符。

（2）检查集装箱上有无封条。

（3）打开旋锁，使集装箱与车架分离。

（4）指示龙门起重机司机或铲车司机将箱卸到堆场指定位置。

（5）龙门起重机或堆场理货员将正确的收箱位置（堆场箱位）输入计算机。

（6）堆场理货员在堆场作业纸上签字确认收箱后交给拖车驾驶员，着令离开。

以上交、收箱的运作中，全部过程只有一名理货员和一名重型机械司机在工作，似乎非常简单，但实际上，由于堆场码头很大，有重箱堆场和空箱堆场，在重箱堆场上，配有若干台龙门起重机和若干名堆场理货员，而在空箱堆场，又有若干台重型铲车和若干名堆场理货员。并且进出码头前来交箱或收箱的拖车数量很多，所以码头堆场内经常是车水马龙，一派繁忙的景象。有时候，拖车驾驶员驾驶拖车到达堆场指定位置后，却发现该位置处并没有重型机械作业，此时只得等到在其他地方作业的重型机械作业完毕后由堆场理货员将重型机械调过来给拖车装箱或卸箱。为了保证堆场作业人员的安全及交通安全，重型机械不得擅自移动，必须由地面人员（理货员）指挥带领，才能移位。所以，堆场理货员除了上述有关职责外，还应负责以下工作：

1）负责指挥龙门起重机在堆场内的位置变动，即龙门起重机在一处作业完后转到另一处作业时，必须由堆场理货员指挥，以保证堆场人员安全及交通安全。

2）监管堆场内交通，发现有拖车阻塞交通的现象，应及时疏通。

3）由于堆场位置错误，造成龙门起重机司机找不到指定的箱时，堆场理货员应到堆场中寻找，找到后报告龙门起重机司机或控制中心。

4）当计算机系统出现故障时，堆场理货员应书面记录收箱位置以及交箱时导致其他箱的位置变动情况。

知识拓展：码头对危险货物处理的有关规定

危险货物由于会对外部环境及人的生命造成危害，故每个码头均会根据自身的情况制定一些危险货物处理规定。有的危险货物可在堆场堆放，但必须指定专门区域；有的则不可以存放，存入堆场的危险货物通常有一定的时间限制，如限制几天内必须提走等。所有这些，堆策划人员在作具体安排时，都必须加以认真考虑。表1-5为某国际集装箱码头对危险货物处理的有关规定，可作参考。

表1-5 某国际集装箱码头对危险货物处理的有关规定

危险品等级	危险品种类	可否在码头内作业	允许存放码头的时间
1.1～1.5	爆炸性物体	除少量军火或鞭炮外，一般情况下都不可处理	不能存放在码头之内
2.1～2.3	压缩气体	允许	3天
3.1～3.3	易燃液体	允许，但处理无水醋酸时需要有海关签发的搬运证方可卸货及存放在码头	3天
4.1	易燃固体	允许	一般为21天
4.2	高度易燃物体	允许	一般为21天
4.3	遇水后放出易燃气体	允许	一般为21天
5.1～5.2	助燃物体	允许	一般为21天
6.1～6.2	有毒或感染性物体	除抗振性汽车燃料混合物体外，一般允许	一般为21天
7	辐射性物质	要经由有关政府部门批准	一般为21天，但只可摆放在码头岸边
8	腐蚀性物体	允许，但处理无水醋酸时需要有海关签发的搬运证方可卸货及存放在码头	一般为21天
9	其他	允许	一般为21天

思考题

1. 什么是堆场策划？

2．为什么要对堆场进行区域划分?

3．什么是翻箱位?

4．堆场策划的基本原则有哪些?

5．堆场策划的日常工作有哪些?

6．为什么说转堆是不可避免的?

实训题

1．完成"问题导入"提出的问题。

2．图 1-14 是某堆场箱位划分情况,试确定两种堆存方案下的堆存能力。

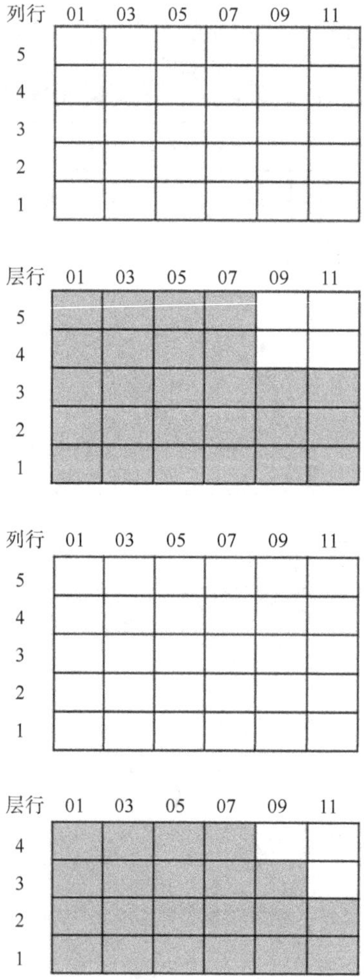

图 1-14　某堆场箱位划分

第四节　闸口操作

教学目标

知识目标：

1. 了解闸口的功能。
2. 熟悉闸口工作程序。

技能目标：

能够根据集装箱入港操作遇到的问题提出解决方案。

问题导入：

大连港湾集装箱码头检查桥（闸口）共设 16 个集装箱车道，其中，8 个进港集装箱车道，6 个出港集装箱车道，2 个特殊通道（1 进 1 出）。通道通过效率为平均 24 秒 7 车。车辆在港停时平均仅有 18 分／车，达到同行业领先的操作水平。

闸口自动化系统（Smartgate）采用先进的集成理念及技术，实现了集装箱道口管理与运输操作业务的有机整合。自动化车牌、箱号识别和远程验残技术贯穿整个业务流程中，从而建立了智能化的道口监控及管理系统。智能闸口系统通过减少人工干预，提高数据的可靠性和准确性，加快了集装箱车辆通过闸口的速度。那么闸口的操作程序如何？

问题分析：

具体分析见本节内容。

闸口又称大门，是集装箱码头的门户，闸口的功能是办理所有进出集装箱码头的集装箱出入交接手续。

集装箱码头是水陆联运的中间枢纽，是集装箱运输中集装箱由陆运转水运或由水运转陆运的一个重要的不可缺少的中转站，所有集装箱都在这里转变运输方式。所以，进出集装箱码头的集装箱是相当频繁的，闸口的构成原则主要是使集装箱进出码头时方便快捷，具体地说，就是交接手续办理方便，闸口处交通畅通，保证集装箱运输的安全高效。

一、闸口的构成与设施

1. 闸口的构成

图 1-15 为闸口构成示意图，闸口是集装箱码头与外界的分界处，共有两个门户，一个负责载箱拖车进闸和空架拖车进闸，出闸也有空架拖车出闸和载箱拖车出闸之分。进行这样的划分，主要是因为：

（1）各种情况出入码头时需办理的手续不一样。

（2）各拖车分别行驶自己的路线，可保证闸口出的交通畅通。

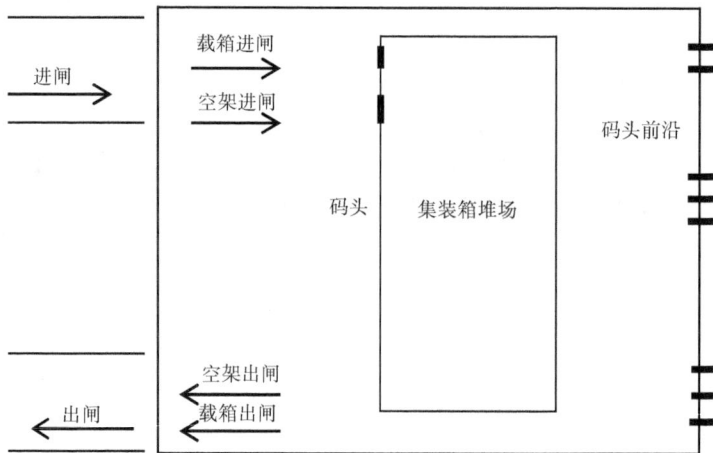

图 1-15　闸口构成

2. 闸口设施

（1）进闸车道。进闸车道是专供集装箱拖车进入码头的通道，其数量根据码头业务量、作业时间、作业效率而定。

（2）进闸验箱区。进闸验箱区通常设立于进闸车道上，并且验箱区上方有验箱桥，以保证验箱员能在验箱桥上检验集装箱顶部的情况，验箱桥净空高度以 4.5～5.5m 为宜。

（3）进闸办公室。进闸办公室是为司机咨询提供服务，与船公司进行联络，以及对司机交付的船公司付运指示进行整理、输入计算机的办公场所。

（4）停车场。拖车进闸后，司机须与进闸办公室办理交接手续等，为此目的而设定拖车停车场。

（5）堆场作业位置指示办公室。拖车在码头交接集装箱，码头会安排不同的码头位置交接或提箱。为方便司机在码头内的行动，闸口在办完进闸手续后，必须给予司机书面指示，指示司机在码头内具体的交箱或提箱位置。

（6）收费处。因集装箱在码头内的堆存或作业都可能涉及费用，并且这部分费用可能由货主或司机直接在码头交现金，因此，在这部分集装箱的交接手续完成前，货主或司机须用现金结清费用。为方便司机或货主交费，故在进闸设立收费处。有的集装箱码头的此项费用由码头综合管理处与船公司或货运公司一并结算。

二、闸口的功能

（1）货柜车辆进出码头的通道。

（2）码头、拖车公司进行货柜交接的地点。

（3）向货主及各拖车公司提供咨询及支持服务。

（4）协助海关及其他政府机关完成行政管理和执法。

（5）实现对各类集装箱进行有效管理及合理使用。

（6）按船公司有关货物付运指示修改计算机资料，并加以归类整理，以备装运。

三、闸口业务员的基本职责

1．检验集装箱箱体

当集装箱卡车司机拖箱进入或驶出集装箱码头时，必须在闸口与业务人员共同检验集装箱箱体。对框架箱、平台箱等装载重大件的集装箱，还应检查货物包装及其固定是否良好。

闸口验箱员与集装箱卡车司机共同检验箱体和封志，如无异常，双方在集装箱设备交接单上无批注签字确认。如有异常，由闸口业务人员如实在集装箱设备交接单上批注，并由双方签字以明确责任。

2．审核有关集装箱单证，磅出出口箱实际质量

无论是提箱还是进箱，都由闸口负责装箱单、危准单、提箱凭证、进箱凭证等集装箱单证的审核处理。集装箱卡车司机在闸口向业务人员递交集装箱装箱单和集装箱设备交接单，闸口应审核单证是否一致，包括船名、航次、箱号、箱型、尺寸、提单号等，并核对单证上的箱号与集装箱上的箱号是否一致。对冷藏箱还应检查箱子温度是否与装箱单注明的温度一致；对危险品箱还应审核危险货物集装箱装箱证明书，并检查箱体四面的危标是否完好无损。

同时，闸口业务员要将出口重箱的实际重量标注在集装箱卡车司机递交的出口集装箱装箱单上，以提供配载准确的数据。

3．配合堆场作业，指定收箱或提箱堆场箱位

在使用计算机管理的码头，收箱进场或发箱出场的堆场箱位由计算机自动处理。对未使用计算机管理的码头或尚未自动化处理的码头，应由闸口业务员以手工操作指定堆场箱位。

4．进场、出场集装箱的信息汇总处理

在使用计算机管理的码头，每个进场或出场的集装箱均由闸口业务员在计算机上

做出相应的记录，以供各部门实时查询和按需要打印汇总表和分类报表。对尚未实行计算机管理的码头，应由闸口业务员手工完成记录工作。

四、闸口工作程序

闸口工作程序分为收箱程序和交箱程序。收箱是指客户将载有货的集装箱（重箱）或空箱送交码头寄船或暂存，此时码头须与客户办理收到箱的手续。交箱是指客户派拖车到码头来领取装货重箱或者未装货的空箱，此时码头须与客户办理已给箱的手续。

1. 闸口收箱程序

图 1-16 为某集装箱码头的闸口收箱流程，下面就根据流程图上的序号讲解实际运作过程。

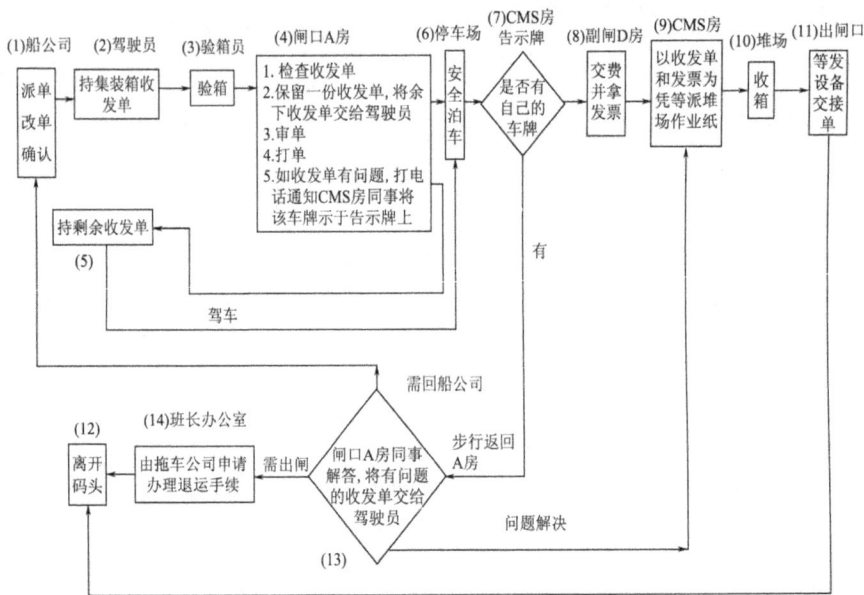

图 1-16　闸口收箱流程

图中（1）为船公司的职责。派单是船公司将集装箱收发单交给拖车驾驶员，拖车驾驶员凭此收发单将重箱交到码头。改单是指在船公司集装箱收发单制作有错时，如未注明船名、航次，或者收发单上有涂改现象，需船公司改单并盖章确认。除了改单确认外，如送交的箱有损坏，船公司也需盖章确认，否则码头不会收箱。

图中（2）是指拖车驾驶员拿到船公司集装箱收发单后到客户处装运集装箱。

图中（3）是指拖车驾驶员驾驶载箱拖车到入闸口处，验箱员需对箱体进行检查。

图中（4）为闸口 A 房。这是一个专门负责办理收箱手续的办公室，拖车驾驶员在此交集装箱收发单的第 1 联后便可离开。因为车多，且每份收发单都要审查，还要将有关的资料输入计算机，所以每份收发单的处理需要一定时间，为保证闸口处交通畅通，一般驾驶员递交第 1 联收发单后，即持剩余收发单开车离开入闸处，到码头指定停车场等候。闸口 A 房的职员应依次将递进来的收发单进行审查，将数据输入计算机，如果收发单有问题，闸口 A 房的职员会通知集装箱移动服务系统（CMS 房），将持有该集装箱收发单的驾驶员的拖车号码显示在告示牌上。

图中（5）、（6）为驾驶员泊车后等候。

图中（7）是指驾驶员查看 CMS 房告示牌上是否有自己的车牌号码，如果有，拖车驾驶员就立即返回闸口 A 房重新办理入闸文件处理手续，如果没有，则进行下一步。

图中（8）为副闸 D 房。这是一个交纳码头拖车管理费的场所。这是码头自身管理的规定，并不是所有集装箱码头都有的，拖车驾驶员在此交费、拿发票。

图中（9）为 CMS 房，拖车驾驶员凭集装箱收发单和管理费发票等候 CMS 房打印出一张堆场作业纸，此作业纸上注有集装箱在堆场的卸箱位置。

图中（10）为堆场收箱，即堆场理货员根据拖车驾驶员出示的作业纸指挥铲车驾驶员或龙门吊驾驶员将箱卸在堆场指定位置。

图中（11）为卸箱后拖车驾驶员驾驶空架拖车到出闸口处，递交集装箱收发单及作业纸。出闸口处码头职员重新审查，确定一切无误后，打印一张设备交接单（出闸纸），同时撕下第 6 联收发单连同作业纸一起留存，并将设备交接单及剩余的收发单交给驾驶员。

图中（12）拖车驾驶员拿到设备交接单后，即离开码头。

在执行步骤（7）时，如果拖车驾驶员发现告示牌上有自己的车牌号码，说明自己提供的文件有问题，应立即返回入闸口 A 房处理，即进行步骤（13）。如果问题不大，驾驶员稍加解释即行解决，便可以接着进行步骤（4）；如果收发单需要更改或有涂改现象需船公司盖章确认，则驾驶员需将收发单拿回公司，即执行步骤（1）、（2）、（4）；如果问题较大，比如驾驶员走错地方，其所载集装箱根本不是送到该集装箱码头，而应该送到其他码头的，这时，拖车驾驶员应该到闸口班长办公室申请办理退运手续（14），经批准同意后，离开码头。

2．闸口交箱程序

图 1-17 为某集装箱码头闸口的交箱流程，具体实施过程与前述收箱基本相同，只不过在堆场交收时，前者是交箱到堆场，后者是从堆场提箱。另外，收箱时验箱在进闸时办理，而交箱时是在出闸前办理。此外，在 B 房询问拖车驾驶员是否有发票，是指该集装箱码头对进出该码头的拖车所收的管理费发票，并不是各个集装箱码头都有此项规定。

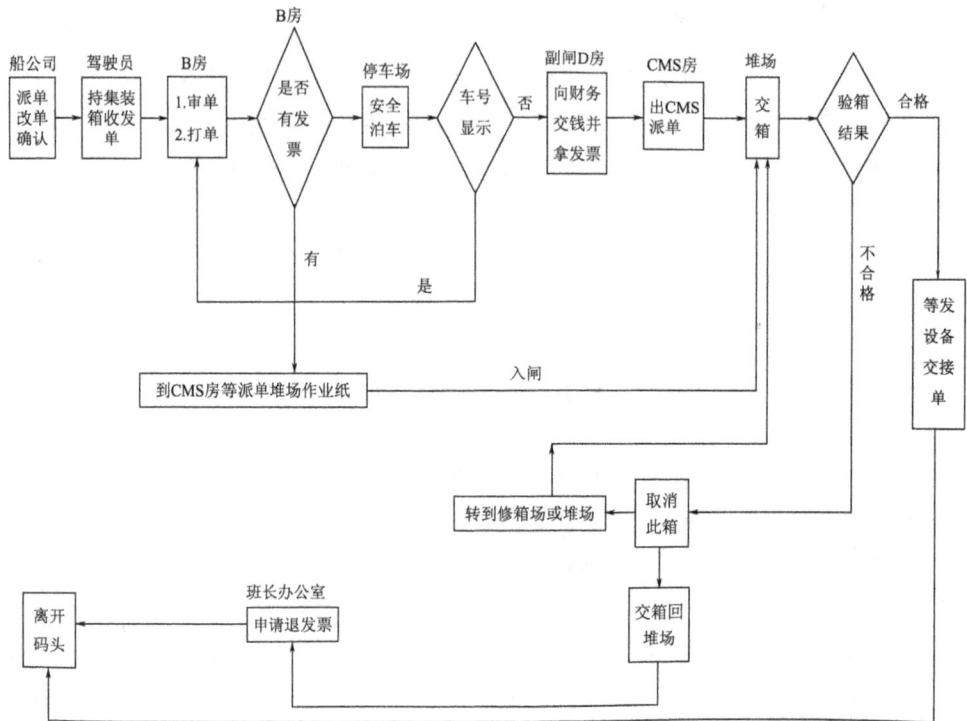

图 1-17　某集装箱码头闸口的交箱流程

五、闸口特殊情况的处理

闸口的工作除正常的交箱、收箱外，经常会有一些特殊情况发生，一般有以下几种情况。

1. 出口重箱倒箱和取消寄船

以上两项是指一个出口重箱已经交到码头，因某种原因（如货物数量、品种不符等问题）货主或船公司需要从码头再取出该箱进行倒箱（如更新货物品种、增补数量等）或是取消寄船。此时码头要收取吊箱费，并要在提箱文件上注明该费是由货主支付的，如果该箱需要取消寄船，还需另加收堆存费。提取此两项重箱出闸都必须经海关批准，凭海关签署的退关证明才可办理提箱出闸手续。

2. 过期仓租

通常，一个进口重箱，码头都会给船公司及货主一个允许存放的时间期限，如果过了此期限货主还未安排提货，则提箱时要缴清过期仓租后才可提箱出闸，闸口职员在办理交接手续时应注意核对缴款收据及收款金额是否正确等。

3. 取箱/速取箱（Hot Box）

有一些特别情况的集装箱，货主会要求在船舶靠泊码头后立即提取，一般是货主急需该货物（如生产急需或赶交货时间等）。在通常情况下，这种集装箱的货主会事先向码头管理部门申请，码头管理部门同意后会在计算机中注明，闸口出单时，计算机系统内应有该箱的资料显示，如果此时计算机内无该箱的资料，可与码头控制中心联系，经确认同意后闸口手写单办理提箱手续。

4. 海关扣留箱

海关扣留箱是指因查货而被海关暂时扣留的集装箱。提取海关扣留箱时，拖车驾驶员所持文件应盖有海关放行章及海关人员签名，并且要有海关签发的放行货物通知单，凭此二单，闸口职员方可办理海关扣留箱的提箱手续。

5. 查验箱

海关有时因工作需要需检查某些货物，此时海关会发出"查货通知单"，通知单上注明有需查验的集装箱箱号，码头闸口可据此通知单核对箱号后放行。

6. 转关货

转关货是指从某一海关管辖地转运到另一海关管辖地的货物，由于卸货港分属于不同海关，所以称为转关货。通常转关货是不离开码头的，只是在码头内改变一下关封，转关货在起运前，需由海关查验，重新施加关封，并签发放行条，本地海关还会函寄一份关封给另一地海关。集装箱从码头堆场提至海关查验场海关检查时，货主应填写"汽车运载的进口转关运输货物专车申请表"报海关批准，码头提箱处凭此申请单办理提箱手续。

7. 烂箱的处理

如果是提空箱外出装货，出闸验箱时若发现箱体有损，首先应视损坏程度是否严重，若损坏程度轻微，可将箱拖至维修厂修补后出闸；若损坏程度较严重，且不可能在短时间内修复，则要换取另一集装箱。

如果是交箱回码头（空箱或重箱），入闸验箱时若发现箱体有损，无论损坏程度是轻还是重，闸口职员都必须填写烂箱检查报告并通知船公司，在得到船公司签字认可后，闸口才能收箱。

知识拓展

一、查验场工作

查验场是一个专门供海关工作人员开箱检查货物的场所，对于进口重箱和出口重箱，海关根据政府有关规定，认为有必要对某些进出口货物做全面检查或部分抽查时，海关会对这些集装箱货物向码头堆场（具体为查验场）发出"查验通知单"。查验场人员根据"查验通知单"上注明的箱号，安排拖车将箱从堆场运到查验场，并安排好顺序编号，经海关检验后，再将箱重新运回堆场。

集装箱的查验工作是多部门的协同工作，参与这一工作的有码头查验场的操作人员，有海关工作人员及货主的报关员等，一般操作程序如下分述。

（1）海关向码头查验场发出"查验通知单"。海关一般在每天上午向所在码头查验场发出"查验通知单"，在这之前，海关早已通知有关货主派报关员在指定日期前来码头配合查验。

（2）查验场根据"查验通知单"进行分类编排，分赶船期和非赶船期两种情况填写"每日海关查验箱汇总表"。

（3）报关员交查验费。

（4）操作员按货主报关员交费先后及赶船先做、不赶船后做，大船先做小船后做的原则出单（堆场作业纸）。

（5）根据出单的先后凭堆场作业纸将箱由堆场运到查验场，同时在计算机中修改箱的位置，即由堆场位置变为查验场位置。

（6）开箱检查。检查完毕，重新施加关封。检查工作应作好详细记录，并填写"海关操作记录单"。

（7）开箱后，在合理搬运的情况下，如发现有货损时，应在"海关操作记录单"上详细说明当时的情况与查验场无关，并要求报关员或货主签名确认。

（8）开箱后，如需抽样检验，应该在"海关操作记录单"上写明货名、件数，并要求当事人签名确认。

（9）根据海关意见，决定所查验的箱是否可以回堆场。

（10）箱运回堆场后，应在计算机中修改箱的位置，即由查验场位置变为堆场位置。

二、智能闸口

（一）智能闸口的组成

集装箱码头智能闸口的组成因码头布局、装卸工艺、业务流程、闸口功能、采用技术不同而有所不同，所实现的功能存在差异。通常情况下的功能模块包括门控、车号识别、箱号识别、残损识别、导引、称重、数据交换、后台处理等。

（二）智能闸口运作流程

1. 地感线圈触发

集装箱车辆进入闸口前端埋设的地感线圈时，压过地感线圈，大量的磁通量变化产生，对应的电流给出触发信号。I/O接口将触发信号传送到闸口计算机，主控程序通过V/O接口启动车牌号视频摄像机抓拍图像，入口处发出语音提示。

2. 车牌号识别

主控程序调用车牌号图像识别程序，对抓拍的车牌号图像进行识别，识别后的车牌号图像被存储在数据库中，数据要注明车牌号、闸口号、年月日时分秒，以便与阅读程序核对。

3. 红外线扫描

集装箱车辆抵达红外线扫描处，红外线扫描器被触发。I/O 接口将触发信号传送到闸口计算机，主控程序通过 I/O 接口启动集装箱号或残损视频摄像系统抓拍图像。

4. 集装箱号和残损摄像、识别

集装箱号或残损视频摄像系统抓拍图像后，调用集装箱号识别程序（字符识别）、残损识别程序（图像识别），识别出集装箱号、ISO 代码、集装箱残损情况。箱体图像存储在数据库中，并注明集装箱号、闸口号、年月日时分秒等。被识别的集装箱号、ISO 代码、箱位置、闸口号形成文本数据并存储在数据库中，以便与阅读程序核对。

5. 阅读数据

主控程序调用读射频卡（或 IC 卡）程序，将卡中的车牌号、集装箱号、预订号等信息读出，并与集装箱号识别数据进行核对。

6. 读地衡质量

主控程序调用读地衡质量程序，计算出每个集装箱的质量，并存储在数据库中，以便闸口程序调用。

7. 闸口程序

主控程序调用闸口程序读出射频卡（或 IC 卡）相关数据，并与车牌号识别、集装箱号识别、残损识别、地衡数据进行核对，以预订号（箱号／提单号）为检索键去读取 EDI 系统收箱预订，核对无误后将闸口号、车牌号、箱位置、箱号、ISO 代码、残损代码、车队代码等，写入码头操作管理系统数据库。

8. 打印入场小票

闸口程序依据堆场计划计算出该集装箱场位，并自动打印出入场小票，指示司机入场。

9. 电动挡车器

主控程序通过 I/O 接口启动电动挡车器放行。若发生电子标签未经授权打开，系统会显示红色警示。

（三）智能闸口与码头操作管理系统

智能闸口既是一个相对独立的系统，又是集装箱码头操作管理系统的重要组成部分，与 EDI 系统和闸口程序联系紧密。码头操作管理系统应为智能闸口留有高效的数据接口，使智能闸口有机地融入系统之中，使码头操作管理系统发挥更大的效能，如图 1-18 所示。

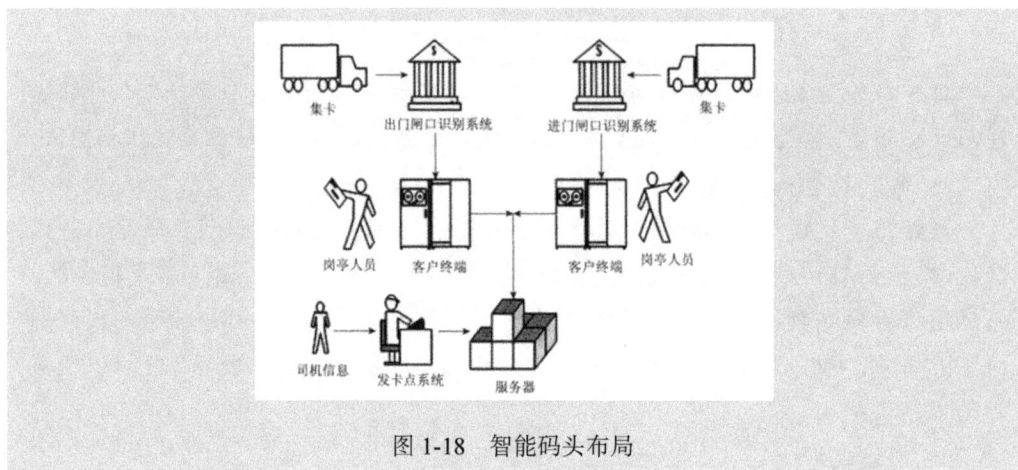

图 1-18 智能码头布局

思考题

1．什么是闸口？闸口在集装箱堆场中的作用是什么？
2．闸口业务员的工作职责有哪些？
3．处理取消寄船时应注意什么问题？
4．码头交箱时发现烂箱怎么办？

实训题

绘制闸口收、交箱流程。

第五节　船舶策划

教学目标

知识目标：

1.　了解船舶策划的基础知识和基本原则。
2.　熟悉船舶积载图的编制流程。

技能目标：

能够制作船舶的积载图。

　　船舶策划又叫船舶配载,船舶策划的实质是船位的策划,即集装箱在船上具体摆放位置的安排。其主要工作有两部分,一是制订船舶装卸计划,即根据船舶需要装卸集装箱的位置安排合适的装卸桥数量及作业顺序;二是确定每个集装箱的装箱顺序和在船上的位置。

　　集装箱船舶也像码头堆场一样,每个集装箱在船舶上的位置都是可以用一个具体数字来表示的,如 Bay 18-05 - 84 表示该集装箱位于 18 行、05 列、84 层的位置。在集装箱装卸过程中,码头作业的指挥、控制是针对箱位进行的,即具体哪个箱位摆放什么箱,先装哪个箱后装哪个箱等,预先都已作好安排。预先做这些工作的目的有以下几个。

　　(1)使装卸作业流畅,提高生产效率。在船舶到港前,对作业的顺序作好具体安排,以便作业人员预先做好准备,避免工作时由于无计划所带来的盲目混乱,保证生产有条不紊高效率地进行。

　　(2)确保船舶安全。我们知道,船舶重心越高,稳性越差。由于各个集装箱所装货物不同,其重量也各不相同,有的甚至相差很大,为了保证船舶稳性,应注意将重箱放在轻箱下面,避免头重脚轻,这就必须由船舶策划部门事先予以安排,指定箱号及装载位置,并打印成书面作业计划,指导现场作业。

　　(3)充分合理地利用集装箱船舶的舱容。由于集装箱船舶的结构各不相同,其装载集装箱的数量、种类及可装载位置也各不相同。如有的舱室只能装 20ft 箱,不能装 40ft 箱,而有的舱室 20ft 箱和 40ft 箱均可以装。此外,对于冷藏箱和危险品箱,通常均有固定的装载场所。所以,要想充分合理地利用舱容,就必须预先加以全盘考虑,作好妥善安排。

　　总之,为了既能充分合理地利用集装箱船舶的容量,又能保证船舶的安全航行,同时还可以保证码头作业的效率,船舶策划工作是必不可少的一个重要环节。

一、船舶策划基础知识

　　船舶策划是一项综合性的工作,需要许多专业理论知识作指导,只有在实践中综合运用这些知识,才能准确高效地进行船舶策划。

1. 船舶稳性和集装箱绑扎知识

　　稳性对船舶航行安全是至关重要的,集装箱船除了舱内装载集装箱外,其甲板上也装载了大量的集装箱,其重心较高,这对船舶稳性造成很大的影响,所以原则上应将重箱装在舱内,轻箱装在甲板上,以降低船舶重心高度。此外,船舶横向左右的配载也应注意重量的均衡,重箱在船舶横向方向左右对称布置,尽量平均分配,这样不仅可以保持船舶处于正浮状态,而且可以减少船舶因左右不对称受力而产生扭转弯矩对船体结构的不利影响。

但是，也不能为了保证稳性而将重心高度调得很低，因为船舶重心太低，会使船舶的初稳性高度过大，致使船舶横摇周期过短，从而使甲板上的集装箱受到很大的加速度，这不仅对集装箱本身的强度造成影响，而且对甲板上集装箱绑扎设备的强度也有很大的影响。所以，应综合权衡船舶的稳性和摇摆性，将船舶重心定在合适的高度。

一艘船舶在配载工作完成后，都应进行船舶重心和稳性的计算，以保证船舶安全航行。

2．船舶结构知识

作为船舶策划人员，不仅应懂得集装箱船的基本结构，更重要的是还应知道不同的集装箱船，其结构是互不相同的。所以，在进行船舶策划时，首先应了解清楚所策划的集装箱船的结构对集装箱装载的限制，否则，就会造成脱离实际而使计划无法实施的结果。以美国总统轮船公司（APL）某集装箱船为例，其船舶结构对装载集装箱有以下要求：

（1）舱面05、06行位上的集装箱压两块舱盖，即05、06行位舱面上集装箱的底座横跨在这一行位上的两块舱盖。如果想卸这两块中任何一块舱盖下的集装箱必须把05、06行上的集装箱先卸下，以避免造成无谓的倒箱工作。

（2）舱底16层的列位可以全部摆放H/C箱（H/C表示高度大于8.5ft的集装箱，此处指45ft长、9.5ft高的超高箱）。

（3）舱底18层的列位全部摆满时，则不可以摆放H/C箱；舱底按照正常情况摆7个G/P箱和2个H/C箱，如果全部摆放H/C箱，最多能摆放8个。

（4）45ftR箱（45ft冷藏箱）的安排：H10、H18、D26、D34、D42、D50、D58（H代表舱内排号，全称为Hold；D代表甲板排号，全称为Deck）。甲板上46行和62行的82～84层不可摆箱。

（5）48ftR箱的安排：D18和D50。

（6）只有D26、D34可摆电压为440V和220V的冷藏箱，其余甲板上只能摆220V的冷藏箱并指定发动机的朝向。

（7）D10如摆5层时，每列只允许摆两个H/C箱。

（8）舱面摆6层时的要求：

1）船尾：D62、D59、D54、D50、D46。

驾驶室前：D42、D39、D34、D30。

2）先船尾，后驾驶室。

3）重要要求：90层——10t以下；92层——9t以下。

4）必须征得船长同意并签字。

（9）在9层高的列位中，一定要摆8个H/C箱才能摆满，舱底16层的列位，尽量摆H/C箱。

由以上要求可以看出，该集装箱船对于45 ftR箱、48ftR箱及冷藏箱的摆放位置有特殊要求，而对于舱面摆放 6 层高的集装箱，则有位置、装载先后及重量方面的要求。由于 H/C 箱为 9.6ft 高的超高箱，如果在 9 层高的列位中，摆 9 个 H/C 箱，则累计高度超高，舱盖板盖不上，所以只能摆 8 个 H/C 箱，见上述要求（9）。

其次，应注意保证船舶的纵向强度和局部强度。集装箱船舶大多为舰机型，机舱、油舱、淡水舱集中在船尾部。由于这些结构上的特点，使集装箱船舶长期处于中拱状态，为克服这个不利因素，重箱应相对地多配一些于船舶中部，以抵消集装箱船舶的中拱变形。在船舶策划时，特别是在起始港预配时应充分考虑到途中挂港的装卸情况，预防在中途港装卸后，出现船舶中部装箱量或重量减少而影响船舶的纵向强度。如有可能，在起始港预配时，将目的港的重箱配于船中。

此外，在集装箱船舶的甲板上和舱内，每列集装箱的重量均不应超过其允许的堆积负荷，否则将影响船舶的局部结构强度。通常集装箱船舶的堆积负荷是按舱内 20ft 集装箱每层平均重量为 20t，40ft 集装箱每层平均重量为 30t 设计的；甲板上的舱盖上是按 20ft 集装箱平均每层重量为 15t，40ft 集装箱平均每层重量为 20t 设计的。当总重量大的集装箱较多时，容易出现超负荷现象，在甲板的舱盖上更容易超负荷，必要时应减少集装箱的堆积层数，以防损伤船体结构。

3. 港口的有关规定

各个港口由于其本身的地理环境、投资规模及业务大小的不同，都会有一套适合自身特点的规定。这些规定主要针对以下两个方面：

（1）对危险货物装卸和过境的规定。随着危险货物运量的增加，各港口为了保证港口的安全，防止因危险货物事故造成对港口安全的威胁和对港口环境的污染，大多对危险货物在港口的装卸和过境作了严格的规定。如深圳某集装箱码头对危险品的限制有允许摆放与不允许摆放两种规定，允许摆放的危险品在时间上也有限制，最短为 3 天，最长为 21 天，不能摆放码头的危险货物，须由货主将拖车或驳船直接开到船边将危险货物提走。又如新加坡港，对载有新加坡当局规定的一级危险货物的船舶，不准其靠岸。若船舶要靠岸才能装卸其他普通货物时，须先在锚地将危险货物过驳，然后才能靠码头；如该危险货物是过境的，须在锚地重新将危险货物装船。总之，世界上多数港口对危险货物在港口的装卸和过境，都有一套严格的规定。所以，在船舶策划中如要安排装卸危险货物时，必须充分了解船舶挂靠港有关危险货物的规定，并按照该港口的有关规定，促使船公司做好危险货物的装卸和过境的申报和安排，并要求它们提供由当地海事局批准的危险品申报单。

（2）对非标准集装箱的规定。非标准集装箱（Uncontainer，U/C，也有的称为 B/B、Break Bulk，或者 OOG、Out of Gauge）是指超长、超宽、超高或超重集装箱。由于港口的集装箱泊位上的集装箱专用装卸设备是按装卸常规集装箱设计的，对非标准箱就不一定能够装卸，因此，在船舶策划时，必须清楚地了解挂靠港对非标准集装箱的限制和装卸费用等，以维护货主和船公司的利益。

4．其他知识

其他知识包括船位概念、船舶配载图、集装箱的种类、泊位策划、堆场策划等。

二、船舶策划的基本原则

1．尽量节省资源，少用岸吊

在确定好每一船舶需要进口和出口的集装箱数量和类型，即需要装卸多少集装箱后，根据船公司所提供的预配图中所需要装卸集装箱的位置和数量分布，尽可能少地安排岸吊的数量，如果位置太散，有可能的话可以安排两部岸吊共用一批工人。

2．尽量避免中途港倒箱，以提高船舶装卸效率

装箱运输大多是班轮运输，有固定的航线，沿途挂靠港较多，在船舶策划时，应注意挂靠港的先后顺序以及各个集装箱的卸货港，原则是先挂靠港的集装箱应后装船，而后挂靠港的集装箱应先装船。在实际操作中不要发生后挂靠港集装箱压前挂靠港集装箱的错误，如果这类错误在本码头被发现，会产生倒箱操作，从而降低装卸效率，延长船舶在港停泊时间，延误船期；如果这类错误在本码头没有被发现，那么倒箱作业就会在其他码头产生，船公司的这笔费用会向本码头索赔。

3．避免到同一卸货港的集装箱过分集中

由于集装箱装卸桥结构上的原因，使得两台集装箱装卸桥不能并列在一起同时装卸相邻位置的集装箱。所以如果相邻行位的集装箱装卸量过多，会造成船舶在码头停留时间过长，影响船舶的整体操作效率，因此如果船舶空余舱位合适，可以建议船公司配载中心尽量把集装箱分散配载在不同的舱内，以便在装卸时可以采用多台装卸桥同时进行作业，保证船舶的装卸速度。

4．应考虑特殊集装箱积载的特殊要求

（1）冷藏箱。冷藏箱由于需要电源，而船上的电源插座大多固定设置在某几个位置，所以冷藏箱的配置是固定的，不能随意放置，即应配置在靠近电源插座的地方。

（2）危险货物箱。在预配时应先了解船舶本航次共配了多少危险货物箱及其国际危险级别，危险货物箱的积载与隔离一定要严格按照国际危险品规则来执行。在中途港加载预配时，还应查看原配载图，了解船舶是否装载危险货物，这些箱与加载的危险货物箱是否符合国际危规的积载隔离要求，若不符合，一定要加以调整。在预配时，还应考虑船舶建造规范要求，因为有些舱是不能装载危险货物箱的。

（3）超重箱。由于这种箱超过集装箱装卸桥的负荷，必须用浮吊或陆上其他装卸机械来进行装卸。预配时，其舱位应便于浮吊或其他装卸机械作业，并应尽可能不妨碍码头装卸桥作业的正常进行。此外，超重箱不应配置在船首或船尾附近的箱位上。因为这些部位使浮吊和其他装卸机械并靠和作业均较困难。

（4）超长和超宽箱。这类箱的特点是，当超长箱的长度超过两行集装箱的间隙或超宽箱的宽度超过两列集装箱之间的间隙时，它将侵占相邻行或列的箱位，使船舶箱

位利用率降低。在预配时，对这类箱的配位，应在不妨碍接卸港配位的前提下，相对集中，合理安排箱位，以减少箱位的过多损失。

（5）超高箱。超高箱的积载位置，不论是在甲板上还是在舱内，永远应配在最上层。如超高箱配在舱内，只要其超高的尺寸不大于该舱内舱盖底与最高一层集装箱的间隙，则不必减少集装箱的堆积层数，反之，则应减少装箱层数。

（6）平台箱。此类集装箱只能配在舱内或甲板上最高一层，因为它的上面无法堆积任何集装箱。如它装货或其长、宽、高超过常规集装箱时，除按平台箱预配原则处理外，还应按超长、超宽或超高箱进行配位。

（7）选港箱。此类箱应配在所要求选择的卸货港都能自由卸下的位置。配载时常将此类箱配在集装箱船舶的后甲板平台的箱位上，或配在被选卸货港中最后一港的集装箱箱位上。选港集装箱上面，除被选卸港中第一选卸港的集装箱可配在其上外，其余卸货港的集装箱均不能配在选港箱的上面。

5. 应注意使船舶具有适当的吃水差

通常，由于船舶外形以及驾驶瞭望视线的要求，在船首附近箱位较少，如果装配不当，会造成船尾吃水过大，需用较多的压载水来调整首尾吃水差。所以，在船舶策划时，应注意集装箱重量在船舶纵向的分配，较重的集装箱应配置在船首的箱位上。

三、船舶配积载图的编制

1. 集装箱船舶箱位的标识

集装箱船舶箱位编号以集装箱在船上呈纵向布置为前提，每一箱位坐标以 6 位数字（010102、020202、010282）表示。其中最前两位表示行号，中间两位表示列号，最后两位表示层号。行号、列号和层号的每组代码不足 10 者在前一位置零。

（1）行号（Bay No.）：作为集装箱箱位的纵向坐标。自船首向船尾，装 20ft 箱的箱位上依次以 01、03、05、07…奇数表示。当纵向两个连续 20ft 箱位上被用于装载 40ft 集装箱时，则该 40ft 集装箱箱位的行号以介于所占的两个 20ft 箱位奇数行号之间的一个偶数表示（见图 1-19）。

（2）列号（Row No.or Slot No.）：作为集装箱箱位的横向坐标。以船舶纵中剖面为基准，自船中向右舷以 01、03、05、07…奇数表示，向左舷以 02、04、06、08…偶数表示。若船舶纵中剖面上存在一列，则该列列号取为 00。

（3）层号（Tier No.）：作为集装箱箱位的垂向坐标。舱内以全船舱内最低层作为起始层，自下而上以 02、04、06、08…偶数表示。舱面也以全船舱面最低层作为起始层，自下而上以 82、84、86、88…偶数表示，如图 1-20 所示。

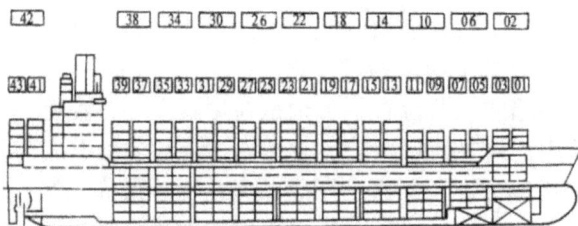

图 1-19　集装箱船行号编号

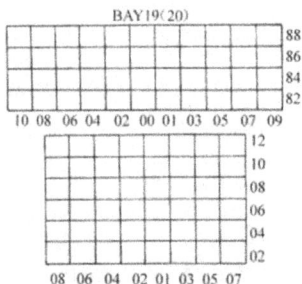

图 1-20　集装箱船舶层号、列号编号

显然，全船每一装箱位置，都对应于唯一的以 6 位数字表示的箱位坐标；反之，一定范围内的某一箱位坐标，必定对应于船上一个特定而唯一的装箱位置。

2．预配图

编制预配图是集装箱船舶积载的重要环节，它关系到船舶航行安全和货运质量、关系到船舶装载能力的充分利用、关系到运输效率和经济效益。预配图是由船公司（或其代理人）编制的，是依据船舶积载能力和航行条件等，按不同卸货港到达顺序以及集装箱装货清单上拟配的集装箱数量，编制而成的总图。图 1-21 所示为集装箱基本预配图，包括预配字母图、预配重量图和特殊箱图。

（1）图 1-21a 为预配字母图。不同卸货港采用不同的颜色标绘。卸港的标色，则在图上给予说明；如有困难，可在排号下面或箱位旁边用符号标注。图 1-21a 上每个箱位内用一个英文字母（如 K、L、N、H）表示该箱的卸箱港，如第 5 排舱内去长滩 30 个箱。

（2）图 1-21b 为预配重量图。图中每个小方格代表一个 20ft 集装箱，小方格中所标的数字是以吨表示的集装箱总重。如图 1-21b 第 5 排舱内共装 30 个箱，其中 10 个箱每箱总重为 20 吨，6 个箱每箱总重为 19 吨，6 个箱每箱总重为 17 吨，5 个箱每箱总重为 16 吨，3 个箱每箱总重为 15 吨。

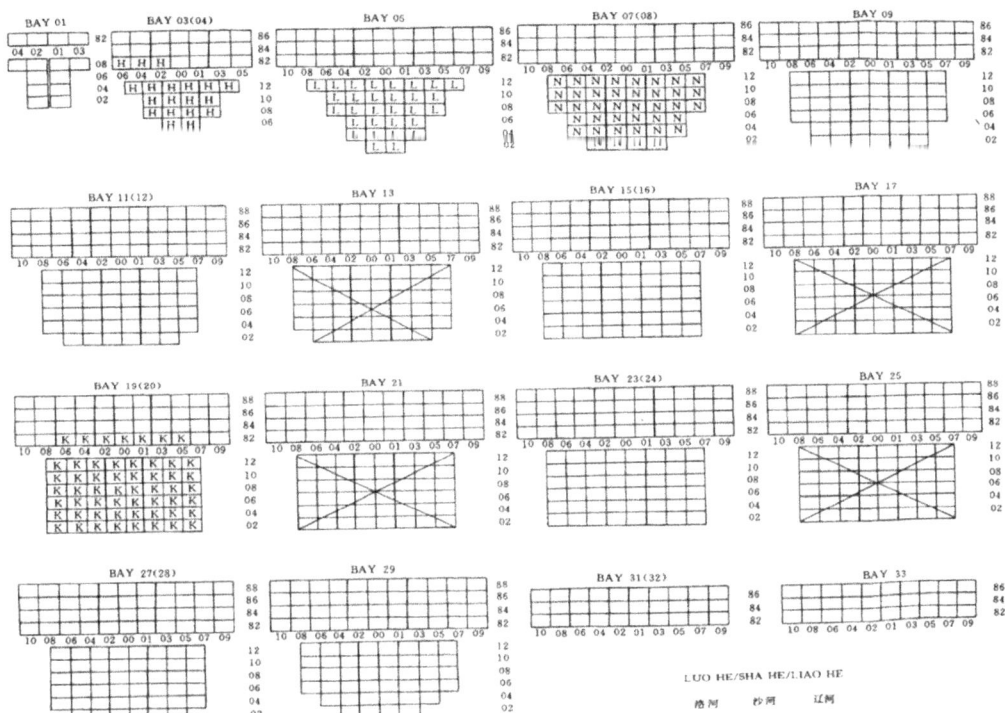

图 1-21a　预配字母图

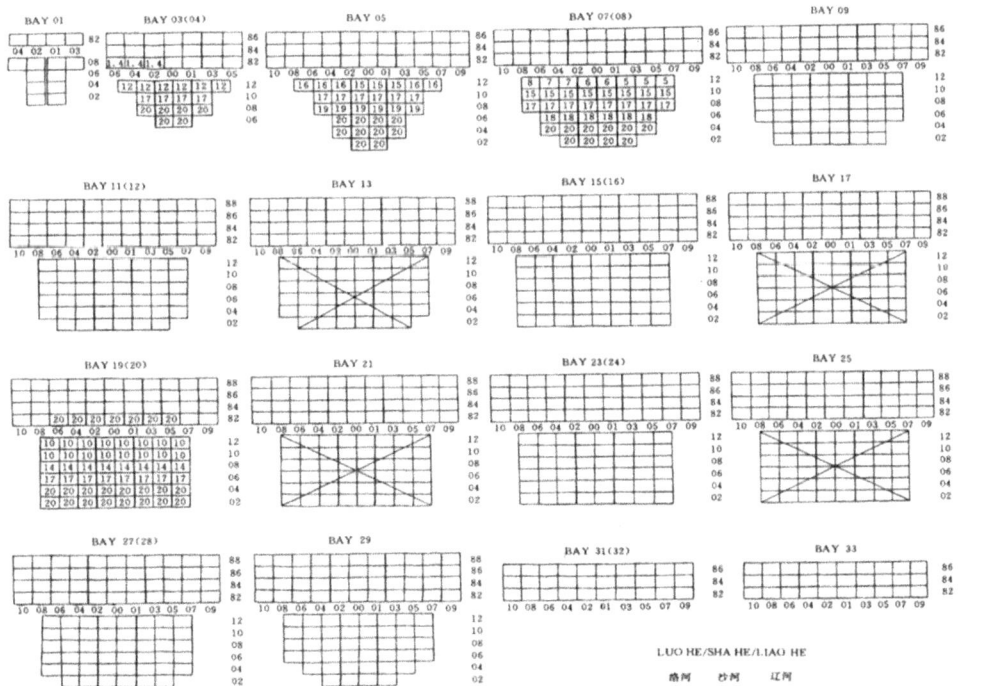

图 1-21b　预配重量图

（3）图 1-21c 为冷藏箱及危险货物箱预配图。危险货物箱用"O"圈在所配箱位的小方格上，旁边用"D"加上数字表示国际危规的类别等级，如"D6. 1"表示该箱装的是国际危规 6. 1 类危险品。有些不用"O"，而用深颜色标绘；也有的用"H"或用"IMO"或"IMCO"表示危险货物箱。但在其后仍需注上危险货物的国际危规类别等级。如第 7 排舱内装 1. 4 级危险货物箱 6 个。

在小方格上注"R"，表示冷藏集装箱，如"R-18"表示该冷藏箱的温度应不得高于零下 18℃，"F+2+4"表示该冷藏箱的温度应保持在 2℃~4℃。如第 19 排甲板上底层装有 7 个冷藏箱。

对其他特殊集装箱，应加以标注或文字说明。如超高箱可在箱位小方格上方加"−"作为超高标记，并加注超高尺寸；超宽箱则加"<"或">"作为超宽标记，标记旁还可加注超宽尺寸；空箱在小方格上标注"E"；选卸港箱，可在箱位加注，如 HAM / LON。集装箱配载图标注和文字的含义如表 1-6 所示。

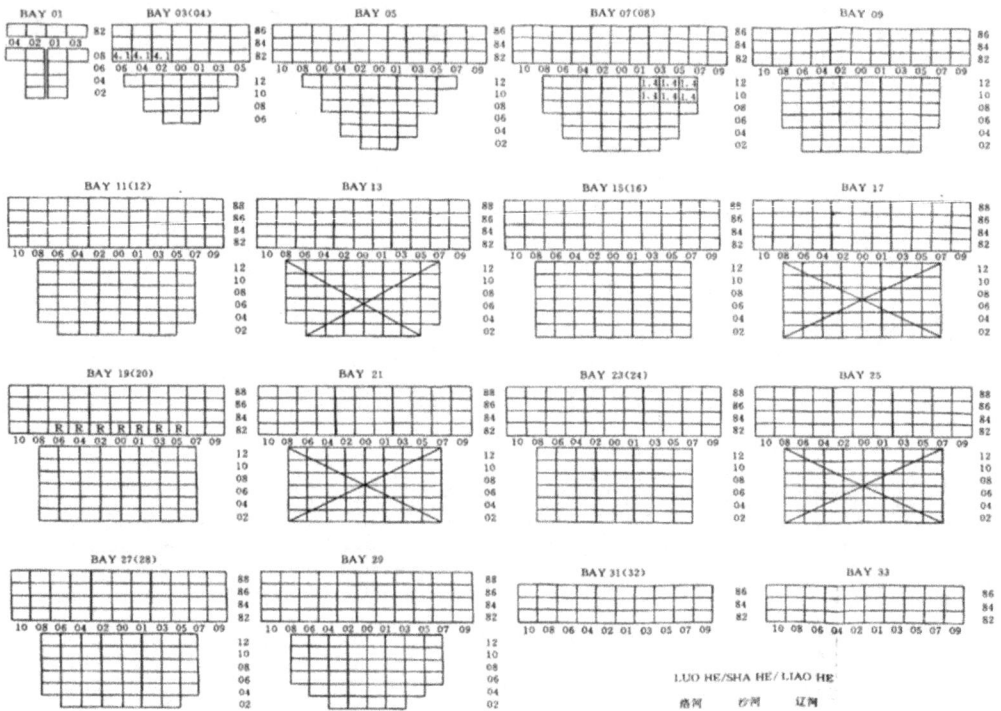

图 1-21c　特殊箱图

表 1-6　集装箱配载图标注和文字的含义

标　准	含　义	标　准	含　义
（图形）20ft 箱	20ft 箱	∧10cm	标在超高箱箱位小方格上方，表示超高标记，并加注超高尺寸
（图形）40ft 箱	40ft 箱	<9cm >9cm	标在超宽箱左或右，表示超宽标记，标记旁加注超宽尺寸
（图形）	箱位已被 40ft 集装箱占用	E	空箱
T,20ft	20ft 箱	M	邮件箱
F,40ft	40ft 箱	O	危险货物箱
GP	普通箱	IMO,D6.1	《国际危规》6.1 类危险品
O/T	开顶箱	R	冷藏箱
F/R	台架箱	R-18	表示该冷藏的温度不得高于−18℃
O/H	超高箱	F+2+4	表示该冷藏箱的温度应保持在 2℃~4℃
O/W	超宽箱	20	集装箱总重（t）

（4）预配图的审核：预配图绘制后，应认真审核以下内容：

1）集装箱每个卸港的数量与集装箱订舱单是否相符。

2）核对每列集装箱的堆积负荷是否超过船肋允许的负荷。

3）核对特殊箱的配位是否符合要求，否则，应调整到允许值范围。

4）审查各卸港的箱位安排是否合理，是否便于中途挂靠港加载或卸箱，否则，应予调整。

5）校核预配后的稳性、吃水差及纵向强度，确保航行安全及货物质量。

经审核无误后，可将预配图送交港口集装箱装卸公司，或用电传、传真、电报等方式，发送给船舶代理，再由船代交港口集装箱装卸公司。

3．实配图

集装箱实配图是由集装箱码头装卸公司编制的，是集装箱码头装卸公司收到船公司的集装箱预配图后，按照预配图的要求，根据码头上集装箱的实际进箱量及在码头上的堆放情况，而着手编制的用于实际装船使用的集装箱积载图。

集装箱实配图由两种图组成，一种是全船行箱位总图（封面图），另一种是每行一张的行箱位图。

（1）全船行箱位总图。全船行箱位总图又叫封面图（见图 1-22），表明集装箱纵向积载情况。封面图与预配图不同，在集装箱实配图的封面图上，通常只标注集装箱的卸货港和特殊箱标记。卸港的标注方法有两种：一种是用一个大写的英文字母表示卸港，如上海港以 S 表示；另一种是用不同颜色表示不同卸港。特殊箱的标注方法同预配图一样。

（2）行箱位图。它是对集装箱船行箱位总图上某一行箱位横剖面图的放大。在该图上可以标注和查取某一特定行所装每一集装箱的详细数据，如图 1-23 所示。

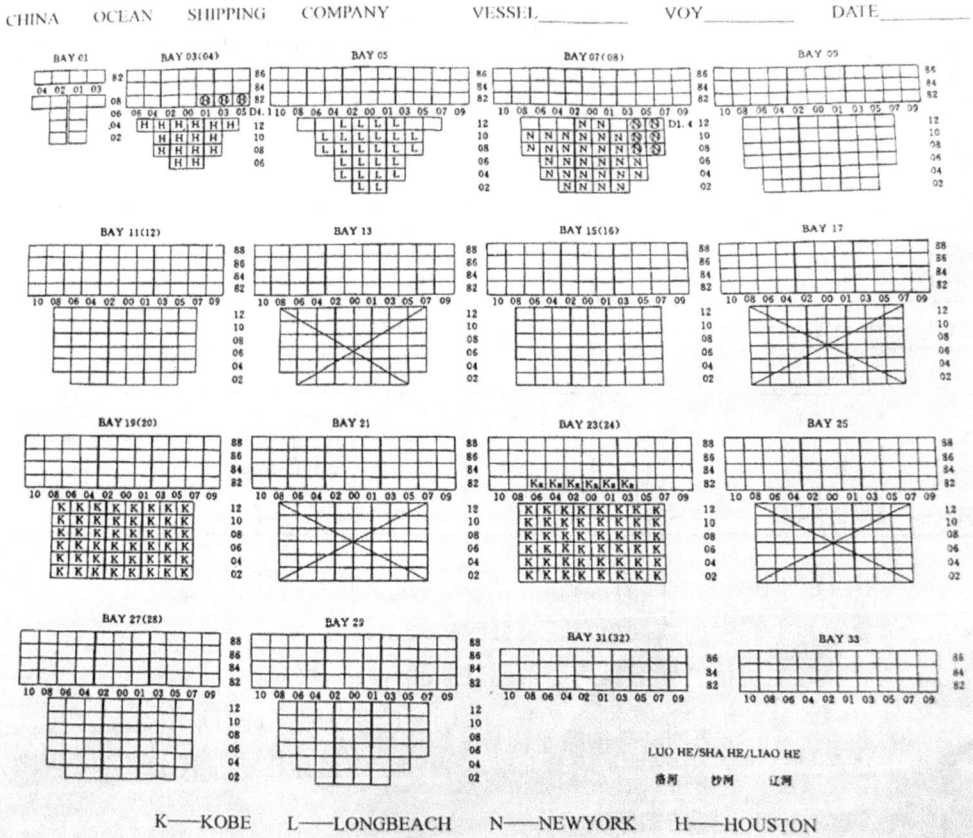

图 1-22　实配图封面图

第 03 行中"030282"箱位如图 1-23 所示。

HSO：卸货港休斯敦

SHA：装货港上海

MAEU：集装箱箱主代号

6098186：集装箱箱号和核对数字

1.4：集装箱总重为 1.4 吨

D4.1：特殊箱标注，为 4.1 类危险货物

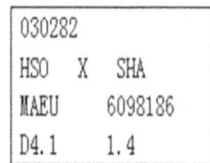

图 1-23　箱位号 030282 的箱位

4. 最终积载图

集装箱最终积载图是集装箱船舶实际装载情况的积载图。在集装箱装船的整个过程中，集装箱船现场理货员对每一装船集装箱箱号、所配箱位等均作有记录，在集装箱装船结束后，由理货员根据船舶实际装箱情况及每只集装箱在船上的箱位，编制

最终配积载图，大副负责进行实际装载条件下船舶稳性、船舶受力、吃水和吃水差的核算。

集装箱船最终配积载文件通常包括集装箱最终封面图、最终行箱位图、稳性及吃水差计算表及集装箱装船统计表（见表1-7）等。

表 1-7　集装箱装船统计表

船名_____　　航次_____　　日期_____

装货港	卸货港							合计	
	箱类型	20'	40'	20'	40'	20'	40'	20'	40'
	重箱								
	冷藏箱								
	危险货箱								
	空箱								
	重箱								
	冷藏箱								
	危险货箱								
	空箱								
...	...	...	...	...	...	...	...	...	...
合计	箱数								
	重量								
总计									

四、集装箱船舶配积载过程

（1）由集装箱配载中心根据船舶航次订舱情况，编制船舶某航次在某挂靠港的集装箱预配图（此图也可由船上大副编制）。

（2）船公司将预配图用传真、电传或 EDI 等方式发送给船舶代理，再由船舶代理转交给集装箱码头公司。

（3）集装箱码头公司船舶配载员根据船公司（或船舶代理）提供的出口集装箱装货清单及预配清单、集装箱预配图，结合码头进箱堆存实际情况，编制出口集装箱实配图。

（4）集装箱船舶靠泊后，集装箱码头公司船舶配载员将实配图交给船方审核，经船方（船长或大副）认真审核确认后，按该实配图开始装船。

（5）集装箱装船完毕后，由外轮理货公司的理货员提供船舶实际装船情况，编制该船船舶航次的最终积载图。

思考题

1．什么是船舶策划？为什么要进行船舶策划？
2．船舶策划需掌握哪些基础知识？
3．船舶策划需掌握哪些基本原则？
4．简述集装箱船舶的配积载过程。

实训题

1．请把 20ft 集装箱 COSU123460、COSU123413 分别配载于下列船图（见图 1-24）010182、010406 箱位处，在对应方格中直接填写箱号即可。

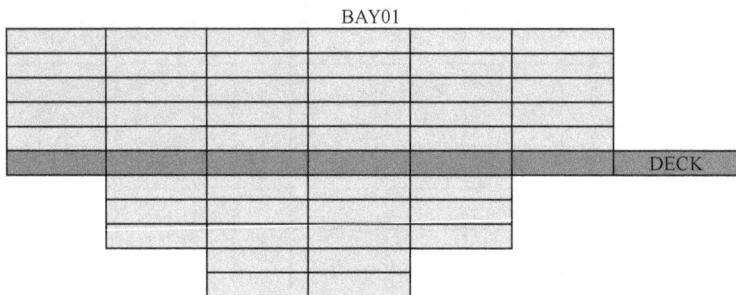

图 1-24　集装箱装船图

注：DECK 区域为甲板，阴影处方格为箱位。

2．请把 20ft 集装箱 COSU123460、40ft 集装箱 COSU123434 分别配载于 030102、020102 箱位处，在对应方格中直接填写箱号即可（见图 1-25）。

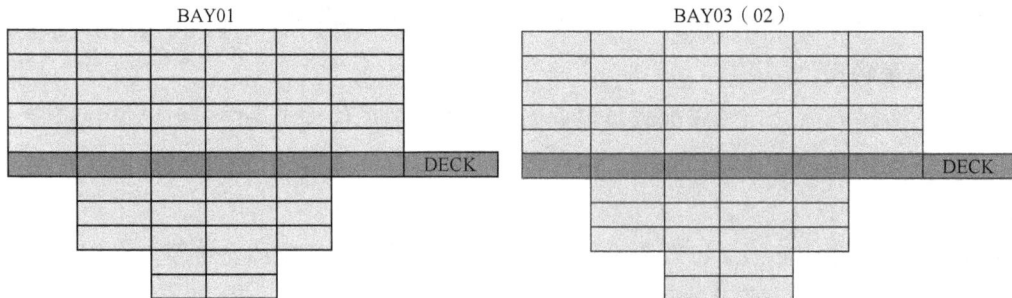

图 1-25　集装箱装船图

注：DECK 区域为甲板，阴影处方格为箱位。

3．请根据以下资料绘制实配图的封面图。

东风轮挂靠盐田港时的装箱情况如表 1-8 所示。

表 1-8 东风轮装箱情况

卸箱港	20ft	重量（t）	40ft	重量（t）
Hong Kong	38	19	32	30
Kobe	59	16	112	27
Singapore	27	18	18	28
Hamburg	28	20	98	30
Rotterdam	66	19	58	29
Southampton	28	20	48	29

其中：冷藏箱 14 个（40ft 重 30t，8 个到 Hamburg，6 个到 Singapore），危险品箱 6 个（其中 40ft 的 3 个，重 30t，2 个到 Rotterdam，1 个到 Southampton；20ft 的 3 个，重 19t，目的港是 Hong Kong）。

注：危险品箱不能装在 23 号、35 号 BAY 位上，冷藏箱只能装在 33 号、31 号、11 号、13 号 BAY 位上。

第六节　装卸船操作

教学目标

知识目标：

1. 了解船舶靠离泊码头时的相关知识。
2. 认识集装箱码头装卸机械。
3. 熟悉装卸船程序。

技能目标：

能结合材料，模拟完成装卸船工作任务。

一、船舶靠泊与离泊

船舶靠泊与离泊是指集装箱货物的船舶停靠码头或离开码头。在船舶靠泊或离泊时，码头有关各方需做的工作有以下几种。

1. 船舶靠泊时的准备

（1）信号旗或信号灯的位置。信号旗用于白天靠泊船舶，信号灯用于晚间靠泊船舱。放置信号旗／灯的目的，是让领航员知道船舶即将靠泊的大致位置，当船舶靠泊后，领航员所站立的驾驶台位置应对正信号旗／灯，这样船舶靠泊位才算正确。

信号旗／灯的摆放位置为船中驾驶台、船首、船尾三处。从泊位图上可得知船的长度及驾驶台的位置，从而找出对应船首、船中驾驶台、船尾的码头岸线上的位置。船首和船尾摆放红旗／红灯，船中驾驶台摆放蓝白格子旗或蓝灯（也可采用蓝旗或绿旗，晚间仍采用蓝灯），摆放时位置一定要准确。

码头班长在船到前一小时，根据泊位图上指定的船泊位置，摆放信号旗或灯等候船只进港。

（2）装卸桥或门座起重机的准备。从泊位图上可以了解到所需装卸桥数量或门座起重机数量，通常应该在船舶靠泊前一小 时将所需的装卸桥或门座起重机摆放在适当位置。在码头岸线上，每个泊位均有固定的锚锭位，专门用于摆放装卸桥或门座起重机，但当有船靠泊时，用于装卸作业的装卸桥或门座起重机一般放置在信号旗或信号灯之前 3～4m 处。

将岸边装卸机械提前准备好的目的，一是确认装卸机械是否操作正常，确保船舶靠泊后能迅速安全可靠地开始作业；二是腾出必要的岸线位置，确保不影响船舶靠泊作业。

2. 缆绳运用方法

船舶在码头岸边是靠缆绳来固定的，一艘船舶通常需要 6 种缆绳固定，分别是头缆（Head Line）、前横缆（Forward Breast Line）、前倒缆（Forward Back Spring）、后倒缆（After Back Spring）、后横缆（After Breast Une）、尾缆（Stern Line），如图 1-26 所示。其作用如下：

- 头、尾缆——把船首、船尾拉紧靠向码头，防止船体向外移动。
- 前、后横缆——帮助收紧船体靠向码头，并固定船身位置。
- 前、后倒缆——防止船体向前或向后移动。

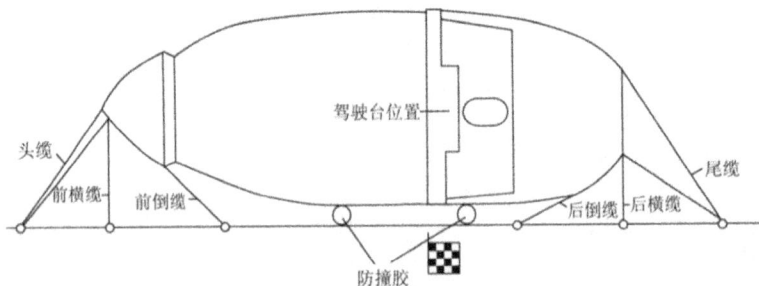

图 1-26　船舶靠泊系缆

码头岸线上有许多缆桩，是用来挂缆绳的，当在一个缆桩上挂两条缆绳时，应注意正确的索绳方法，如图 2-27 所示。

图 2-27b）所示的索绳方法是正确的，因为采用这种方法，随时可以解除任何一条缆绳，而用图 2-27a）所示的索绳方法，只有解除 A 缆绳后才能解 B 缆绳。

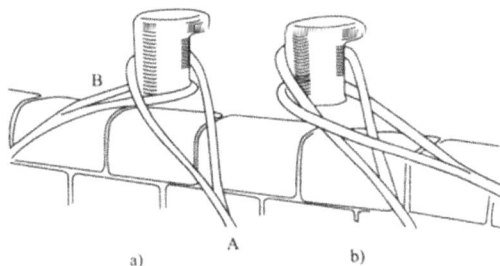

图 1-27 正确的索绳方法

3．船舶离泊时的注意事项

（1）确认所有船员均已上船，所有该离船的人员均已离船（如船公司代表等）。

（2）装卸桥吊杆应升至适当位置，方可开始松缆。

（3）监视并确认所有船缆已收回船上。

（4）确认舷梯已升回船上。

（5）船舶离开码头 200m 以上后，码头工人方可离开。

（6）记录船舶离泊时的松缆时间以及船舶的首尾吃水。

二、集装箱码头装卸船作业机械

1．集装箱吊具种类及特点

为满足集装箱装卸的要求，提高集装箱的装卸效率，集装箱装卸机械均采用集装箱专用吊具进行集装箱的装卸作业。集装箱吊具按其操作方式可分为简易吊具和自动吊具；按其结构形式可分为固定式、自动式和组合式三种。

（1）简易吊具。简易吊具旋锁的开锁和闭锁由装卸工人站在吊具上搬动手柄来完成，或由装卸工人在地面或甲板上拉动绳索带动吊具上的拉杆来完成。结构形式可分为固定式和伸缩式两种。固定式的只能吊一种集装箱（20ft 或 40ft）。伸缩式的吊架拉出时可吊 40ft 的集装箱，吊架收入时可吊 20ft 的集装箱。吊架的伸出或收入也是由人工手动操作，用固定锁固定的。

简易吊具多用于多用途起重机和场地通用的起重机。该吊具存在如下问题：一是当起重机旋转或变幅时，会引起吊具或吊具与集装箱一起摆动和转动，必须靠人力拉绳或用手推来稳住吊具进行集装箱对位；二是集装箱吊具旋锁的开闭由装卸工人站在吊具上搬动手柄或由装卸工人在地面或甲板上拉动绳索带动吊具上的拉杆来进行，作业不安全，容易造成人身事故；三是在采用吊钩起吊吊具时，由于吊具吊点集中在吊钩上，当所吊集装箱内货物重心出现偏移时，则吊起的集装箱会出现倾斜，难以进出集装箱船的格栅导轨，也不利于集装箱堆箱对位。

（2）自动吊具。自动吊具旋锁采用电动液压机构来实现开闭。按其结构可分为固定式、伸缩式和组合式三种。

固定式吊具是一种只能起吊一种集装箱的吊具，其特点是结构简单，自重轻，价格便宜，但对箱体类型的适应性较差。更换吊具往往要占用较多时间。

伸缩式吊具通过伸缩臂，可以改变吊具的臂长，以达到起吊不同尺寸集装箱的要求。其特点是，变换起吊不同集装箱所需时间较少，使用灵活性较强，但自重较大，一般可达 9～10t。这是目前在集装箱装卸桥上普遍使用的一种集装箱专用吊具。

组合式吊具是将起吊不同尺寸的集装箱的吊具组合使用的一种集装箱专用吊具，其特点是结构简单，自重较伸缩式要小（一般为 4.7t），多用于跨运车和正面吊上。

双箱吊具（组合式）是用一个集装箱吊具可同时起吊两个 20ft 的集装箱的一种专用吊具。在双箱吊具的中部增加可收放的 4 只旋锁，当吊具伸到 40ft 位置时，可同时起吊两只 20ft 集装箱。这种吊具也可以起吊一个 40ft 的集装箱。采用这种起吊方法要求集装箱装卸桥的起重量达到 60t 左右。但是，双箱起吊方法可以大大提高船舶的装卸效率。

2. 集装箱装卸桥种类

（1）岸壁式集装箱装卸桥。这是一种最常见的集装箱装卸桥，也是应用最广泛的装卸桥。岸壁集装箱装卸桥简称集装箱装卸桥或装卸桥。岸壁集装箱装卸桥主要由带行走机构的门架，承担臂架重量的拉杆和臂架等几个部分组成（见图 1-28）。

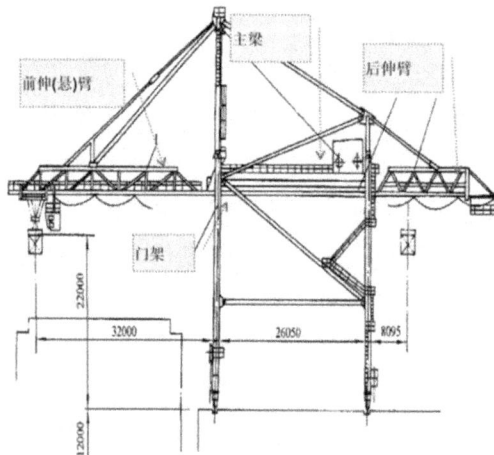

图 1-28　岸壁式集装箱装卸桥结构

（2）双小车方式装卸桥。双小车方式装卸桥可以缩短小车的行程，有效地解决货物交接过程的对位时间。这种改进的指导思想是将装卸桥上的运动分解成几个环节，实行并行作业，以缩短一个作业周期的时间。双小车方式装卸桥结构如图 1-29 所示。

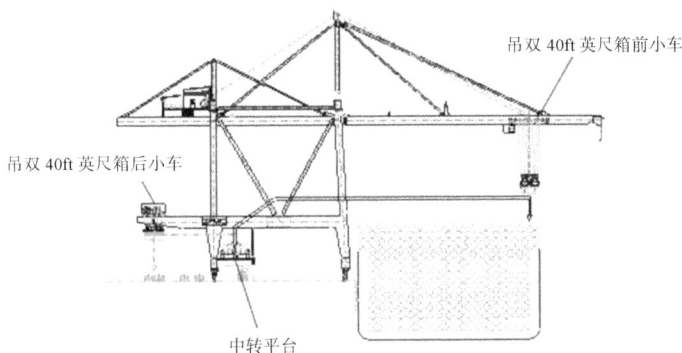

图 1-29　双小车方式装卸桥

（3）设有可移动式过渡吊篮的双起升式集装箱装卸桥。由 Paceco 公司提出的设有可移动式过渡吊篮的双起升式集装箱装卸桥方案采用了两套运行小车系统（见图1-30），与常规的双起升式集装箱装卸桥不同的是，它设有一个可沿着桥梁移动的轨道式过渡吊篮，用以在两套运行小车系统间输送集装箱，每个被装卸的集装箱经历一套运行小车系统起升（下降）、可移动式过渡吊篮的平移、另一套运行小车系统下降或起升的移动过程后，被装上（卸下）船舶，集装箱的平移由可移动式过渡吊篮来完成，运行小车系统只负责完成集装箱的起升（下降）动作。可移动式过渡吊篮、每套运行小车系统在同一时间里各可操作或准备操作一个集装箱，使其分别处于或即将处于平移起升或下降状态，从而提高集装箱装卸速度。

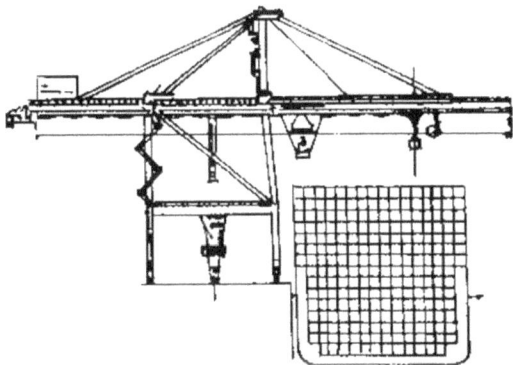

图 1-30　可移动式过渡吊篮的双起升式集装箱装卸桥

这种集装箱装卸桥的优点是装卸效率高，在码头前沿可以用更少的集装箱装卸桥完成集装箱船舶的装卸作业，使得后方牵引车的作业工艺更有条理。由于被装卸集装箱在两套运行小车系统间的移动由平稳运行的过渡吊篮完成，不会发生摇摆，因而在卸船时从集装箱进入过渡吊篮开始的操作均可以实现自动化。

（4）基础高架的多台集装箱装卸桥系统方案。Reggiane 公司于 1995 年 4 月提出了基础高架的多台集装箱装卸桥系统方案。这一方案要求沿着码头前沿构筑一座结构坚固的机架，其作用相当于将常规的集装箱装卸桥的支撑基础架高，在其上并列布置多台门架较低的集装箱装卸桥。在卸船作业时，这些集装箱装卸桥上的运行小车将从船中卸出的集装箱落置于安装在机架前方的中间平台上，然后由其横向移动与这些集装箱装卸桥的横向移动不相关联的机架内部的运行小车，将这些集装箱从中间平台上取走。

这种装卸系统有以下两个优点：一是装卸效率高。Reggiane 公司称因为基础架高的缘故，集装箱装卸桥门架的构件宽度可以缩减一半，因而行走机构部分的重量可以大为减轻，每台集装箱装卸桥的走行轮可从 16 轮减为 8 轮，这样在 320m 岸线内，可以布置 6 台外伸距为 49.6m 的集装箱装卸桥，每台集装箱装卸桥每小时可装卸 45 箱。这种装卸系统充分发挥作用后，每小时可卸 240 箱。二是采用这种装卸系统的码头工程造价要比用常规集装箱装卸桥低。

（5）多用途桥式起重机。多用途桥式起重机是在一般的岸壁式集装箱装卸桥的基础上派生出的一种机型，结构形式类似于岸壁式集装箱装卸桥。其起重小车配用集装箱吊具、抓斗或吊钩，既可装卸集装箱，又可装卸重件、成组货物及其他货物，适用于多用途码头的需要，是多用途码头前沿普遍采用的一种机型。但该机自重大（高达700t 以上），轮压大，使码头投资大大增加。装卸过程中整机需频繁移动，特别是从一个舱口移到另一个舱门需要时间较长，限制了生产率的进一步提高（且造价高）。该机主要应用于集装箱多用途码头，目前世界上仅有几个港口采用。

小问题

对集装箱码头而言，选择什么类型的集装箱装卸桥才是合适的呢？选取的原则又是什么呢？

三、装船作业

（一）装船作业的指导文件

指导装船作业的文件是实配图，包括封面图和行箱位图。在封面图上，用不同的符号表示各装卸桥所要作业的行位以及装卸箱的数量。通常码头上所有的装卸桥都编号，称为 1 号桥或 1 号塔、2 号桥或 2 号塔，以此类推。而一艘靠港的集装箱船，根据其大小以及在本港装卸箱量的多少，一般安排 2~6 台装卸桥同时对其进行装卸作业，并尽量使各装卸桥的作业量相等，以便各班组同时完成作业，保证船期。对于每一个行位的作业，由行箱位图来指导。行箱位图表示每一个集装箱的装卸位置与顺序，每一个行位有一张行箱位图，图上标有负责该行位装卸作业的装卸桥代号。

所以，实配图是装卸作业的总体计划，它既指示作业位置（行位）与作业顺序，也表明了作业量，行箱位图则表明具体某一行位的作业顺序。

（二）装卸船作业的人员与职责

一艘集装箱船的装卸作业通常会有几个作业班组（ Gang）同时进行（开几班），每个班配一台装卸桥，而每台装卸桥就代表一个班组，除了船舶指挥员（Foreman）和装卸桥下的理货长负责整艘船的作业外，各班组的工作人员配备都是一样的。下面就以一个班组为例来说明班组人员的配置与职责。

1．工人

工人 4 名，船上与装卸桥下各配 2 名，其任务是：

（1）负责验箱，即肉眼观察箱的外表有无损坏现象。

（2）负责拆除（卸船时）或安装（装船时）集装箱底部四角上用于箱与箱之间坚固连接的旋锁。

（3）负责船舶甲板上集装箱的绑扎或解除绑扎的装置。

（4）负责配合指挥装卸桥司机的装卸箱作业。

2．理货员

理货员 2 名，船上与装卸桥下各配 1 名，其职责是：

（1）指挥车辆（拖车）运行，保证交通畅通。

（2）核对集装箱号码。

（3）按行箱位图规定的装卸箱顺序指挥装卸桥司机装箱或卸箱。

（4）桥下理货员负责将集装箱资料输入手提计算机，包括箱号、封条号、尺寸、是否为烂箱、拖车号等。

（5）桥下理货员根据手提计算机上指示的堆场位置，告诉拖车司机到该位置去卸箱提箱。

3．外轮理货员 1 名

外轮理货员代表国家公证机关行使公证权力，主要对码头装卸作业起监督、公证作用，如对装卸桥数量以及种类的确认、发生装卸事故造成货损时的公证等。外轮理货员在装卸桥下工作，其具体工作为：监督整个装卸过程；记录集装箱号及封条号码。

4．司机

主要包括装卸桥司机、拖车司机、堆场理货员、龙门起重机司机等。

5．船舶指挥员 1 名

船舶指挥员也称单船指挥员、装卸指挥员，是集装箱码头装卸生产现场的直接组织者和指挥者。集装箱码头的生产作业，最终是与船舶装卸直接联系的。因此，必须有一个以船舶为中心的劳动组合，船舶指挥员是这一劳动组合的管理者和指挥者。船舶指挥员岗位的职责是负责工班单船生产计划的实施。

船舶指挥员工作的总任务是：在码头控制室督导和值班督导的领导下，以昼夜生产作业计划和工班任务书为依据，具体负责所承担船舶装卸的劳动力和机械设备的配置、装卸工艺流程的落实、各装卸生产环节的平衡，合理有效、安全优质地组织指挥单船装卸作业，完成所负责的单船装卸作业计划。

（三）装船作业的实施

（1）船舶到达指定泊位。

（2）拖车根据桥边理货员的指示到堆场提取该航次出口的集装箱。在通信操作系统现代化的集装箱码头，通常是码头控制中心根据已安排的堆场计划和集装箱码头配载计划，通过集装箱拖车上的计算机终端系统向司机发送指令，通知其提取箱具体的堆场位。

（3）堆场理货员指挥龙门起重机司机将指定箱装到拖车上。在通信操作系统现代化的集装箱码头，堆场的理货员和堆场龙门起重机司机会同时通过自己的计算机终端显示出提箱装车命令。

（4）堆场理货员检查集装箱箱体情况，并核定拖车提取的集装箱是否正确，车号、箱号、指令号是否一致，并在计算机中做关于集装箱变动的登记更新。如果有问题应及时通知码头控制中心更改提箱命令。

（5）拖车拖箱到装卸桥下，外轮理货员及桥下理货员核对箱号和封条号，外轮理货员核对"集装箱清单"和"集装箱装船预配图"，并做装船登记。

（6）装卸桥司机根据指令将拖车上的集装箱吊往船上。码头控制中心同样通过通信控制系统将提箱装船命令发给装卸桥上的司机。装卸桥上的司机听从指令将对应的集装箱吊到所对应的箱位。

（7）船上理货员核对箱号并指示装卸桥司机该箱的摆放位置，装卸桥司机将箱装在船上，装箱完毕。如果发现指令有错误，及时通知控制中心进行更改。甲板上外轮理货员逐一记录每只集装箱的箱号及其实际装载位置，如发现集装箱破损或铅封断失，及时通知船边理货员迅速处理。

（8）对装载在甲板上的集装箱，桥下工人负责装锁，船上工人则应负责锁紧及捆扎集装箱。

（9）一个箱装上船后，桥下理货员（或者码头集装箱控制中心通过车载终端）通知拖车司机去堆场另一个位置去装箱。重复上述过程，直到行箱位图上每一个箱都装上船为止。

装船结束后，集装箱码头还要按照装船作业的实际情况，编制该船的装船作业签证、系解缆作业签证、船舶供水签证等一系列单证，将其作为结算收费的凭证。

四、卸船作业

1. 卸船作业实施

（1）船舶到达指定泊位。

（2）船上理货员根据早已编制好的卸船计划和卸船清单，并通过装卸桥上的计算机终端系统将所卸集装箱的位置和箱号通知装卸桥司机，司机得到命令后吊起对应的集装箱。

（3）船上的理货员核对积载图和卸装清单内容及集装箱的箱号。船上工人检查进口集装箱的外表箱体，看有无破损和封条是否完好。如有问题立即通知理货人员。

（4）甲板集装箱解开捆绑装置。根据积载图的指示，如果集装箱处在甲板上，工人需要打开旋锁及解开捆绑装置。

（5）船舶配载员提前编制好卸船计划和卸船清单，在将卸箱具体命令发送给装卸桥司机的同时，通过拖车上的车载终端设备将其发送给拖车司机，指挥司机按顺序前往装卸桥下等待装载集装箱。拖车司机将卸下的集装箱拖入船舶，从而完成一个作业指令。对于箱底下带有旋锁的集装箱，桥下工人在箱卸于拖车上之前，迅速拆除集装箱的4个角上的旋锁，并将其保管好。

（6）作业区的外轮理货员核对箱号、封条号码，并在舱单、装箱单、积载图上标注卸下船的集装箱，逐一圈销卸船的集装箱箱号。

（7）拖车司机继续按车载终端设备的下一个提示指令，将集装箱送去堆场指定位置卸箱。

（8）拖车司机拖箱到堆场指定位置卸箱后，返回到装卸桥下。重复上述过程，直至行箱位图上标明的集装箱全部卸完为止。

2. 卸船作业注意事项

（1）作业前装卸工应将需作业的集装箱的紧固装置拆除，放置在不妨碍作业的地方。上箱顶作业时，1层高攀箱上下，2层高以上（含2层高）随吊具上下箱。

（2）指挥人员待拆除紧固装置后，巡视集装箱装载情况，当确认无影响正常作业的情况后，按卸船顺序指挥卸箱作业。

（3）装卸桥司机接到指令后，按照船上指挥人员的指示进行作业。吊箱时应缓慢起吊，起升到一定高度时，小车才可水平运行。

（4）集装箱连接器须在船上摘除时，上一层集装箱卸完后，装卸工应将下一层集装箱顶部连接器摘除，并放置在不影响作业的位置上。

（5）揭舱盖前，首先由装卸工清理舱盖上的杂物，在确认船方已将舱盖紧固装置拆除无妨碍吊舱盖作业情况下，指挥人员方可指挥装卸桥司机将舱盖吊下并放置在指定的位置。揭舱盖时拖车和作业人员应当避让。

（6）卸箱前验残人员应检查是否有箱损及铅封的完好情况并做好记录。

（7）集装箱装卸作业时，作业人员应闪开吊具（吊箱）运行路线。

（8）装卸桥严禁超负荷作业，禁止横向拖拉集装箱。

（9）当风速大于大机防风规定时，装卸桥应停止作业，并予以锚固。

知识拓展

一、天津港集装箱码头双箱工艺技术要求

（一）范围

天津港集装箱码头双箱工艺技术规定了集装箱双箱作业的装卸工艺方案和装卸操作方法与技术要求，适用于天津港集装箱装卸桥和场桥进行双箱装卸作业。

（二）术语

（1）装卸桥是岸边集装箱起重机的简称。

（2）场桥是轮胎式集装箱门式起重机的简称。

（3）拖车是指集装箱水平运输专用拖挂车。

（4）双箱作业是指集装箱装卸桥和场桥对两个相同 20ft 国际标准集装箱同时进行装卸的一种作业方式。

（三）规格

外形尺寸（长×宽×高，单位：mm×mm×mm）

20ft 集装箱：6 058×2 438×2 438，6 058×2 438×2 591

（四）重量

两个 20ft 国际标准集装箱其重量最大为 61t。

（五）装卸工艺方案

（1）工艺过程：船⇄车⇄场。

（2）人员配备、机械配置及装卸效率如表 1-9 所示。

表 1-9　集装箱双箱作业装卸工艺方

工艺流程	机械配备（台）			工人配备（人）	装卸效率
	桥吊	拖车	场桥	装卸人员	（箱/小时）
船⇄装卸桥⇄拖车⇄场桥⇄堆场	1	3~5	1~2	4~6	35

（六）操作方法与技术要求

1. 船上作业

（1）卸船作业。

1）作业前装卸工应将需作业的集装箱紧固装置完全拆除放置不妨碍作业的地方。上箱顶作业时，1 层高攀箱上下，2 层高以上（含 2 层高）随吊具上下箱。

2）船上指挥人员确认紧固装置是否完全拆除，检查周围是否达到正常作业的

环境后，按卸船顺序的要求指挥装卸桥作业。

3）作业前，调度员和指挥人员应检查是否具备双箱作业条件，确认后再指挥装卸桥司机进行作业。

4）装卸桥司机应按照作业计划的安排，将吊具调整到双箱作业状态。

5）装卸桥司机接到指令后，应按照船上指挥人员的指示进行作业。吊箱时应缓慢起吊，起升到一定高度时，小车才可水平运行。

6）集装箱连接器须在船上摘除时，上一层集装箱卸完后，装卸工应将下一层集装箱顶部连接器摘除并放置在不影响作业的位置上。

7）揭舱盖前，首先由装卸工清理舱盖上的杂物，在确认无妨碍吊舱盖作业情况下，指挥人员方可指挥装卸桥司机将舱盖吊下并放置在指定的位置。揭舱盖时拖车和作业人员应当避让。

8）严禁对两个非20ft国际标准集装箱和两个箱高不同的20ft国际标准集装箱进行双箱作业。

9）当双箱吊具处于双箱作业状态时，禁用双箱吊具对一个20ft集装箱进行作业。

10）双箱作业中，若两箱箱重相差10t或10t以上，装卸桥小车应慢速行驶。

11）卸箱前理货员应检查是否有箱损及铅封的完好情况并做好记录。

12）集装箱装卸作业时，作业人员应闪开吊具（吊箱）运行路线。

13）装卸桥严禁超负荷作业。

14）当风速大于大机防风规定时，装卸桥应停止作业，并予以锚固。

（2）装船作业。

1）指挥人员应按照装船作业顺序指挥装船作业。

2）装卸桥司机接到指令后，按照船上指挥人员的指示进行作业，放箱后缓慢起升吊具，当吊具起升到一定高度时，小车才可水平运行。

3）盖舱盖时，装卸工应检查舱盖上是否有杂物，在确认无妨碍吊舱盖作业情况下，指挥人员指挥装卸桥司机将舱盖吊起，并放置在指定位置。盖舱盖时拖车和作业人员应当避让。

4）连接器须在船上安装时，装卸工人应逐层将连接器安装好。

2. 船边作业

（1）卸船时，待集装箱落至距拖车车板400mm时应停止下落，稳正后缓慢将集装箱放在拖车上，集装箱放好后，装卸桥司机应缓慢起升吊具，距离集装箱箱顶400mm时，拖车方可运行。

（2）在同一条船上卸船作业时，开头量超过3条作业线时，拆卸连接器应在装卸桥作业区外，不影响装卸桥作业的地方，设立专门卸连接器区。

（3）带连接器的集装箱车停放在卸连接器区时，装卸工应立即拆除连接器并放至指定地方，拆卸完连接器后，由一名装卸工指挥，拖车司机看到指挥示意后才能启动。

（4）当同一条船卸船开头量不大于3条作业线时，在装卸桥底下拆卸连接器，拆卸完毕后指挥人员指挥拖车方可启动。

（5）码头前沿设有拖车通道、站人通道。拖车应走行车道并按照码头行车路线行驶，装卸工应站在站人通道上作业，严禁相互占用。

（6）装船作业时，待拖车停稳后方可起吊作业。集装箱离开拖车车板400mm时拖车方可行驶。

（7）在装船作业中，集装箱连接器的安装应在装卸桥下进行。当拖车停稳后，装卸工应立即将双箱的连接器安装好并指挥装卸桥司机起吊。

3．水平运输作业

（1）拖车严禁超负荷作业。

（2）各种车辆应按规定路线行驶。

（3）拖车行驶时，车速最大不超过40km/h。

（4）拖车转弯时减速行驶，转弯要大。

4．堆场作业

（1）场桥司机在作业前应将吊具调整到双箱作业状态。

（2）场桥和拖车作业工艺应参照（前述）操作方法与技术要求。

（3）装箱堆码时不能超出箱位线，上层箱底部角配件和下层箱顶部角配件距离不超过50mm，堆码最高不超过5层（空箱单批最高不超过2层），20ft集装箱不能压在40ft集装箱上。

二、理货公司的集装箱船舶出口装船理箱介绍

理货工作是集装箱码头进、出口业务流程中的一个重要环节，具有点多、线长、面广、单兵作战、三班作业昼夜不停的特点。集装箱是一种现代化的运输工具，一个集装箱就是一个单元，因此，要求理货人员必须以高度负责的精神，严格按工艺流程有条不紊地进行集装箱的理箱工作。清理箱号、检查铅封是否完好、分清集装箱外表残损是集装箱理箱工作的中心环节。

（一）装船理箱准备工作

理货公司收到船公司或其代理送来的"出口集装箱舱单"和集装箱公司或其他订舱人送来的"集装箱装船预配图装箱单"和"场站收据"中的大副收据后开始整理登记，并做好以下几项工作。

（1）根据"装箱单"分别核对"出口舱单"和"大副收据"。

（2）根据"装货单"将箱号、铅封号、箱子状况（整箱、拼箱和空箱）、卸货港名称等输入计算机，并打印出集装箱清单。

（3）计算出全船出口总箱数和各货港的分箱数。理货组长在船舶作业前，应向港区的有关配载部门索取 2 套装船预配图。理货公司根据船舶作业计划派出理货组长和理货员。通常，每艘船派 1 名理货组长，每条作业线派 2 名理货员。

对有特殊要求的重点船舶，在作业前要求召开船前会并制定切实可行的单船措施。理货人员登船前，需要备妥所需单证和各种理货用品。

（二）装船理箱工作程序

理货组长登船后，应向船方了解出口集装箱的积载情况，征求船方对待特殊集装箱的理箱要求，并将这些内容详细记录在单船记录本上。

理货组长根据"集装箱清单"仔细核对港区提供的"集装箱装船预配图"。核对内容包括船名、航次、卸箱港、最后目的港、箱号和重量，并在"集装箱装船预配图"的每一箱号旁边打上已经核对的明显标记。若发现有疑问应及时与有关方面取得联系，以便妥善解决。

理货组长分配理货员的工作舱口，确定各自的工作岗位和理箱方法，并向理货员提供有关资料，布置工作重点。

理货员接到理货组长工作指令后，按分工实施如下理箱方法。

（1）船边理货员应按理货组长提供的"装船预配图"认真检查集装箱箱号，检查铅封是否完好，逐一圈销已装船的集装箱箱号，每工班结束后按规定与集装箱公司船边验箱员办理交接手续。

在理箱过程中，如发现出口集装箱外表残损，应及时通知集装箱公司船边验箱员验看确认，并编制"设备交接单"。

对铅封断失的集装箱，理货人员联系集装箱公司或集装箱单位处理，验看确认后，由理货人员重新施封，并记载在"理箱单"上。

（2）甲板理货员应逐一记录每只集装箱的箱号及其实际装载位置，如发现集装箱破损或铅封断失，应及时通知船边理货员迅速处理。

工作结束后，理货组长应根据"理箱单"编制"日报单"，根据甲板、船边两位理货员记录的箱号和集装箱的实际积载位置，校对与"装箱单"核对过的"装船预配图"，并在此基础上绘制"集装箱装船预配图"。

装船结束后，理货组长根据"理箱单"编制"理货证明书"，再将集装箱的分积载图汇制成"总积载图"和"各卸货港综合明细单（表）"。

（三）有关装船理箱的附加理箱工作

因船方原因造成理货人员停工待时，理货人员应编制"理货人员待时记录"，写明待时原因和收讫时间。各作业舱口停工待时，可计算理货组长的待时时间。

在我国法定节假日或每日后半夜工作，对外籍船舶、租船或中外合营船舶进行理箱时，理货员应在"理箱单"上注明"节假日"或"夜班"等字样。

对船方原因造成"舱内翻舱"或"出舱翻舱"，应另外编制"理箱单"和"日报单"，并注明"翻舱"或"重装"的收讫时间。

三、进口卸船理箱

（一）进口卸船理箱准备工作

（1）理货公司在收到船公司或其代理人提供的进口集装箱舱单、装箱单、积载图等单证资料后，应及时进行分类、装订和登记，防止遗失。

（2）核对进口舱单、装箱单和最后装箱港的集装箱积载图等单证图。区别出整、拼箱，并按不同的装箱港结算出总箱数，计算出舱单上集装箱货物的净重，然后编制箱号圈销清单。如发现舱单与积载图上记载的内容不一致时，应立即联系外轮代理解决，如船舶已靠泊，则应联系船方解决。

（3）根据船舶作业计划，派出理货组长和理货员。通常，每艘船舶派 1 名理货组长，每条作业线派 2 名理货员。

（4）船舶作业前，理货公司将整理好的船舶资料交理货组长，并在单船记录本上交代任务、提出要求。理货组长收到资料后，应立即进行复核。

（5）对有特殊要求的船舶，理货机构在作业前应召开船前会，制定相应的单船措施。

（6）理货人员登船前，应备齐单证资料和各种理货用品。

（二）进口卸船理箱工作程序

理货组长登船后，向船方索取集装箱积载图（远洋线）、进口集装箱舱单、进口装箱单和集装箱积载图（近洋线）以及一些附属的集装箱单证（如日本航线的集装箱清单、美国航线的参考清单、中国香港航线的重箱明细表等）；了解集装箱的装载情况和尾箱品集装箱的积载位置，并商定残损箱的验残方法等。

对近洋线船舶，理货组长收到上述有关资料后，要按照集装箱单区别出舱单上的整箱或近箱，并计算出舱单总箱数。所有箱号都要实行"三转移"（舱单、装箱单、积载图三者之间的转移）。

对远洋线船舱，理货组长要检查箱号圈销清单上的数字与积载图的数字是否一致。

理货组长分配理货员的工作舱口，确定理货员的工作岗位和理箱方法，提供理箱资料，并交代有关注意事项。理货员在接到理货组长提供的进口积载图和卸箱顺序单后，按分工实施如下的理箱方法：

船边理货员应根据积载图认真核对集装箱箱号，检查铅封是否完好，逐一圈销卸船的集装箱箱号，并在每工班结束后，与集装箱公司堆场人员办理交接手续。

甲板理货员的工作是检查集装箱的外表有无残损、铅封是否完好。如发现异常情况，应及时通知船方验看确认，并记载在"理箱单"和"设备交接单"上，经船方签认后方可卸船。

对铅封断失的集装箱，理货员须重新施封。重新施的铅封号既要记录在"设备交接单"和"理箱单"上，又要汇总记录在"集装箱溢短、残损单"上。

"进口理箱单"由船上理货员根据船边理货员提供的箱号填制，并作为理货组长圈销箱号清单或圈销积载图的原始凭证。

工班结束后，理货组长根据理箱单编制"日报单"，并从总记载图上画去已卸船的集装箱积载箱位。

卸船结束后，理货组长根据"理箱单""设备交换单"编制"理货证明书"和"集装箱溢短、残损单"，并填制"单船报告单"。

（三）有关卸船理箱的附加工作

因船方原因造成理货人员停工待时，理货人员编制"理货人员待时记录"，写明待时原因和起讫时间。各作业舱口停工待时，可计算理货组长的待时时间。

在我国法定节假日或每日后半夜工班，对外籍船舱、租舱或中外合营船舶进行理箱时，理货员应在"理箱单"上注明"节假日"或"夜班"等字样。

对船方原因造成的"舱内翻舱"或"出舱翻舱"，应另外编制"理箱单"和"日报单"，并注明"翻舱"或"重装"的起讫时间。

思考题

1．船舶靠离泊时码头应做哪些工作？
2．装卸船作业机械有哪些？
3．简述装船作业程序。
4．简述卸船作业程序。

第二章 | 件杂货码头操作

第一节　件杂货装卸操作

教学目标

知识目标:

1. 了解件杂货的分类。
2. 了解件杂货吊货工夹具的作用和要求。
3. 理解件杂货装卸作业特点。

技能目标:

1. 能够陈述件杂货的装卸要求。
2. 能够叙述件杂货的配积载要求。

问题导入:

天津港是以大宗散货、件杂货和集装箱运输为主的大型综合性港口,件杂货装卸作业在天津港一直占据着比较稳定和重要的地位。港口件杂货装卸生产系统是由船舶、货物、装卸设备、装卸用工属具、劳动力、货场等多种生产因素组成的复杂系统,装卸环节多而繁杂。装卸作业效率的影响因素众多,包含装卸作业机械的单机效率、装卸作业线的效率、装卸作业机械的合理拥有量、装卸工艺的选择等一系列的影响因素。近年来,随着港口货物吞吐量的增长,件杂货的吞吐量也随之增长。天津港埠二公司是件杂货装卸的主要码头公司,一直致力于件杂货装卸系统的效率改善。那么件杂货物是怎样进行装卸的呢?

问题分析:

件杂货物的装卸是按照件杂货的种类、选用合适吊货工夹具以及适当的吊货机械进行的。

件杂货的概念，是从运输、装卸和保管的角度相对于港口所装卸的散货、液体货等而言的。

所谓件杂货，通常是指有包装和无包装的成件装卸、运输、保管的货物，如各种袋装货物、箱装货物、五金交电器材、日用百货、棉纺织品、钢材、钢锭、有色金属块及大型机器设备等。

集装箱运输的发展，使件货装卸、运输的数量有了明显减少，虽然按货运量的绝对量来说，件货与其他货种比较所占的比重不大，但不适箱货物以及一些运费负担能力较差的低值货物，仍有很大的运输市场。我国很大一部分物资目前还是多以散件形式装运的，在一般操作过程中，以机械操作工序吨与总工序吨之比计算，机械操作比重为 50%~75%，人工操作比重为 25%~50%，占用众多的劳动力，并造成运输工具因装卸和等待而压港，商品流动资金积压。因此，改进件货装卸工艺，合理组织件货的装卸操作，对提高装卸效率，降低装卸成本，提高装卸效益有着十分重要的意义。

一、件杂货的种类

件货按照包装形式和件货的形式可分为以下几种。

1. 袋装货物

袋装货物是指用各种织物、纸、草席、塑料袋等，作为货物的包装物，以袋为单元成件装卸、运输及保管的货物，如袋粮，食盐，袋装的化肥、水泥和某些矿产品等。袋装货物的形状、尺寸、质量根据袋内所装的货物而定。通常一件袋物的长度为 60~100cm，宽度为 40~70cm，高度为 15~40cm，纸袋包装的袋物单件质量为 40~50kg，织物包装的袋物单件质量为 40~150kg。

2. 捆装货物

捆装货物是指用包装带、绳索、铁丝、铁皮等作为货物的捆扎物，以捆为单元成件进行装卸、运输及保管的货物，如捆装的棉花、烟草等。某些捆装物单件质量随压包的方式有很大不同，轻的 100kg，重的可达 350kg。

3. 桶装货物和圆筒状货物

桶装货物是指桶作为货物的盛装容器，以桶为单元成件装卸、运输及保管的货物，如桶装汽油、食油等。桶的种类很多，有的桶两端面有突缘（可以用油桶夹装卸），有的桶面无突缘，有的桶是木制的。金属桶的容积通常为 50L、100L、200L、500L，木制桶的容积为 15~250L，装运酒的大桶容积可达 600L。某些半流体货物和散装货物，其包装桶材质为三夹板和纤维板，这种桶的直径为 30~45cm，高为 25~70cm，单件质量为 15~175kg。

电缆、钢丝绳、输送机的胶带等是绕在两端面为圆形木板的卷筒上运输的，卷筒中央有孔，可由此插入吊货工夹具进行装卸。纸张等则是卷在筒芯上成圆筒状运输的。

4．箱装货物

箱装货物，以各种材料的箱子为容器，如箱装的日用百货、香烟、食品、罐头、小五金等。箱子按结构、材料、件重可分成许多种。小五金等货物用木箱包装，香烟等则用纸箱包装。用纸箱包装的货物，装卸和堆存时要注意避免压坏。

5．筐、篓、坛装货物

如蔬菜、水果、榨菜、硫酸等。

6．裸装货物

如生铁块、钢锭、钢材、废钢、砖等。

二、件杂货主要吊货工夹具

由于件杂货具有货种繁杂的特点，因此一般情况下，装卸件杂货的机械应该具有通用性。为了提高装卸机械的通用性，使其适应千差万别的货物的装卸要求，必须应用各式各样的吊货工夹具。

吊货工夹具的合理选用，对减轻工人的劳动强度，发挥装卸机械的效能，提高劳动生产率，具有十分明显的效果。因此，推广先进的工夹具，改革现有的吊货工夹具，创造新的吊货工夹具，是改进装卸操作的一项重要内容，也是港口挖潜、革新、改造的一个重要方面。

装卸作业线是港口装卸生产的最基本的组织形式，港口的安全、质量事故很大部分是在装卸作业线上发生的，其中不少事故又是由于吊货工夹具损坏或吊货工夹具选择不当造成的。因此注意吊货工夹具的合理选用是确保港口安全生产，提高装卸质量的重要条件。

（一）选用吊货工夹具的一般原则

（1）能保证货物完整无损。

（2）牢固可靠，工作安全。

（3）工人操作方便，能迅速或自动、半自动地取货和卸货。

（4）结构简单，自重轻，并能充分利用起重机的有效起重量。

（5）可避免多次解组货吊。

此外，也要适当考虑吊货工夹具的耐用程度，适应多货种、便于多种机械使用以及成组运输、成组保管等要求。

（二）件杂货主要吊货工夹具

件杂货主要吊货工夹具可分为通用吊货工夹具和专用吊货工夹具。通用吊货工夹具可以用于装卸不同种类的货物；专用的吊货工夹具是为某种货物而专门设计的，只能用于装卸该种货物，如平放卷钢板夹具、平放卷筒纸夹具等。通常，使用通用吊货工夹具时所用的人力劳动较多，工作较繁重，效率较低，但与此同时，有些通用吊货工夹具却往往可以收到避免多次改组货吊的效果。而使用专用吊货工夹具时所用的人工劳动较少（有时甚至可以完全不用人工辅助作业），但在货物品种多，批量小时，使用专用吊货工夹具有时会由于因更换工夹具而形成作业中断，延长车、船作业时间等。

1．通用吊货工夹具

件杂货码头常用的通用工夹具有吊钩、吊索和网络、货板。

（1）吊钩。吊钩又称钩子，指挂在起重机吊钩上作业的带钩状的吊具工具，常借助于滑轮组等部件悬挂在起升机的钢丝绳上，是港口装卸作业中装卸工具的连接件。吊钩的结构简单、制造方便、坚固耐用、用途广泛。装卸货物种类繁杂，因此吊钩的形式较多，常见的有马钩和成组网络钩，其中成组网络钩的应用较为广泛。

1）马钩。马钩按照其制造材料的不同，可以分为链条马钩、钢丝绳马钩和钢丝绳链条马钩等。链条马钩（见图 2-1）具有绕性好、起重量大、操作方便、维修费用低等特点，但由于其自重较大，天气冷时会变脆；钢丝绳马钩的自重较轻、安全性好，但随着使用时间的增加，钢丝绳容易起毛刺（见图2-2），不易挂钩；钢丝绳链条马钩兼具二者的优点，对于门座起重机特别适用。

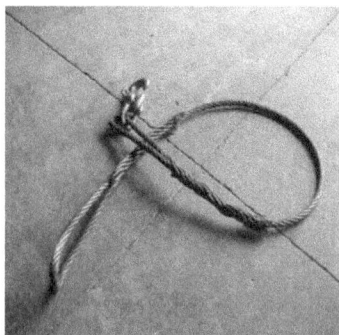

图 2-1　链条马钩　　　　　图 2-2　易起毛刺的钢丝绳马钩

马钩属于间接吊货工夹具，即不直接用它来承载货物，而是配合起重机或船舶吊杆起吊件、捆或网络装载的各类货物。马钩上的吊钩一般做成有突缘的形状，以防止在起吊中马钩挂住舱口围板而造成事故。用于船舶吊杆上的马钩的分支索的长度受船舶吊杆高度的限制，一般比较短，但门座起重机上使用的马钩较长（见图2-3）。

图 2-3　门座起重机上使用的马钩

2）成组网络钩。成组网络钩（见图 2-4）根据材料不同，可以分为棕绳成组网络钩、链条成组网络钩、扁担钩等。棕绳成组网络钩适用于起吊较轻的成组网络货物；链条成组网络钩适用于起吊重量较大的成组网络货物；扁担钩（见图 2-5）适用于起吊重量大、货组重量小的成组网络货物。

图 2-4　成组网络钩

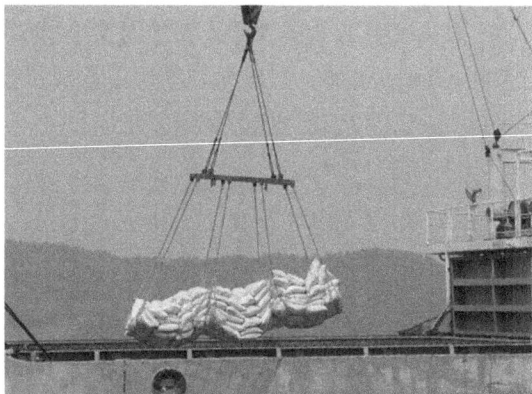

图 2-5　扁担钩

（2）吊索和网络。这类工夹具的特点是：结构简单、轻巧、使用方便。吊索是以绳索为主要材料制成的简单吊货工具，在起重机械与起吊货物之间起挠性连接作用，适宜系吊各种货物。在港口装卸作业中使用极为广泛。

根据吊索制造材料不同，可以分为棕绳吊索和钢丝绳吊索。这两种吊索结构简单、轻巧、使用方便，其工作原理都是先从货物的底部绕过，使用时利用绳索上的钩或环将物件扣成一关，把货物吊起来，因此也称为绳扣。按照绳扣的用途，可分为棕绳扣、活络绳扣、钢丝绳扣等。

棕绳扣（见图 2-6）是用白棕绳制成的环形吊货绳，主要用来装卸重量较小的箱装、捆装和袋装货物，也可用于成组运输。为保证生产安全，避免工具损坏，棕绳扣不得用于装卸钢材。在露天堆放时，要下垫、上盖，防止棕绳扣受潮霉烂。

活络绳扣（见图 2-7）由一个吊环连接两根带钢环的白棕绳（或锦纶绳）互相对穿而成，适用于箱装、捆装货物的装卸。作业时，只要将绳扣放开、套在货物上，抽紧后即可起吊。具有使用寿命长、操作方便、安全性好、装卸迅速、经济效益好等一系列优点，而且对货物具有较强的保护性能。

钢丝绳扣具有一定的拉伸强度和挠度，可以在一个平面内或在两个互相垂直的平面内任意方向上弯曲，是装卸长钢材和原木等货物使用的索具，在成组装卸和成组运输中使用广泛。

使用绳扣装卸长钢材或原木时，都要成对使用，组成货吊时要注意两根钢丝绳扣放置位置及长短要相当。

网络又叫网兜（见图 2-8），是港口装卸货物时常用的八角形或方形网状承载工具。通常配合起重机一起使用。网络通常由白棕绳、锦纶绳、维纶绳或钢丝绳制成。结构上由网心筋、边筋、吊系、吊环等部分组成。按用途不同又可分为袋装货网络、散货网络、生铁网络、木板网络和成组网络等。进行装卸作业时将货物堆码在网络上，把吊环挂上起货吊钩即可起吊。使用网络成组吊货，吊系受力均匀，货物不易散落，也不易勒坏，成倍提高装卸效率和装卸质量。

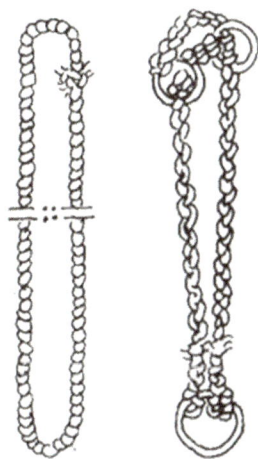

图 2-6　棕绳扣　图 2-7　活络绳扣　　　　图 2-8　网络

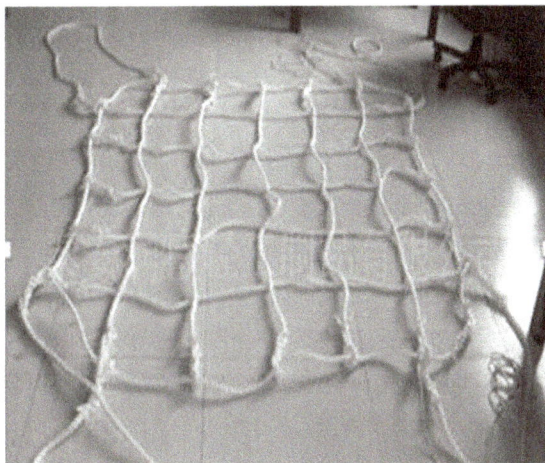

（3）货板。货板又称通用货板、万能货板或托盘，用于成组装卸水泥、化肥等小袋货物。作业过程中具有堆码整齐，节省人力的特点。

按其制造材料的不同可分为木材、钢材、塑料、纸制托盘等；按其结构可分为双面和单面托盘；按叉车插入托盘的方向及数目可分为双面插入和四面插入两种。

木质的托盘最为常见，它主要由边板、板条和纵向桁木组成（横档）（见图 2-9）。边板的强度要求较高，因为叉车的货叉尖端穿过货板伸出外边板起货时，货叉要向内倾斜，边板被叉式装卸车货叉触碰的机会较多，所以边板要用较好的、完整的木料制成。边板要截角，以免碰坏。板条的作用是承载，板条和板条之间应留有间隔，以减轻货板重量，节省木料。托盘的上下板面之间有三根纵向横木，称为纵向桁木，保证叉式装卸车货叉能方便插入和取出。

图 2-9　木质托盘

钢质货板、塑料货板在结构上与木质货板相似。钢质货板比较牢固，但重量大。国外将钢质货板的面板做成波纹状，以增加货物与货板的摩擦力。塑料货板具有自重轻、高度小的优点，但货物与货板之间的黏着力明显不足。

2．专用工夹具

专用工夹具是指只适用于某种货物的吊夹具，该类工夹具使用安全方便，省力省时，装卸效率高，但其利用率较低。专用工夹具的使用与装卸运输专业化的发展密切相关。常见的专业工夹具有油桶工夹具、钢材工夹具、成捆铝锭夹、卷钢板夹具、真空吸盘吊具等。

油桶工夹具用于起吊油桶，分为卧桶夹和立桶夹两种。卧桶夹（见图 2-10）由一个吊架和装在吊架下的八条铁链组成，每条铁链上穿着一对活络的铁钩，用来装卸起吊卧放桶装货。作业时，先将吊具挂在起重机械的吊钩上，然后使每对铁钩钩住桶两端的突起的边缘即可。起吊后，在桶装货的重力作用下，链条紧紧地夹住油桶。吊架的作用是使铁链之间的货桶保持一定的距离，避免吊链互相缠绕和货桶相互碰撞而发生事故。立桶夹（见图 2-11）是在一个圆形钢环的对称位置上，用销轴连接四个桶钩，桶钩的柄端在圆环内并与钢丝绳相连，用来装卸立放桶装货。作业时，将圆环外的四个钩子钩在货桶突出的边缘上，起升吊索，钩柄一端向上，另一端通过支点向下往里卡紧货桶，完成起吊作业。这类工夹具使用安全方便、省力省时、装卸效率高，但工夹具的利用率较低。常见的专用工夹具有油桶夹、钢板夹、成捆铝锭夹、卷筒纸夹具、卷钢板夹具和真空吸盘吊具等。

图 2-10 卧桶夹   图 2-11 立桶夹

卷钢板夹是一种专门起吊卷钢板的夹具。使用卷钢板夹具（见图 2-12）作业时，先吊住外卡板上的两只吊环，使夹具的外卡板落在卷钢板的外圈壁板上，内卡板落在卷钢板的内圈壁板上，然后摘钩，将起重机吊钩钩住内卡板上的卸扣，便可起吊。

成捆铝锭吊具（见图 2-13）是起吊成捆铝锭的专用吊具。这类吊具的吊钩是由琵琶头钢丝绳连接链条，穿过两个夹钩组成的。作业时用夹钩钩住成捆铝锭，链条在货物重力的作用下，自行勒紧双钩，保证安全，吊具结构简单、使用方便。

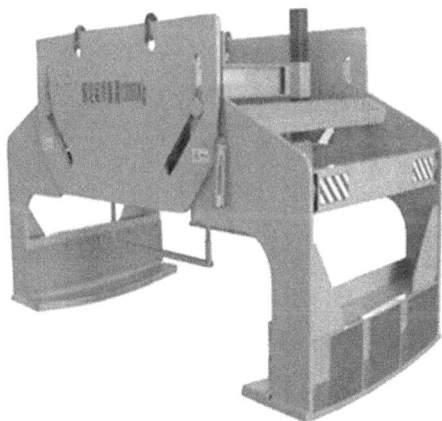

图 2-12 卷钢板夹具   图 2-13 成捆铝锭吊具

卷筒纸夹具是装卸卷筒纸的专用吊具，分平放卷筒纸夹具和立放卷筒纸夹具。使用平放卷筒纸夹具（见图 2-14）或立放卷筒纸夹具（见图 2-15）起吊卷筒纸可以避免在使用插棍式卷筒纸吊具时撕坏商标签，甚至损坏纸张，影响质量。

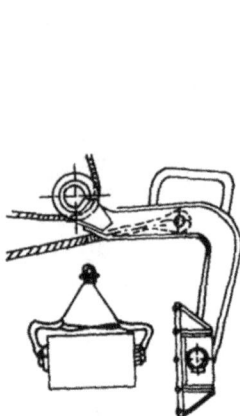

图 2-14　平放卷筒纸夹具　　　图 2-15　立放卷筒纸夹具

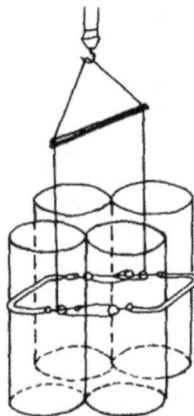

真空吸盘吊具（见图 2-16）是利用真空泵将吸盘中的空气排出，形成较大的真空度，从而利用大气压力将货物吊起。当拉开释放阀，使整个管道与外界大气沟通，吸盘内的真空消除，铁桶即被释放。装卸时，如果有的桶面高低不平，吸盘下方突出的顶针就不能很好地与桶面接触。这时，触发开关因没被顶上而保持常闭，避免了这条管道的漏气，保证了其他吸盘的工作。

电磁吸盘吊具（见图 2-17）是依靠电磁铁通电时产生的电磁吸引力吸取磁性货物的起运工具。起重电磁铁配有成套的供电和控制设备，作业时能有效地控制电磁铁吸放物料，使用安全可靠，节省劳力，提高装卸效率。广泛用于冶金、机械制造、港口码头、货物堆场与起重设备相配合，进行搬运和装卸钢板、铸铁、铸件、钢锭等具有磁性的物料。

图 2-16　真空吸盘吊具　　　　　图 2-17　电磁吸盘吊具

三、件杂货的装卸要求

件杂货往往是比较贵重的货物，如成套的设备、机床等，装卸时一定要保证其完整无损。为此必须要做到：

（1）工作地点要整洁。对于食品及粮食，如冷冻猪肉、袋装面粉等更要注意保持吊货工夹具、机械的工作装置及工作人员服具的清洁，以免将货物弄脏。

（2）选用合适的、牢固的吊货工夹具。

（3）正确地将货物安放在吊货工夹具上。

（4）平稳地升降货吊。

（5）整齐地安放在水平运输机械上，必要时对货组要进行捆扎，以免在运输过程中掉落受损。

四、件杂货的配积载要求

（一）件杂货配积载的基本原则

1．保证船舶安全的原则
货物在舱内的配置应确保船舶满足强度条件和适宜的稳性与吃水差要求。

2．保证货物运输质量的原则
通过合理地配积载，为不同种类、不同包装形式的货物合理选择舱位与货位，并提出堆码、衬垫及隔票要求，对具有不同理化特性的相忌货物进行合理的隔离配置，从而保证货物运输质量的要求。

3．提高船舶营运经济效益的原则
合理地配积载，充分利用船舶的载货能力，从而方便货物装卸，缩短船舶在港停泊时间，保证中途港货物的顺利卸出，提高船舶营运效益。

知识拓展：隔票

为提高理货工作效率，减少货差，需在货物装舱时，对不同货主、不同卸货港和不同提单号的同种货物做好隔票（Separation）工作。

隔票方法：① 自然隔票：用包装材料明显不同的货物进行隔票，如在两票同种箱装货物之间用桶装货进行隔票。② 用专用隔票材料隔票：用帆布、竹席、隔票绳网等专用隔票材料放置于需隔票的货物上，以区别不同卸货港、不同货主及不同提单号的货物。③ 用专用隔票用具隔票：用油漆、颜料、标志笔等用具在需隔票的货物（如钢材、木材等）上进行标识，以区别不同卸货港、不同货主、不同提单号的货物。

（二）件杂货的舱位选择原则

（1）上轻、清，下重、污。也就是说，积载因数较大的或较为清洁的货物，应配置在积载因数较小的或较脏的货物之上。

（2）上脆弱，下牢固。就货物包装强度而言，包装脆弱的货物应配于包装牢固的货物之上。

（3）小、软配首、尾，大、硬配船中。小件货、软包装货宜配于首、尾舱，而体积较大的硬包装货配于中部货舱较为适宜。

（4）按装卸工艺合理选择舱位。货物的舱位除选择适应装货港的装卸工艺和设备外，还要考虑卸货的方便。

（三）件杂货的舱位选择

1．气味货物

气味货物不得与食品类货物和其他怕气味货物同舱积载。同类或气味不互抵的气味货物，如数量不多时，应尽量集中在一个容积较小的首尾舱积载。性质互抵、互相串味的气味货物则应分舱室积载。装于上甲板的气味货应尽量远离船员居住区。

2．食品类货物

食品类货物应配置于清洁、干燥、无异味、无虫害、远离热源和通风良好的舱室。食品类货物不能与扬尘污染货同舱积载，也不能与气味货物、散发水分的货物及危险货物同舱积载。

3．扬尘污染货

袋装扬尘污染货，如数量不多时，应尽可能整票集中选配在底舱其他货物下面，装后铺盖帆布。如果由于卸货港顺序所限必须配于二层舱时，应尽可能配于二层舱底部其他货物下面或与之扎位配装。扬尘污染货不能与怕尘、怕污染的货物同装一室或相邻堆装。对怕热的扬尘污染货，应配装在远离热源的舱室。

4．清洁货物

清洁货物不得与扬尘污染货、油污货同舱积载。

5．易碎货物

易碎货物应配置在基础平稳、不受挤压、易于装卸的处所，如二层舱或底舱舱口下方及其他货物的上面，尽量后装先卸。易碎货物在舱内的堆码层数不能超高，其上不再堆装其他货物。

思考题

1．件杂货的种类有哪些？

2．件杂货装卸的基本要求有哪些？

3．简述件杂货的舱位选择原则。

4．如何对件杂货的舱位进行选择？

第二节　换装作业

教学目标

知识目标：

1．了解换装的种类。

2．了解工序的概念。

技能目标：

1．能够陈述件杂货码头换装操作过程。

2．能够叙述一般操作过程的工序。

问题导入：

太仓市国际集装箱码头公司将靠泊一艘来自韩国的卷钢船并进行换装作业，船名为东邦宝石，航次为 Voy.120415，预计靠泊时间为 2012 年 4 月 15 日晚上 11 点。那么何为换装作业？怎样进行换装作业？

问题分析：

具体分析见本节内容。

一、件杂货换装操作过程

换装作业是指货物从进港到离港在港口所进行的全部作业的总合，它是由一个或者一个以上的操作过程所组成的。而操作过程是指根据一定的装卸工艺在船、车、库之间完成一次完整的搬运作业的过程，是港口基本的装卸搬运活动。

港口换装作业一般有两种形式。一种形式是货物先从船上卸入库场经过短期堆存，再由库场装上车辆（或船舶），或者按相反程序，这种形式一般简称为间接换装工艺。另一种形式是货物由船上卸下直接装上车辆（或船舶），不再进入库场，或者按相反程序，这种形式简称为直接换装工艺，或称直取作业。在后一种情况下，货物在港口的换装作业是由一个操作过程组成的。而在前一种情况下，货物在港口的换装作业是由两个（或两个以上）操作过程组成的。

采用直接换装，可以减少操作次数，简化作业环节，减少货物换装所耗费的人力和物力，缩短货物在港滞留时间，并且可以减少码头的陆域面积。从这些方面看，理应要减少进入库场货物的数量，增加直取比重。但是，采用直取作业时，由于运载工具到港密度和时间的不平衡，往往造成车船在港停留时间延长。由于受码头前沿场地的限制，即使车船作业能够衔接，装卸效率往往也难以提高。采用间接换装，由于有库场作为换装作业的缓冲，因此，可以弥补各装卸作业环节生产的不平衡。

因此，究竟采取间接换装工艺还是直接换装工艺要根据具体情况确定。但从目前趋势看，大型专业化码头的生产均采用间接换装作业方式，以减少车船在港等待时间，提高作业效率。

此外，货物在港口堆存期间，根据需要也可能进行库场之间的搬运，这一类作业也应视为一个单独的操作过程。因此，港内货物操作过程可归结为以下几种：船⇆船；船⇆车、驳；船⇆库、场；车、驳⇆库、场；车、驳⇆车、驳；库、场⇆库、场。

同一库场内的倒垛、转堆属库场整理性质，与翻舱、散货的拆、倒、灌、绞包、摊晒货物等装卸辅助作业，均不计为操作过程。

二、工序

为了能较正确地反映装卸作业实现机械化的情况，又可将一个操作过程划分为若干个工序。所谓工序，是指构成操作过程的相对独立的一个完整的作业环节。工序的划分主要是为了反映装卸作业的机械化程度，因此随着港口装卸作业机械化程度的变化，工序的划分也会有所变动。

港口生产作业中的主要工序有以下几个。

（1）舱底作业工序：包括装船和卸船时在舱内的摘挂钩、拆码货组、拆码垛及平舱、清舱等全部作业。

（2）起落舱作业工序：包括装船和卸船时船舱到岸、岸到船舱、船舱到车辆、车辆到船舱以及船舱到船舱的作业。

（3）水平搬运作业工序：包括码头、库场、车辆之间的搬运作业。

（4）车内作业工序：包括装卸车时的上、下搬动，拆码货组，车内的拆码垛作业。

（5）库内作业工序：包括库场内的拆码垛、拆码货组、供喂料作业。

三、装卸作业机械化程度

在既定的工序中，完成一吨货物的操作，即计算为一个工序吨，使用机械的为机械操作工序吨；使用人力的为人力操作工序吨。

装卸作业机械程度的计算公式为：

$$机械操作比重=（机械操作工序吨/总工序吨）×100\%$$

【例】　船↔库，钢板 5 000 吨，先用人力在船内进行挂钩，再用门机把钢板从舱内吊起放在牵引车上，用牵引车拖到库场，用轮胎吊从牵引车上把货物卸到库场上。计算这次装卸作业的工序吨和机械操作比重。

解：先计算工序吨

（1）舱底作业：工人进行挂钩等工作 5 000 吨（人力操作）。

（2）起舱作业：门机起舱 5 000 吨（机械操作）。

（3）搬运作业：牵引车水平搬运 5 000 吨（机械操作）。

（4）库内作业：轮胎吊卸车并对方在库场上 5 000 吨（机械操作）。

该装卸作业工序吨为：

机械操作工序吨=5 000+5 000+5 000=15 000（吨）

人力操作工序吨=5 000 吨

总工序吨=20 000 吨

$$机械操作比重=\frac{15000}{20000}×100\%=75\%$$

四、操作系统合理组织原则

1．专业化原则

专业化是社会化大生产的产物，是现代化大工业发展的客观规律和基本特征。港口实行专业化生产后，就可以使用专门设备和特殊的工艺过程，有利于实行机械化、自动化，提高生产技术水平和劳动熟练程度，从而大大提高装卸效率，提高装卸质量，降低装卸成本。

货物吞吐量的大小是决定是否设置专业化泊位和采用专业化机械的前提，如木材专用码头、钢材专用码头等。如果产量不足，专业化生产反而会因设备利用不足而提高装卸成本。

海运生产的历史始终贯穿着专业化由低级到高级的不断发展过程。海运生产的几次重大的工艺变革都和专业化的发展有关，第一次革命性变化是桶装石油从一般件杂货中分离出来，实现专业化液体运输；第二次革命是袋粮从一般件杂货中分离出来，实现散粮运输；第三次革命在某种意义上讲是件杂货本身的专业化，实现了集装箱（大单元）专业化运输。

2．标准化原则

专业化生产是标准化的基础，设备标准化是符合经济原则的。设备标准化可以大大减少备件的数量，提高维修人员的技术熟练程度和维修质量、降低维修费用。当前我国港口严重存在机型杂的问题，迫切需要根据标准化原则进行调整和整顿。

不仅大的装卸设备需要实行标准化，即使小型的、简单的吊货工夹具和成组工具也需要标准化，例如，货板标准化以后不仅可以降低制造成本，还可以减少维修费用。

便于维修固然是设备需要标准化的重要原因，而当把运输作为系统来看待的时候，标准化具有更重要、更深远的意义。标准化是专业化协作必不可少的条件，是现代化运输系统的基础。最典型的例子是集装箱运输。"门到门"先进送货方式的实现是以各环节的装卸设备、运输设备和集装箱本身的标准化为前提的。从这个意义上讲，没有标准化也就没有运输现代化。

3. 充分利用机械原则

件货装卸作业，劳动强度大，因此用机械代替人力从事装卸作业具有特别重要的意义。装卸工作机械化不仅是减轻体力劳动繁重程度的根本途径，同时也是保证作业安全，提高劳动生产率，提高装卸质量的重要手段。

4. 充分利用工夹具原则

港口使用的装卸机械由于其投资巨大则难以经常变换，而吊货工夹具成本较低，可以随货种的不同随时变换适应。以变换吊货工夹具的方式适应装卸对象（货物）的变化，不仅扩大了港口装卸机械的适应范围，同时对整条作业线效率的提高也能起到显著的效果。因此，对吊货工夹具的选择应特别注意。

对吊货工夹具的选用和改进应对保证安全质量，充分利用机械的有效起重量，工人操作方便，利于成组装卸，延长吊货工夹具使用寿命等要求全面考虑。

5. 尽量减少作业环节原则

当按一定的操作过程完成货物的装卸搬运时，往往要完成许多作业环节。例如，工人在船舱内组成货吊（组关）、挂摘钩、起重机将货物吊到岸上、岸上工人挂摘钩、叉式装卸车叉取货物、搬运、直至货场码垛等。除了主要作业外，还有许多如捆绑、分票等辅助作业。一般来说，作业少，则所消耗的人力就少，几个环节的配合也容易紧密。最少的装卸是最好的装卸。作业则意味着费用，因此要力求用自动的或半自动的吊货工夹具以及进行成组装卸等方法减少作业数。

6. 合理搬运线路原则

货物装卸的经济效果随着工艺流程中迂回运动的减少而提高。这个原则反映了一个显见的事实：两点之间直线距离最短。由于运动意味着费用，因此直线运移是最合理、经济的物流。

货物没有按照装船需要在库场堆放，库场设置离码头过远，皮带机布置不合理等均会造成装卸工作中的交叉搬运、迂回搬运和过远搬运。

7. 作业线各环节生产能力相互协调原则

装卸作业线是完成操作过程的基本作业系统，是各作业环节的有机组成，只有各环节相互协调，才能使整条作业线产生预期的效果。

装卸作业线各环节相互协调有两方面的含义：

其一，是指各工序的生产率要协调一致，各工序机械的起重量要相互适应。因为如果各工序的生产率不能协调一致，各工序机械的起重量不能相互适应，则整条作业线的生产率就会下降到最薄弱环节生产率的水平。应该把注意力集中在薄弱环节生产率的提高上。否则，即使作业线上某一工序的设备再先进、生产率再高，若有薄弱环节的存在，整条作业线的生产率也无法提高。作业线生产率不是由最先进的工序决定的，而是由最薄弱的工序决定的。为了保证各工序生产率能相互协调，必须按工艺规范进行配机、配工。

其二，是指作业线所包含的各种辅助作业，如计量、过秤、测温、灌包、缝包等均应机械化、电子化。这些作业虽不属主要工序，但往往成为影响货物装卸质量或作业线生产率充分发挥的薄弱环节，必须予以高度重视。

8. 各环节的生产率应服从主导机械的生产率

装卸船机械是港口装卸工作中的主导机械。港口装卸工艺的重要特点之一，是不仅要使货物在港口的换装最经济，而且要尽力缩短运输工具在港口的停留时间。因此提高车船装卸速度是港口作业的主要目标之一。但在货运量一定的情况下，过高生产率的库场装卸机械又会因机械利用率下降而导致装卸成本增加。合理的方法是以较低的库场机械生产率保证较高的车船装卸效率。例如，采用牵引车挂车的方法接运装卸船机械，牵引车挂车的生产率应大于或等于装卸船机械的生产率，保证装卸船机械生产率的充分发挥。

装卸机械的生产能力并不是在任何营运条件下都能充分发挥出来的。即便在相同的客观营运条件下，作业组织不同，操作方法不同，同一台机械的生产率也会有很大的不同。现场管理者的一项重要任务就在于精心进行作业组织，善于总结和推广司机和工人的先进操作经验。

任何装卸搬运机械都有充分发挥生产能力的问题。门座起重机和船舶吊杆作为装卸船的主导机械，其生产率的充分发挥，对提高整条作业线效率，加速船舶装卸更具有重要意义。提高门座起重机和船舶吊杆生产率的主要方法有以下两个。

（1）增加每一周期的吊货量。通常可采用扩大吊货工夹具的载货容积、一吊双货组，以及其他能增加一次吊货量的先进操作方法，充分发挥起重机的额定起重量。

（2）缩短起重机的工作周期。起重机的周期是由升降、旋转、变幅、挂摘钩（抓放货）、稳钩等时间组成的。要缩短起重机的周期，首先应致力于缩短周期的组成部分时间。

升降时间可以用避免多余的起升高度，减少回空的吊货工夹具的长度，长的货物吊正等方法减少起升高度，也可以从提高司机的技术熟练程度着手，使起重机的速度得到更好利用以减少操作时间。

放置货物时间的缩短可以用合理布置起重机的作业位置，使旋转角缩小，以及提高旋转速度的方法达到。

在一定条件下，可以用下述方法提高旋转速度：在旋转启动达到正常旋转速度后，缩小幅度，这样旋转速度就可以增大到超过正常的旋转速度，当接近放货点时，再伸展臂幅，从而可以达到平稳的制动效果。

缩短挂摘钩时间的方法是，派熟练的工人从事挂摘钩工作，采用能自动挂摘的吊货工夹具，用一次回吊若干个空吊货工夹具的方法减少挂摘钩次数。

缩短稳钩时间的主要方法是，扩大放货点的面积，提高司机的熟练程度，以求平稳制动。

在缩短各部分时间的基础上，还要研究整个货吊的合理运行轨迹，在升降、变幅、旋转等各个动作兼动的基础上，求得最短的周期。

除此之外，还要注意尽量减轻吊货工夹具自重，在发挥起重机起重能力的同时，充分提高装卸货物的有效起重量。

9. 灵活性原则

直取作业是减少作业环节、提高装卸效率、降低装卸成本的有效途径之一。例如，当车、船装卸效率相当的情况下，组织车船直接换装作业，能减少一次操作，无疑是合理的，但在卸船效率很高的情况下，"船→车"直接换装的效率大大低于"船→库"的效率，因此，往往高效率的专用进口码头，为提高卸船效率，宁愿采用船→场、场→车的两次操作的工艺方案。更不应该出现为了追求直取作业，而出现车等船或船等车的现象。

五、件货装卸工艺的布置形式

根据件杂货装卸机械化系统的机械配置，典型的件杂货装卸工艺布置形式主要有：

- 船吊→流动运输机械系统的一线仓库形式。
- 门座起重机→流动运输机械的一线堆场一线仓库形式。
- 起重船→缆车→流动机械系统。

（一）船舶吊杆——流动机械系统

（1）布置形式：一线仓库。

（2）布置要点：

1）前方作业地带宽度。采用船舶吊杆装卸作业时，件杂货码头前方作业地带的宽度，要满足码头前沿机械转弯半径的要求，通常可取 20～30m。如考虑将前方装卸船舶的机械改为门座起重机，前方作业地带的宽度可适当留有余地，但不宜大于 50m。当件杂货码头采用多用途码头类型时，码头前方作业地带的宽度应满足多种流动机械作业的要求，不宜小于 40m，如图 2-18 所示。

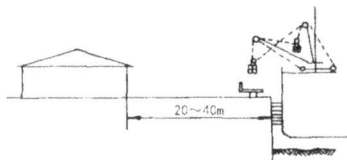

图 2-18　码头前方作业地带

2）仓库的主要尺度：

- 仓库的跨度和库门的尺度。仓库的跨度和库门的尺度按库内作业的机械类型及仓库的容量确定，单层仓库的跨度不应小于 18m，仓库门的净宽不应小于 4.2m；净高不应小于 5m。
- 仓库内净空高度。仓库的净高按库内作业的机械类型和货物堆高及仓库类型确定。一般情况下，单层仓库和多层仓库的底层净高不应小于 6m，多层仓库的楼层净高不应小于 5m。如考虑库内机械的发展，仓库内净高还可适当提高。

多用途码头库场的布置应满足件杂货和集装箱装卸作业的需要，并考虑装卸货种的机动性，一般不设永久性仓库。

3）多层仓库。当仓库面积不足时，可考虑使用多层仓库。

如图 2-19 所示为英国伦敦港的一座三层仓库。底层和第二楼层作为前方仓库，第三楼层作为堆栈。整个第二楼层的路侧方向有一条高架汽车道。汽车道经仓库一侧的斜坡道与地面公路相接，汽车可以直驶到第二楼层进行装卸。在第一楼层和第三楼层的海侧方向设阳台，码头起重机可直接将货物吊放到阳台上。各楼层地面载荷允许叉式装卸车作业。库内设电梯，在第三楼层设 4 台库内电葫芦。电葫芦的钢梁从仓库陆侧墙伸出，跨越第二楼层的汽车道。提货时，4 台库内电葫芦可将第三楼层的货物装入停在汽车道上和地面上的汽车里。

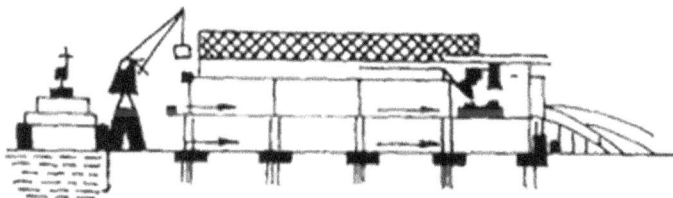

图 2-19　三层仓库

（二）门座起重机——流动运输机械系统

（1）布置形式：一线堆场一线仓库。

这是使用门座起重机的码头，码头前沿有一个堆场和一个仓库的布置形式如图 2-20 所示。图中 A 为门座起重机的最大幅度，这种形式较适合件杂货。其中，无包装的件杂货可进堆场，需要入库的有包装的货物可入库。

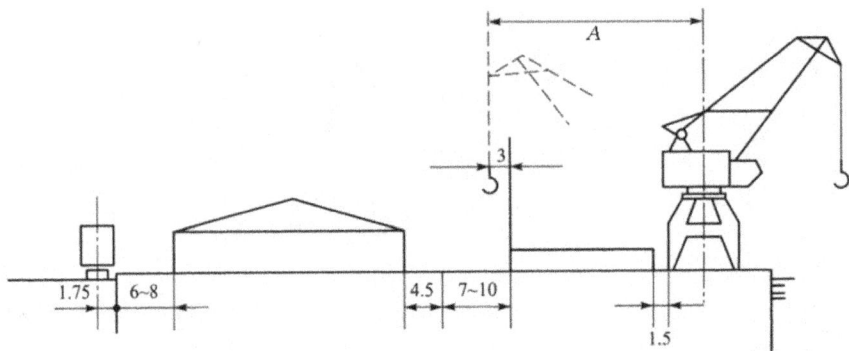

图 2-20　一线堆场一线仓库

（2）布置要点：

1）码头前沿和门座起重机海侧轨道中心线间距。此间距应保证起重机及其机上的附件不碰系船柱和船舶舷梯，起重机的旋转部分不碰船上的上层建筑物，一般可取2.0～2.5m。多用途码头考虑集装箱装卸作业，此间距不宜小于3m。

2）起重机轨距。采用门座起重机装卸船舶时，门座起重机的轨距通常可取10.5m。

3）一线堆场。一线堆场的布置主要是为了能充分发挥起重机臂幅大的优越性，可将货物从船上直接卸到起重机臂幅工作范围内的堆场上。一线堆场通常作为长大件货物的堆场，也可堆放周转快、可以堆高的货物。一线堆场的纵深主要取决于堆场的容量、门座起重机的幅度和布置、货种的堆放要求等因素。

4）道路及其流动机械在库前的制动距离：

● 码头前方道路。码头前方道路是指码头前方平行于码头前沿线的道路，一种道路布置形式是道路安排在一线堆场的后边；另一种道路布置形式是将道路安排在门座起重机后轨与一线堆场之间。后一种布置形式中，码头前方道路与货物交接地带结合在一起，包括道路和货物交接地带的宽度，应根据车辆流通量等因素确定，一般为7～10m。

● 仓库与道路之间的引道长度。仓库与道路之间的引道长度也称流动机械在库门前的制动距离，当有流动机械进出库时，可取4.5m；汽车进出库时，可取6.0m。

● 堆场后沿与仓库檐墙间距在堆场后直接与仓库相邻，库门背向堆场的形式，此间距为1.5m，用作堆场露天的存放货堆的遮盖油布操作之用；还可预防屋搐水下流打湿货物和防止货堆靠墙，使仓库檐墙受力过大。

● 门座起重机与流动机械的货物交接地带。这一地带一般需要不小于3～5m的纵深，以保证有一定的交接宽度。在此范围内不能堆货。在一线堆场内布置垂直于岸线的通道作为交接地带，通道的宽度取决于流动机械的转弯半径，行驶牵引车的通道宽度应大于6m。如一线堆场紧邻门座起重机，货堆应从起重机后轨外 1.5m 处堆放。在一线堆场纵深需增加的情况下，可采用流动起重机接运的作业方式（见图 2-21）。在图 2-21 中，*A* 为门座起重机最大幅度；*B* 为流动起重机使用负荷幅度；*C* 为流动起重机旋转中心轴线。

5）站台：

- 站台的宽度：件杂货仓库的站台是指当仓库外有铁路时，仓库与铁路之间应有流动机械装卸车辆的作业地带。铁路中心线至库墙边的距离，根据作业方式及所选用的机械确定，采用叉车、前沿车时，宜取 7.75～9.75m；采用轮胎式起重机作业时，可增大至 11.75m。
- 仓库站台需设置全遮式雨篷时，雨篷支柱内侧至铁轨中心线和篷内的净空高度应根据作业方式及所选用的机械确定并应符合铁路建筑限界的有关规定。站台宽度为 6.8m，此距离为 10.75～12.75m（见图 2-22）。
- 站台高度的确定要考虑便于仓库与棚车接运的作业，一般可取 1.1m。
- 站台边缘至相邻铁路中心线的距离为 1.75m。
- 站台车辆斜坡的坡度不超过 10%～20%。

（3）一线堆场布置形式。所装卸的货物基本上只需在堆场上存放，一线可不建仓库，仅设堆场。在堆场纵深增加的情况下，堆场作业可采用起重机接运方式。图 2-23 为门座起重机与流动起重机接运方式。

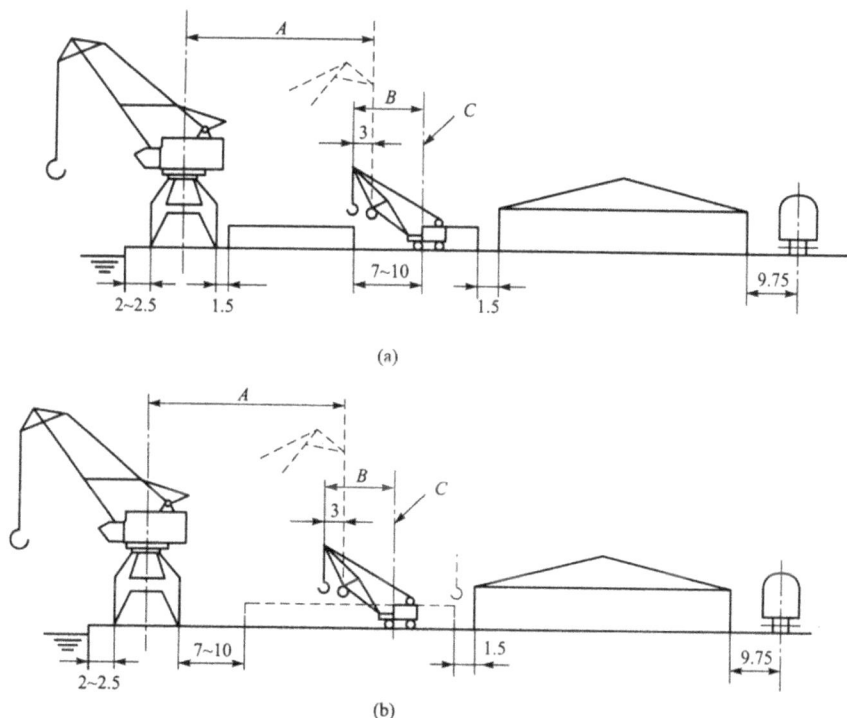

图 2-21　流动起重机接运作业方式

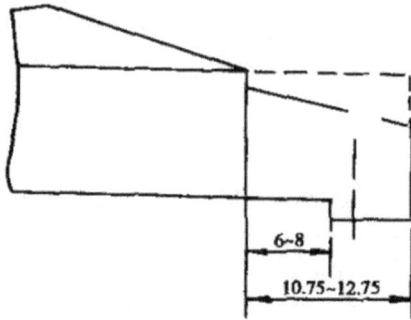

图 2-22　站台

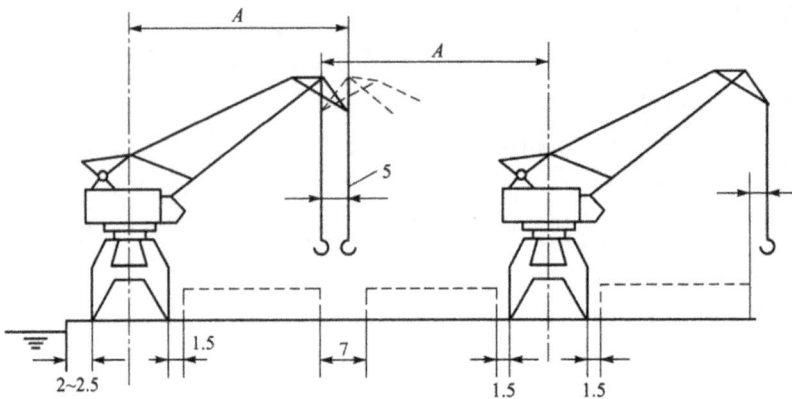

图 2-23　门座起重机与流动起重机接运方式

六、内河斜坡式港口件杂货装卸工艺

起重船→缆车→流动机械系统是内河斜坡式港口的典型件杂货装卸工艺，特别适用于水位变化大、斜坡的坡度比例 1∶3 以下的内河港口。

（一）工艺系统的组成

系统由起重船、缆车、流动机械等组成。

（1）起重船。起重船也称浮吊，曾是我国内河港口斜坡式码头广泛使用的主要装卸机械。

由起重船、缆车和流动机械组成的内河港口件杂货装卸系统在实际使用中暴露出严重的弱点，主要是装卸作业环节多、装卸效率低。因此一些内河港口已对此传统的系统进行了技术改造。如在长江中下游有的内河港已经按照海港的作业方式，采用直立式码头的件杂货装卸工艺。而在水位变化大的内河港口，仍然还使用起重船→缆车装卸工艺，在这种装卸工艺中，除装卸重件货的码头需要专门配备大起重量的起重船以外，一般内河斜坡式件杂货码头的起重船的起重量和作业幅度及装卸效率都不是很高。

（2）缆车。缆车是系统中搬运货物上、下坡的机械。缆车的载重量及其台面尺寸主要根据通过码头的常见件杂货的件重与货组重量及其外形尺寸确定，还要与起重船及岸上水平搬运机械载重量相适应；如水平搬运机械随货同行，则还要考虑水平搬运机械的重量。

（3）流动机械。各种类型的流动机械用于水平搬运、库场内堆拆垛和装卸车作业。系统有两种作业方法：一种是水平搬运机械驶上缆车，随缆车运行；另一种是货物直接放在缆车上，流动机械在岸上接运。在水平搬运机械驶上缆车的情况下，卸货时，空载的汽车或牵引车的挂车停妥在缆车上后，开动电动卷扬机，牵动钢丝绳，将缆车沿着斜坡轨道拉到起重船边。起重机将货物吊放到停在缆车上的汽车或挂车里，再开动电动卷扬机，将重载的缆车拉到岸边，重载的汽车驶离或由牵引车将挂车拖离缆车；装车时按相反程序进行。在水平搬运机械不驶上缆车的情况下，起重船将货物直接装到缆车上。缆车到达岸边后，再用叉车装卸车或起重机将货物从缆车上取走。缆车是成对作业的，当一台缆车在岸边作业时，另一台缆车正在配合起重船作业。

（二）缆车的工艺布置

（1）坡顶平面布置。 坡顶平面布置有两种形式——直式和侧式。直式布置（见图2-24）是指流动机械从缆车正面进出的形式。优点是工艺布置紧凑，占陆域面积小；缺点是操作较困难，为了缆车作业的安全，流动机械装船下行时，机械和货物要后退上缆车；上行时，机械和货物要前进上缆车。所以这种工艺布置适用于回转半径小的小型流动机械，如电瓶车和叉式装卸车等。

侧式布置（见图2-25）的特点是坡顶的缆车作业平台位于缆车的侧面。搬运机械可以从缆车的两侧进出，所以，搬运机械可始终以前进状态经两侧的平台进出缆车，作业操作方便、安全，但占地面积较直式布置大。适用于载运长大件货物和拖带挂车的牵引车需要驶上驶下的情况。

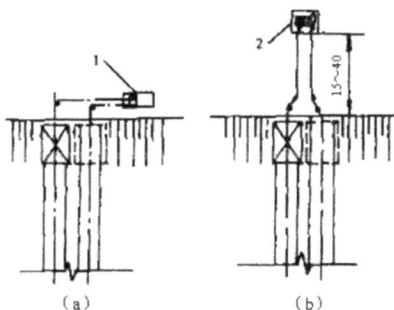

图 2-24 直式布置   图 2-25 侧式布置

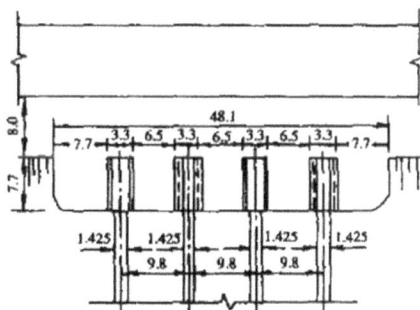

注：1、2—卷扬机。

（2）一对缆车台面之间的距离。一对缆车台面之间的距离由货物包装规格、上下坡人行道布置的要求来定。一般情况下，台面间的最小间距为 1.0～2.5m，缆车中心线距离约为 5.5m。

（3）卷扬机房的布置。卷扬机房的布置有直式和侧式两种形式。侧式布置（见图2-25）时，操纵室可和卷扬机房合建在同一建筑物内，一般设在卷扬机房的二楼。这种布置形式，驾驶员的视野好，布置紧凑。直式布置（见图2-24）需在码头前沿另设操纵室，通常的布置是操纵房设在码头前沿，便于驾驶员操纵，卷扬机房在后，便于车辆和货物进出缆车

（4）托辊的布置。为了减少缆车牵引钢丝绳的磨损，保证缆车作业的安全，在缆绳运行轨道间设置可拆卸的缆绳托辊，间距一般为 10～20m（见图2-26）。

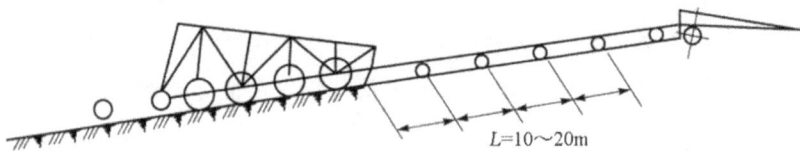

图 2-26　托辊布置

（5）缆车管沟布置。缆绳上坡后要埋在地下，以便上下缆车机械和货物的装卸作业。管沟的布置与卷扬机房布置形式有密切关系。卷扬机前滑轮（坡顶滑轮或经坡顶滑轮后的改向滑轮）至缆车卷扬机卷筒中心的距离，一般为卷筒长度的 20 倍，以保证卷筒中心线与钢丝绳的最大夹角小于 1.5°。

（三）系统设计注意事项

（1）为了提高内河泊位的装卸效率，适应内河船舶大型化的需求，内河斜坡式件杂货泊位宜采用一个船上设置 2 台起重机，配备 2 对缆车的布置方案。

（2）缆车的载重量应和起重船的起重量相适应，在水平运输机械上缆车的情况下还要和水平搬运机械的总重（自重与载重之和）相适应。对个别重件采用一对缆车同时抬一个重件的作业方法。

（3）缆车尺寸应和载运的货种相适应，并满足驶上缆车的水平搬运机械的尺寸要求，满足工人上下缆车从事挂摘钩作业的需要。

（4）1 对缆车之间的间距大小主要根据所装卸的货物而定，装卸长钢材，间距要大些，至于重件缆车，要考虑由 2 台缆车抬一件重件货的需要，1 对缆车之间的间距不宜过大。一般情况下，间距大，护坡费用高，缆车钢丝的弯曲较多。

（5）坡度要根据自然岸坡的情况确定，要避免形成挡水道，造成淤积。坡度一般不大于 1∶3。坡度大不但费电，钢丝绳的损耗也大，缆车也太高，不利于安全操作。在缆车泊位上建造的任何固定人行引桥，其坡度必须与缆车的斜坡坡度一致，以便引

桥与缆车紧靠趸船。

（6）为使牵引车能直接拖带挂车上下缆车，在岸线处要设置平台。

（7）在客货班轮码头或某些前方未设置起重船的泊位，往往需要蓄电池搬运车从缆车驶上趸船作业。在这种情况下要设置活动搁架（见图 2-27）。因为如不设置活动搁架，则水位稍有涨落，就要绞船，否则蓄电池搬运车会因缆车面与趸船之间的高度差而不能上下趸船。

图 2-27　活动搁架

注：1—缆车；2—活动搁架；3—跳趸；4—趸船。

这里需要说明的是另一类内河网地区的港口的装卸工艺。这类港口的水域水位变化不大，码头岸壁与航道整治后的岸壁形式相同，有直立式，也有坡度不大的斜坡式，但落差都不大，港口的规模也较小。这类港口的件杂货装卸工艺中，装卸船舶的机械大都采用岸边固定起重机械或诸如轮胎起重机之类的流动机械，直接将货物从船上卸下装上水平搬运机械，或从水平搬运机械上将货物卸下并装上船舶。

思考题

1．何为直接换装？何为间接换装？港内货物的操作过程有哪几种？

2．何为工序？件杂货操作过程有哪些主要工序？

3．简述件货装卸工艺的布置形式。

第三节　舱底作业

教学目标

知识目标：

了解舱底作业的种类。

技能目标：

能够熟悉舱底作业注意事项。

问题导入：

舱底作业是指货物装船或卸船时舱内的全部作业，包括在舱内的挂钩、摘钩、拆垛、码垛、拆关、做关、平舱、扫舱等。那么舱底作业的种类有哪些？

问题分析：

具体分析见本节内容。

一、舱底作业的种类

由于各种件货船舶吨位等级及舱室结构的不同、货物特性不同，运输工艺的形式及舱底作业的方式也不同。

1．散件运输，成组装卸

这种方式是指在运输的过程中，货物在舱内以散件的形式堆存，在装卸船的过程中，利用网络或货板，以成组（标准关）的形式通过装卸船设备（起重机）进行吊上吊下（起落舱）作业。其中，卸船时，舱内人力组关，即将舱内待卸的货物用人工的方式装入网络或货板，再通过起重机吊出舱外。装船时，货物通过网络（或货板）吊入舱内，再用人工的方式进行拆组堆码，卸空后的网络或货板通过起重机吊钩吊出舱口，随拖车或叉车带回装货地点循环备货。用货板成组装船时，舱内作业常可采用带推货器的叉车进行散件堆码作业。

2．成组运输，成组装卸

所谓成组，也称集装单元化。成组运输就是采用各种不同的方法和器具，把具有包装或无包装的货物，整齐地汇集成一个扩大了的、便于装卸搬运的并在整个运输过程中保持一定形状的作业单元。水运件货成组运输时，通常货物在舱内以网络或货板成组或捆装的形式成组堆码；成组运输时，货物单元大，甲板下的空间起重机吊钩也无法达到，因此，必须借助其他装卸设备进行堆码作业。最常用的舱内作业机械是叉车。

3．特形、大件货物的装卸

对于特形、大件货物的装卸，常采用专用吊货工属具。所谓工属具，是指装卸工作中针对不同作业要求和不同作业对象（货物形状）所开发的专用工夹具。采用合适的工属具，可大大提高装卸搬运效率和装卸作业的安全性。图 2-28 为钢板夹钳。这种钢板夹钳上有一活动舌头，不但夹卸方便，且起吊时通过舌头对其钢板的压紧作用，能较好地避免钢板滑动，保证操作安全。活动舌头既要在起吊时能压紧钢板不使脱落，又要求不损坏钢板，保证钢板不受压卷边。较薄钢板的起卸，可采用加大舌头踏面的方法，保证钢板不被受压而变形。图 2-29 为卧桶夹具。卧桶夹具是用来装卸卧放桶装货的一种吊具，它配合起重机一起使用。这种吊具由一个吊架和装在吊架下的 8 条铁链组成。每条链上都穿有一对活络的铁钩。作业时，先将吊具挂在起重机的吊钩上，然后使每对铁钩钩住货桶两端的凸起边缘即可起吊。起吊后的货物在重力的作用下，链条能勒紧铁钩，使之紧紧夹住货桶。吊架的作用是使铁链之间保持一定的距离，避免链条互相缠绕和货桶碰撞而发生事故。在起吊油桶时，为防止铁钩与货桶碰擦产生火种，可在铁钩表面镀铜。使用卧桶吊具一次可起吊 8 只桶，装卸效率高，劳动强度低。

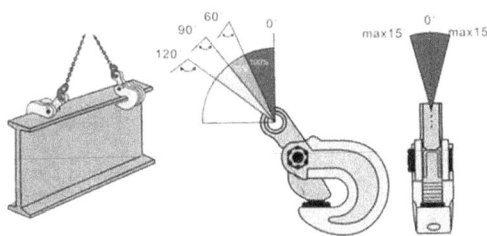

图 2-28　钢板夹钳　　　　图 2-29　卧桶夹具

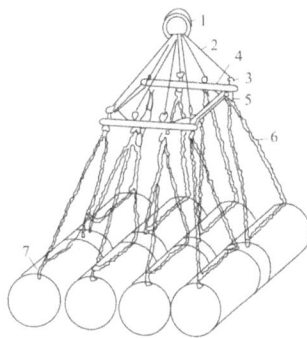

注：1—吊环；2—钢丝绳；3—连接环；4—吊梁；5—卸扣；6—链条；7—钩。

二、舱底作业的注意事项

舱底作业是三内（舱内、车内、库内）作业之一。舱底作业，作业环境差（温度高、空气不流通），作业安全性差，生产效率低。载重量 5 000t 以下的船舶，由于舱室净空小，难以采用机械作业，人都采用人工堆码和组关，劳动强度大，工作易疲劳，为保证装卸作业安全，舱底作业应注意以下问题：

（1）作业人员禁止携带火种下舱，不准在舱口、舱内及甲板上吸烟。

（2）舱内人力组关作业时，应尽可能用专用工夹具，以提高组关效率和作业安全。

（3）组关时严格按照标准关型操作，货物必须码放整齐、稳固，避免起吊时掉件、散件伤人，同时有利于理货、计数。

（4）避免留山挖井现象，以防倒垛伤人和工残事故发生，舱内最高与最低层卸货高度相差不能超过捆高。

（5）关位必须置于舱口直下位置，避免起吊时发生拖关现象；货关出舱时，作业人员应注意避让。

（6）夜间舱内作业应使用防爆灯。

（7）按票均衡装卸货物，严禁混堆、混卸。

（8）卸船时遇有原残情况，要及时与船舶负责人联系，分清货损责任。

（9）上下舱不准披衣服，手中不拿其他物品。在大型散货轮的船舱内，常设有没有任何防护装置的开敞铁梯。上、下这类梯子的人必须两手紧握梯级，如果披衣服上、下舱，一旦衣服突然滑动，一定会下意识地用手去抓，就有从梯级坠落的危险。手中如拿着铁锹等工具，手的动作就不灵便，从而会有因抓不紧梯级而坠落的危险。因为这类梯子是垂直的，下落的工具物品，还会砸伤下面的人。

（10）注意照明。白天在光线不好的二层舱作业，晚上在舱口作业，都应注意照明，使操作人员看得清孔洞位置和甲板上各类物品分布。

（11）遵守危险品装卸规则，装卸危险品前，应先弄清危险品的性质，装卸注意事项等问题。应采用正确的防护措施，穿戴好防护用具。装卸时要轻拿轻放，防止包装损坏。一旦发生危险品泄漏，工人中毒窒息等事故，一定要冷静处置，不要盲目救援，以免损害扩大。如果发现舱里有人中毒窒息，绝不能盲目下舱，应根据当时条件，或者用鼓风机向舱内输送新鲜空气，驱散毒气，再下舱救援；或者戴上有效的防毒面具，做好完备的防护后再下舱。须知盲目救援，只会越救损害越大。

思考题

1．舱底作业的种类有哪些？
2．简述舱底作业的注意事项。

第四节　　起落舱作业

教学目标

知识目标：

了解起落舱作业机械的特点。

技能目标：

能够熟悉起落舱作业注意事项。

问题导入：

起落舱作业是指货物装船或卸船时，从船舱到岸壁，从岸壁到船舱，从船舱到车辆，以及从船舱到另一船舱等的起落舱作业。卸船只有起舱作业，装船只有落舱作业。那么怎样进行起落舱作业？

问题分析：

具体分析见本节内容。

一、起落舱作业的工序

起落舱作业工序包括装船和卸船时船舱到岸、岸到船舱、船舱到车辆、车辆到船舱及船舱到船舱的作业。它是船舱装卸作业的主导环节。件杂货装卸中，货物的起落舱作业主要使用船舶装卸设备和岸边的起重机这两种机械，统称为装卸船作业。工人在这一工序中，只承担船边挂、拆钩和喊钩等辅助作业。

二、起落舱作业机械的特点

1. 门座起重机装卸船的工作特点

门座起重机是有轨运行、周期性作业的机械，具有起升、变幅、旋转和运行四大工作机构。其工作特点：

（1）起升高度大，能立体交叉作业：

1）门座起重机的起升高度在轨道面以上 22～25m，因此在装卸长钢材和薄钢板等长大货件货物，以及一吊双货组时较方便。

2）门座起重机的工作机构是安装在门架上的，因此在码头前沿有铁路车辆通行的场合，由于门座起重机作业的运行轨迹和车辆运行路线是立体交叉的，互不影响。

3）门座起重机对水位变化的适应性远较船舶吊杆大；在水位差大的固定式码头，低水位船舶吊杆作业困难，甚至无法进行。

4）操作室位置高、司机视野好，对司机操作十分有利。

（2）工作幅度大，工作区域宽广。

（3）起重量大，作业方便、可靠。

（4）通用性好，装卸效率高。

2. 流动起重机装卸船的工作特点

流动起重机包括高架轮胎式起重机、轮胎式起重机、履带式起重机及汽车起重机等。用于装卸船作业的流动起重机主要是高架轮胎式起重机及轮胎式起重机。

（1）轮胎式起重机的工作特点：

1）机动性能好，造价低廉。由于机动性好，便于码头前沿作业与库场作业的调遣，甚至不同码头、不同作业区之间的调遣，扩大了轮胎式起重机的应用范围和提高利用率；轮胎式起重机的造价不及门座起重机的 1/10，装卸成本低，经济效果好。

2）维修保养方便。轮胎起重机结构紧凑，体积小，调遣方便灵活，可进修理车间进行修理养护，减少修理期和保证修理质量。

3）在装卸小驳船时，由于司机视线好及吊货索长度小等，操作轮胎式起重机比操作门座起重机方便。

（2）使用轮胎式起重机时的注意事项：

1）轮胎式起重机常采用非工作性变幅机构，其起重量是随工作幅度的大小而变化的。通常，最大起重量指幅度最小时的起重量。在装卸作业时，由于要使用较大的工作幅度，因此实际工作的起重量要比最大起重量小得多。否则将影响起重机的稳定性，对作业安全不利。

2）轮胎式起重机既可以伸出支腿（扩大底盘支撑宽度以增加起重机的稳性）作业，也可以不使用支腿作业或吊货运行。但在不使用支腿时，轮胎起重机的起重量要相应减少，可根据轮胎负荷而定。

高架轮胎式起重机是在轮胎式起重机的基础上改进而成的，既保留着普通轮胎式起重机的特点又有自己的独特之处：码头前沿不需要安装轨道，既可用于码头前沿装卸船作业，又可到堆场作业，调遣灵活、机动性好，设备可得到充分利用；操作室离地面高，司机视野好；臂架铰点高，装卸船时不会出现由于船舶干舷高而普通轮胎式起重机不能装卸船舶的现象，方便了装卸作业；配置不同的吊货工属具，可用于件货码头、集装箱码头和散货码头作业，通用性强。

在我国件货泊位上，一般采用门座起重机和船吊或流动起重机联合作业的方式，多年来的实践证明是行之有效的作业组织方式。它兼有上述几种方案的优点。特别是在船舶要求速遣的情况下，这种灵活、机动的方式也是符合集中装卸能力的组织作业原则的。在我国现行的内贸船舶装卸费率的情况下，一个泊位上的门座起重机配机台数不宜过多，否则会造成利用率下降，成本上升，利润下降。一般内贸码头上，一个泊位配备 1~2 台门座起重机较为合适；在外贸泊位上，由于门座起重机装卸费率较高，基本上采用门座起重机作业。

3．船舶自备装卸设备的工作特点

现代干杂货运输船舶，一般在首、尾货舱和小货舱舱口的一端或大舱（通常又称重点舱）在两端均设置起货设备。起货设备通常为吊杆装置，俗称船舶吊杆，也有的采用旋塔形（克林吊）或船舶桥式起重机等。

（1）使用船舶吊杆进行船舶装卸作业的优点：

1）码头造价较低。起重量为 5t，最大工作幅度为 30m 的门座起重机，自重为 100~125t；起重量为 10t，最大工作幅度为 30m 的门座起重机，自重近 200t。门座起重机自重大、轮压大，要求码头有较高的承载能力，因此码头建设投资大。

2）船舶吊杆结构简单。船舶吊杆结构简单，管理、维修方便，且不需要有专门供电、修理等设施，使用时用岸电或不需岸上供电均可，营运费用低，装卸成本低。而门机结构复杂，其管理、使用、维修保养技术要求都比较高。使用门座起重机方式装卸船舶不仅需要培养司机，同时还要建造修理厂等配套设备及配备维修人员等。

3）船舶吊杆不占用码头前沿面积，而使用门机则要占用一部分面积，使前方堆场面积受到一定的损失，如轨距为 10.5m，则每个泊位被占用 1 400～1 900m^2 的前沿面积。

（2）采用船舶吊杆作业时必须注意的问题：

1）船舶吊杆工作幅度小，吊杆工作时，向码头陆域的伸达点一般不超过 7m 的距离，货吊的运行轨迹为一条直线，即使吊货索有足够的摆度，其服务宽度一般都不超过 4m，因此工作区域极为有限，不超过 28m^2，低潮时吊杆在码头上可以达到的范围还要小得多。由于工作区域小，故不便于"船—车"间的直接换装。进行"船—库"作业时，船舶吊杆卸在码头上的货物，流动机械必须立即运走；同时，在"库—船"作业时，由流动机械运到码头前沿的货物，船舶吊杆也必须立刻起吊装船，否则稍一延滞，就可能出现货物堵塞，影响装卸进度。

2）水位差较大的港口，采用船舶吊杆作业时必须验算一下船舶满载低潮时，作业有无困难。

3）船舶—火车直接换装比重大的港口不宜采用船舶吊杆作业。如以铁路车辆为主要疏运方式，且直接换装比重大，则采用门座起重机较为方便，因为铁路车辆进入码头前沿频繁，会造成船舶吊杆作业经常中断。

4）陆域狭窄，需要在码头前沿设置多层仓库时，不宜采用船舶吊杆作业。

5）当货件单元比较重，且所占的比例又比较大时以采用门座起重机较为有利。

6）船舶吊杆位置固定，不能移动，只能服务于固定的舱口，不能协作重点舱的装卸，不利于各舱口组织平衡作业。组织平衡作业，常需要岸吊配合。

二、起落舱作业注意事项

（1）作业前及作业过程中，始终保持安全网络处于缚好状态并随着装卸过程的进行而及时调整；进入现场必须戴安全帽，安全帽对坠落物体打击有一定防御作用，特别当安全帽系好扣时，这种抗力更大。所以任何进入操作现场的人，均应戴安全帽，并系好扣。

（2）摘（挂）钩人员要负责指挥装卸机械停放到合理的作业位置。

（3）货关下降至平肩高度才能靠近稳关。注意稳关位置，扶正货关并放稳于装卸搬运机械上。放好货关麻绳，防止拖地损坏。

（4）指挥人员要看清生产现场，集中精神，正确指挥机手（司机），指挥手势要明确，声音清亮。

（5）使用船机卸货作业时，机手要检查、试验、了解吊货设备性能，摆好吊杆位置，拉紧稳索；经常检查稳索松紧度及其连接状况。

（6）"关下"不站人。任何一个进入装卸操作现场的人员，都应注意自己的上空，随时观察货物移动方向，防止意外伤害。无论是在舱内作业还是在码头前沿、场地上作业，都应注意绝对不要站在"关下"。"关下"既包括垂直运输机械吊具的垂直下方，也包括其可能经过路线的垂直下方。可能站在或经过这些位置的有装卸工，也包括理货人员、调度人员、水平运输机械司机。有时绝对不站在"关下"，或不经过"关下"是不可能的，尤其是在舱内作业时，船吊作直线移动，在这个区域下方舱位的货物也必须装卸。在这些危险区域作业的装卸工，应时时保持警惕。当上方有货物经过时，应停止作业并离开该区域，绝不能存侥幸心理。值得注意的是，当起重机吊着货物时，可能发生物体坠落；当起重机没吊货物时，也可能发生吊钩等本身的意外坠落。甚至在起重机静止没有作业时，吊具也有坠落的可能。因此，装卸作业人员应注意在任何情况下，都尽量不站在"关下"。

（7）"关路"不站人主要是指船舶甲板上、码头前沿和场地上，不要站在货物与吊具可能经过的路线上。如果在这些路线上有人，"重关"出舱时，货物可能伤害人；"轻关"进舱时，吊具也可能砸伤人，或钩住人的衣服，造成意外坠落。对双杆的船吊，要注意一条直线；对其他垂直运输机械，要注意吊具垂直下方所划出的一个圆弧。操作人员在船舱、甲板或场地作业时，应注意不站"死角"，即无可退避的位置。当货物发生意外时，也可及时避让。

思考题

1. 简述起落舱作业机械特点。
2. 简述起落舱作业注意事项。

第五节　水平搬运作业

教学目标

知识目标：

了解水平搬运作业机械的特点。

技能目标：

能够熟悉水平搬运作业注意事项。

问题导入：

运输是指通过运输手段使物品在不同地域范围间运动，以改变物品的空间位置为目的的活动。运输和搬运的区别在于运输是较大范围的、以水平运动为主的货物移动，而搬运是在同一地域之内的、以上下运动为主的货物移动。港口装卸过程中的水平搬运作业工序，通常是指码头前沿作业地带、库（场）、车辆装卸区或码头前沿作业地带、车辆装卸区的运输过程。港口使用的水平搬运机械主要有叉车、牵引车挂车、汽车、蓄电池搬运车。对水平搬运机械的要求：转弯半径要小，机动灵活；载重量应与码头前沿装卸船机械的起重量相适应。那么水平搬运机械有哪些？

问题分析：

具体分析见本节内容。

一、水平搬运作业机械

1. 叉车

叉车是指对成件托盘货物进行装卸、堆垛和短距离运输作业的各种轮式搬运车辆。国际标准化组织 ISO/TC110 称为工业车辆，属于物料搬运机械。叉车是仓库装卸搬运机械中应用最广泛的一种，主要用于仓库内货物的装卸搬运，也可作为堆垛和装卸卡车、铁路平板车的机械。能够减轻装卸工人繁重的体力劳动，提高效率，缩短车辆停留时间，降低装卸成本；机械化程度高，机动灵活性好，能提高仓库容积的利用率，有利于开展托盘成组运输和集装箱运输；成本低、投资少，能获得较好的经济效果；可以"一机多用"。

叉车的动力源主要有汽油、柴油、蓄电池、液化石油气等。汽油机体积小，但燃料费用高，一般应用在 2～3t 以下的叉式装卸车上。柴油机燃料费较低，但体积大，因此起重量大的柴油机叉车通常用于货场作业。蓄电池装卸车具有无废气污染、噪声小等优点，但蓄电池需经常充电。

叉车的主要取物装置是货叉。使用货叉作业要配备必要的工具，如垫木、万能货板等。在配备与使用各种取物装置如旋转夹、铲斗、圆木夹、串杆、起重臂、夹抱器等时，可以适应各种品种、形状和大小不同的货物的装卸作业（叉车常有万能装卸机之称）。旋转夹不但有很好的夹抱功能，还能进行货物的翻转作业，最适合桶状货物的装舱作业和库（场）的堆垛或拆垛装车作业等；铲斗可用于装卸散料货物，扩大了叉车的适应性；圆木夹用于装卸、搬运木材，其上的夹抱机构能有效地防止木材在运输途中的翻滚；串杆用于装卸盘圆、卷钢板等中间带孔的货物；起重臂用于起吊货物；夹抱器可直接夹抱捆状、箱状等无叉孔、无起吊装置的货物。

叉车作为水平搬运机械，每次搬运货物的单元有限，运行速度也不能过快，但堆拆垛无须辅助作业，装卸速度快，因此作为短距离的水平搬运机械作业，不但机械化程度高，而且经济效果好。

2. 牵引车挂车

牵引车俗称拖车，一般为内燃机驱动。件货码头使用的挂车多为平板车。牵引车挂车一般由两部分组成，以牵引车作为动力，以平板车作为载货挂车，成组使用，可以一拖一挂、一拖两挂、一拖三挂。一般而言，搬运距离远、道路条件好，库场堆拆垛场地宽敞的情况下可采用一拖两挂、一拖三挂，能充分地利用牵引车的动力。平板车（挂车）结构简单，维修保养方便，机械故障少，工作台面低，也有利于人工堆拆垛装卸货作业。

合理使用牵引车挂车的方法有两种。

（1）循环拖带。采用循环拖带，尽可能地减少牵引车因装卸货而停止运行的时间。一般一台牵引车配备 3 组挂车，每组挂车根据牵引车的牵引力、挂车的载重量，以及现场作业条件由若干辆挂车组成。我国港口件货码头，一般一台装卸船起重机，配备一台牵引车组成作业线。一台牵引车通常拖带 3 组挂车，循环拖带。一组在码头前沿装（卸）船，一组在库（场）拆（码）垛，另一组在拖带运行。理想的作业状态为，拖带货物的牵引车挂车到达库场时，库场平板车上的货物已经堆码完毕，拖车放下重载平板车待库场堆码，换拖已卸空的平板车向码头前沿运行，到达码头前时，码头前沿的平板车已装载完毕，拖车卸下空平板车换拖重车返回库场，如此循环。国外有的港口一台牵引车拖带 4~6 辆挂车，与 2~3 台装卸船起重机配合作业。

当装卸船机械为船吊时，码头前沿应设置电动绞车，因为船吊作业点是固定的，在作业过程中需要依次移动挂车。

（2）充分利用牵引车的牵引能力。在同样生产率条件下，增加每次牵引的货物数量，就可以相应地减少运行次数，从而减少燃料消耗，节约成本。牵引车的拖带能力应与码头前沿装卸船起重机的吊货单元成比例关系，避免货物的解组或浪费牵引动力。

有的港口采用载重量为 2t 左右的轻吨位小型汽车作为水平搬运工具。与牵引车挂车相比，轻吨位小型汽车的缺点：装卸货时汽车发动机不能用于运行；一次载货量小；对货物的适应性较差，长钢材等货物不适合载运。小型汽车的优点：灵活，在狭窄的码头作业比较方便，在仓库内作业停车位置能紧靠货垛；爬坡性能较好，较能适应浮码头作业。

码头后方场地，一般离码头的距离较远，通常使用载重量较大的汽车作为搬运工具。随着公路运输的发展，货主和运输公司的汽车往往直接行驶到件货码头前沿，进行船舶与汽车之间的直接换装。

二、水平搬运作业注意事项

（1）牵引车司机应尽量选择合理的机械运行路线，拐弯、过道口要一看、二慢、三通过，注意安全行驶。

（2）水平运输机械司机应检查货关，放平稳后才能开车。汽车装运时顶层货物高度超出汽车太阳架不能大于1/2单件高。

（3）参加卸货作业的内燃机要套灭火罩。

（4）掉落在路上的货物要及时通知有关工作人员拾回，避免货损、货差事故发生。

（5）避免车辆伤害事故。车辆伤害主要指港区内车辆或外来车辆碰撞操作人员，发生伤害。避免车辆伤害事故的措施主要有：遵守港区交通规则，对于装卸作业区域，仓库和企业内的生活区等，都应划清道路，规定限速，制定明确的交通规则。外来车辆，要求其严格遵守港区内交通规则的规定。外来车辆一般不准上码头前沿。

思考题

1. 简述水平搬运作业机械的特点。
2. 简述水平搬运作业注意事项。

第六节 库（场）内、车内作业

教学目标

知识目标：

1. 了解库（场）内作业的种类。
2. 了解库（场）作业机械特点。

技能目标：

能够熟悉库（场）内、车内作业注意事项。

问题导入：

港口库场是货物的集散场所，在进出口货物与运输工具之间起衔接作用，也是货物在一定时间内的储存场所，在运输过程中起缓冲和调节作用，包括出口货物的集货和进口货物间接换装时的货物临时存放作业。其基本作业是进库货物的卸车、堆码，出库货物的拆码、装车；同时也是进行货运作业，办理商务手续的场所。那么怎样进行库场作业？

问题分析：

具体分析见本节内容。

一、库（场）内作业的种类

库（场）内作业常伴随着车内作业，即卸车或装车。火车主要有敞车和棚车两种，汽车多为普通载重货车。港口装卸车辆的库内作业常用机械主要有桥式起重机和叉车，场内作业的机械主要有轮胎起重机和叉车。铁路线延伸至码头前沿的港口，也常采用码头前方机械进行船⇆车直取作业的工艺。库（场）内作业的种类主要有以下几种。

1. 港内换装要求的作业

它是指满足港口换装过程中的必要工序所进行的装卸车作业。港内换装作业车辆主要是平板车。

（1）人工卸（装）平板车⇆堆（拆）货垛（库内散件堆存常用此方案）。

（2）平板车⇆叉车⇆货垛（库内成组堆存常用此方案）。

（3）平板车⇆桥式起重机⇆货垛（重件单元货物常用此方案，如卷钢板、捆装钢材、大型机电设备等）。

（4）平板车⇆轮胎起重机⇆货垛（库场人工散件堆存）。

2. 货物集散要求的作业

它是指货物以陆路进出港收货与发货所进行的装卸车作业。货物集散作业车辆主要是汽车或火车。

（1）汽车⇆货垛（库内人工散件堆存）。

（2）火车⇆桥式起重机(轮胎起重机)⇆平板车⇆库（场）（散件堆存或成组堆存）。

（3）火车⇆桥式起重机⇆库（散件堆存或成组堆存）。

二、库（场）作业机械的种类

1. 桥式起重机

桥式起重机（见图 2-30）一般架空布置于仓库堆存空间的上方，轨道支撑于仓库建筑物立柱的牛腿之上。桥式起重机有起升、小车运行和大车运行三个工作机构，工作范围为吊具最大起升高度、仓库跨度与长度所包容的长方体空间，服务范围广、起重量大。因此常用于重件仓库的专用设备。如卷钢板、捆装钢材、大型机电设备等专用仓库，常配合专用吊货工属具使用，如配备平放卷钢板夹具、钢板夹钳等。自动化程度高，生产效率高、安全可靠。也可用于库内成组堆存、散件堆存提升货组等，通用性好。

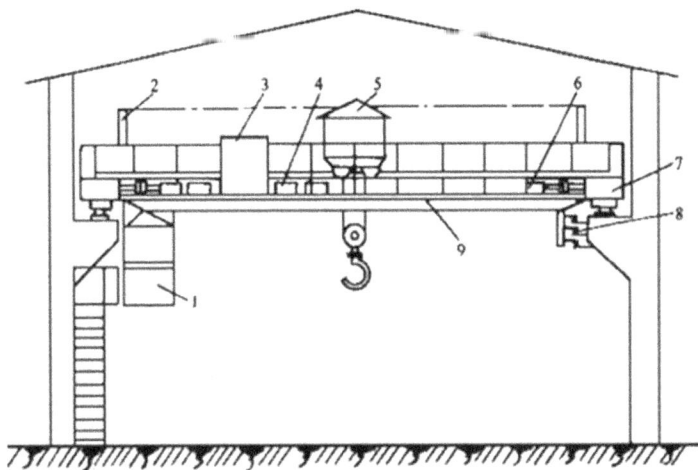

图 2-30　桥式起重机

注：1—驾驶室；2—辅助滑线架；3—交流磁力控制盘；4—电阻箱；5—起重小车；6—大车拖动电动机与传动机构；7—端梁；8—主滑线；9—主梁。

2．轮胎式起重机

轮胎式起重机（见图 2-31）为流动机械，具有起升、变幅、回转和运行 4 个工作机构。其特点是流动性好，调遣方便、灵活。既可作堆场作业机械，也可调遣到码头前沿进行小型船舶、货驳的装卸船作业，或配合码头前沿主体机械进行重点舱的赶时速遣作业。

图 2-31　轮胎式起重机

轮胎式起重机的变幅机构一般为非平衡性的，其起重特点为：不同长度的起重臂的起升高度和起重特性不同；同一长度的起重臂在幅度越小时起重量越大。

轮胎式起重机作为堆场机械，可用于成组货物堆存吊装，也可用于散件堆存时提升货组至货堆之上，供人工堆码。正是由于轮胎式起重机的上述特性，使用时一般将臂架调整至 45° 倾角。因为角度过大、货组体积过大，会影响轮胎起重机的有效起升高度；若角度过小，则会影响轮胎起重机的有效起重量。

3. 装卸车过程

（1）起重机装卸车过程。港口库场利用起重机装卸车，实际上是利用起重机的起重功能，即吊上吊下作业，比较适合成组运输。但目前件杂货的陆路运输仍多采用散件运输。在装卸车的过程中，起重机只适合敞车的上装、上卸作业。车内仍以人工堆装为主。卸车时人工组关，库内可采用成组堆存或散件堆存，视港口成组工具而定。

和舱内组关一样，人工组关的体力消耗很大。影响其作业强度的因素通常有以下几个方面：

1）两个工人配合的默契程度。协同组关的两个工人，往往有相对固定的搭配。而且在两个工人中，往往由一个为主，另一个为辅。由比较有经验的工人，决定网络放置的位置、拆垛货物的顺序及网络堆码的顺序等，而另一个工人则配合作业，这样一组工人的作业思路就比较清晰，每一关网络放置也合理，操作效率也很高。

组关操作中工人搭配的这种选择，一般是下意识形成的。如果作业管理者有意识地加以引导，则可形成很多长期配合的默契"搭档"。固定搭配，动作配合默契，可以避免一个发力、另一个尚未发力；一个朝东、另一个朝西的失误，操作相对省力。对改进操作，提高组关效率肯定大有好处。

2）工人的操作动作。对几组动作配合最协调、操作效率最高的工人进行录像，然后对录像资料进行分析，将其操作动作进行分解、组合，形成最合理的动作系列。按照动作经济原则，袋货或箱货组关作业比较省力的动作组合应是：上下肢对称协调作业；躯干动作尽量小；弯腰程度尽量小。这样的动作形态应是比较理想的。

3）网络放置位置及卸（装）货顺序的选择。每一组工人，在库内拆垛组关时，总有一个相对固定的操作位置。每组工人对自己所在的操作位置及货物堆叠形态、组关货物时其网络的放置位置、合理卸货顺序的考虑等，都对操作强度有直接的影响。要使操作省力，对货物与网络（或托盘）的空间位置关系必须十分重视。这里存在两个重要的"度"：一是待卸货物是在网络的上面、同一平面还是在下面；二是待卸货物离网络的距离。按动作经济原则并充分利用重力原理，货物应尽量在网络的上面，即所谓"高站台、低货位"原理。

例如，标准关型为5个"袋高"时，则货物原来的堆叠形态，较理想的应该是7个袋高。这样就可以做到，前三袋均为自上取货，利用重力向下堆码，第四袋其"高"正好持平，第五袋才需要自下取货，向上堆码。库内不可能自然形成这样的货物堆叠形态，这就需要有经验的装卸工人合理选择装卸顺序，有意识地形成这样的货物堆叠形态。待卸货物离网络的平面距离当然也应该越近越好，但这里应考虑的不是某几袋货物距离网络很近，而是整关货物的平均搬运距离最近的问题。如以4个"脚宽"的关型为例，组关时，有经验的工人往往先把网络折叠起来，尽量靠拢货堆，先堆码最远端的两个"脚"，取得最近的水平搬运距离。然后将网络逐渐展开，按从远端到近端的顺序组关，这样就能达到整关货物平均搬运距离最近。可以计算，如果网络一下展开，则每袋货物平均搬运距离为 4 个袋宽；而先将网络叠起一半，待组关完此一半后再将网络逐渐展开，则每袋货物的平均搬运距离可缩短为两个袋宽，甚至更短，作业就更省力了。

（2）叉车装卸车过程。对于铁路棚车的装卸，叉车是比较合适的。叉车可以通过月台直接把货物送达车内，成组运输或散件运输均可。叉车装卸卡车的情况和装卸铁路车辆的情况大体相同，但无论是装卸普通载重卡车还是装卸厢式卡车，大都从车尾作业，如图 2-32 所示。

图 2-32（a）所示为传统汽车散件运输的装车过程，可视为不要装车台，利用叉车的举升功能，直接从车后尾板处将货组送入车厢，车内由人工搬运堆装。

图 2-32（b）所示为在图 2-32（a）的基础上，车内搬运使用人力车。

图 2-32（c）所示为通过装车台，叉车将货组送入车厢内，再由人工堆装的情况。

图 2-32（d）所示为成组运输的情况，通过装车台，叉车直接进入车厢成组堆放。

不难看出，改进装卸车工艺是提高装卸车效率的重要途径；成组运输是一种高效率的运输，但需要成组工具，目前普及率还不是很高。

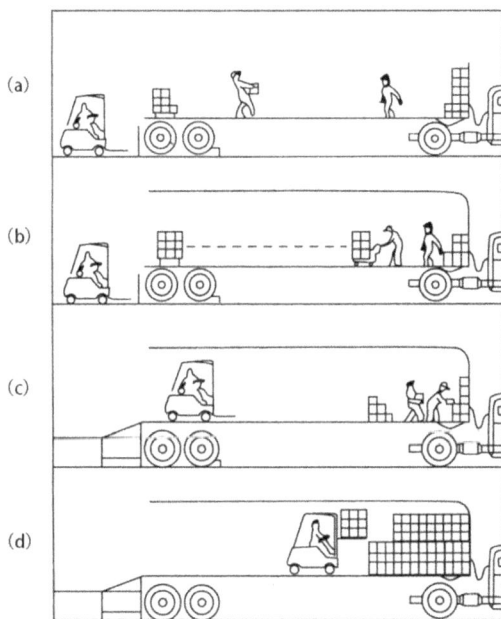

图 2-32　叉车装卸卡车的基本过程

三、库场货物的垛型

垛型是指货物经堆垛后货堆的形状。在确定货物的码垛形式以及货垛的大小、高度时，要考虑到货物的理化性质、批量大小、包装质量、形状、保管场所（仓库或堆场），以及库场面积、负荷、净空高度和操作搬运工具、季节、保管时间等条件。码垛主要形式有如下几种。

1. 平台垛

此类垛型成长（正）方形，垛顶呈平面，每层件数相同。采用重叠法或纵横压缝法堆垛。

这种垛型适用于库内堆垛同规格的箱装货物、成组货物等。其优点是整齐，便于清点、查核，有效面积浪费较小。缺点是采用重叠法堆成的垛形不够稳固，不能堆得太高。

2. 起脊垛

起脊垛是先按平台垛堆码，待堆到一定层数以后，再开始压缝起脊（两面逐步收），直到顶部收尖成屋脊形。

这种垛型多用于露天货物保管同规格的袋装货物、箱装货物、成组货物等，如纯碱粉、化肥、饮料等。其优点是覆盖篷布后易排泄雨水，防止货物遭到湿损。缺点是拆关堆放的货物较难点清货物的件数。因此在堆码前必须点清货物的件数。

3. 行列垛

行列垛是将每票货物排列成行，适用于一票货物件数不多、包装形式各异的零星件杂货物。堆码方法以单件或多件为底进行重叠堆垛，每票堆成具有一列或数列的小货垛。为防止差错，常一票一垛。垛与垛之间留出一定间隔。

这种垛形适用于件杂货仓库内堆码。其优点是便于出货、分票、计数。出货后仓位虽小，也可利用，尤其适用于要求标志全部朝外的件杂货，方便检查是否混唛，如日用百货、小五金、危险品等。缺点是垛底面积小，不能堆高，且垛数多，留垛距也多，有效面积浪费较大。

4. 宝塔形垛

宝塔形垛是将底层货件整齐排列后从垛底向上每层四面减数压缝堆垛，即上层的每件货物压住下层的四件货物，使货垛呈现下大上小的宝塔形状（棱锥状）。

这种垛型适用于包装松软、光滑或货物外形不易按重叠方法堆垛的货物，如缸或坛装的酒、榨菜等货物。其优点是货垛稳固。缺点是库场面积利用率差，点数较难。

5. 梯形垛

梯形垛是将底层货件整齐排列后，从垛底向上每层两面减数压缝堆垛，即将上层的每件货物压住下层的两件货物之间，即收长不收宽或收宽不收长。货垛两面呈现梯形或三角形。

这种垛型适用于内外横卧或直立堆码的桶（筒）状货物，如汽油桶、烧碱桶、卷筒纸、盘圆等。其优点是垛型较稳固，易于点数。缺点是库场面积利用率稍差。横放桶（筒）货堆垛时，底层两端必须用木楔垫紧，以防滑动。

6. 井形垛（十字垛、格子垛）

井形垛是将货件一层横、一层直地堆垛，每层件数相同或每两层件数相同，从垛顶俯视呈井字状。

这种垛型适用于钢材、钢管、木材等长形货物。其优点是垛型稳固，易于堆高，且便于点清货件。缺点是操作较费工，场地宽度要求大。在堆码井形垛时，应不超过库场安全技术负荷定额，每层要在两端用木楔卡牢，并用绳子捆扎，以防滚动。

四、库（场）内、车内作业注意事项

（1）车上作业人员中，应指定专人配合机械作业。

（2）装棚车时，应优先配用带夹具铲车。

（3）夜间装卸作业照明，应使用低压灯照明。

（4）在选择用于装卸卡车或铁路平板车的叉车式装卸车机型时要注意货叉的长度，叉架的宽度和起升高度。因为货叉太短，难以把尺寸较大的货物放到车辆的中间，或从车辆中把货物取出，叉架宽架不够或起升高度小，则薄钢板会因两端下垂太长而装车不便。

思考题

1. 简述库（场）作业机械的种类有哪些。

2. 通过叉车装卸卡车的基本操作过程的改进，举例说明其他装卸操作过程的改进是什么。

3. 简述件货码头库场货物堆垛的垛型主要有哪些。各种垛型适合的货物种类有哪些？

第七节 件杂货码头装卸作业组织

教学目标

知识目标

1. 了解件杂货装卸工艺。

2. 掌握件杂货码头装卸作业组织程序。

能力目标：

能够对件杂货码头装卸作业做出组织安排。

问题导入：

件杂货装卸工艺按货物的特征和包装形式又可细分为袋装货、捆装货、桶装货、箱装货、金属锭、篓装货、长钢材、钢板、卷筒纸、托盘货等多种。每种货物的装卸工艺都是由工艺流程、机械配置、作业人员配备、操作方法和要求等组成的。港口装卸作业组织即港口装卸公司（装卸队）根据调度指挥部门对装卸任务及作业要求（昼夜船舶装卸轮班作业计划、单船作业计划等），对其机械设备、工属具及人员等进行落实的具体安排。那么怎样进行装卸作业组织？

问题分析：

具体分析见本节内容。

一、典型件杂货的包装形式及主要装卸运输机械配备（见表2-1）

表2-1　典型件杂货的包装形式及主要装卸运输机械配备

货物名称	典型的包装形式	主要机械级工具配备		
		装卸机械	搬运机械	工具配备
袋装货	单件重量 25～100kg，以麻袋、布袋、纸袋和化纤编织袋包装	船吊、门座起重机、轮胎起重机、浮吊	牵引车挂车、叉式装卸车	网络或货板、方框架吊具、马钩等
箱装货	单件总量小于 3t，体积小于 10m³ 的木箱、纸箱	同上	同上	木、铁质货板及其吊具、双扣钢丝绳套、马钩等
卷钢	卷钢、钢带、盘元	船吊、门座起重机	同上	• L 形卷钢吊具、撑架、钢丝绳组合 • C 形卷钢吊具、钢丝绳、起重环链组合，卷钢托辊、钢丝绳组合，长货叉、旋转吊具
生铁	生铁块	同上	牵引车挂车配八角斗	抓斗、电磁吸盘网络、生铁网络、马钩、自动摘钩
卷筒纸	牛皮纸、新闻纸等	船吊、门座起重机	叉车	曲臂式、伸缩式、双调节式夹具、活络绳扣、网络、四脚钩

二、典型件杂货装卸工艺

件杂货装卸工艺按货物包装的特征，可细分为袋装货、捆装货、箱装货、桶装货、重大件货等种类。

（一）袋装货

袋装货是最常见的件杂货，在我国主要采用万能网络进行成组装卸搬运的方式。其操作方法与技术要求如下分述。

1.舱内作业

袋装货在舱内或火车车厢内，是按 30～50kg 一袋堆装的。在卸船时，舱内先由人力做关，即将袋装货按 8 个底、5 个高（共 40 包）的方式堆放在万能网络上。

2.岸边作业

舱内人力做关后，船吊或门机将成关的货物从船舱内吊出，在装卸工的配合下，放到码头前沿牵引车挂车或卡车上，通过水平运输运到库场。

3.库场作业

牵引车挂车或卡车将货物拉到露天堆场或仓库后，由流动起重机在装卸工的配合下，按标准垛型进行堆垛，然后盖上油布。

（二）捆装货

不同货种的捆装货货件尺寸差别很大，其装卸工艺也不尽相同。

1.小尺寸捆装货

对铁路运来的小尺寸捆装货，一般用配备侧向夹持器的电动装卸叉车卸下，堆放到货板上成组，再用起重机装到船舱内。船舱内用带推货器的装卸车将货物从货板取下，在舱内堆成紧密垛型。

2.大尺寸捆装货

大尺寸的捆装货，如卷筒纸，有时单件重量可达数吨，所以不用货板成组，而是单件直接装卸。通常使用起重机，借助夹钩式吊货工夹具，将货物直接装到舱口直下位置，舱内用配备侧向夹持器的装卸叉车，将货物堆成紧密垛型。

在船舱高度很大的情况下，在船舱甲板下空间，一般可采用先堆放装卸车起升高度够得上的几层，然后在货物上面铺厚木板，将叉车吊到厚木板上继续作业。而舱口直下的空间，则可借助夹钩式吊货工夹具，由岸臂起重机或船吊直接堆放。

起重机装卸圆筒纸要根据货物是立放或平放而相应采用立式卷筒纸夹具或平放卷筒纸夹具。装卸车则用侧向夹持器。对于需要变换圆筒纸堆放状态的场合，则需使用配备旋转器的电动装卸车。

（三）箱装货

小箱货（单件重量通常在 50kg 以下）的装卸一般用货板或托盘成组，用叉车装卸，在仓库成组堆装。

对于尺寸较大不宜成组的箱子可以单件装卸。将箱子从车辆和船舱内取出或在仓库内堆垛时，可使用配备侧向夹持器的叉车作业。为提高效率，可以先用电动装卸车将几只箱子堆放成一个货组，然后由内燃机装卸车一次夹持几只箱子运往仓库堆垛。

在船舱内不便用装卸车的场合，可以用铝合金制的轻便滚柱输送机，也可以用人工将箱子从舱口直下位置送到堆垛处，人工堆垛。

（四）桶装货

单件重量在 100kg 以下的小桶，可以堆放在货板上成组，然后用叉车装卸。而单件重量在 100kg 以上的大桶，通常不采用成组方式。库场和船舱内水平运输，一般使用配备鹰嘴钳或真空吸盘吊货工夹具的装卸叉车；岸边装卸船舶的垂直运输，则由配备着立式油桶吊具或卧式油桶吊具的起重机进行。在装卸火车敞车和棚车时，可相应使用配备各式吊货工夹具的起重机和电动装卸车，大桶可以用配备侧向夹持器的装卸叉车。

（五）重大件货

装卸重大件货较复杂，装卸过程中最重要的是安放吊货钢丝绳。如果安放的位置不正确，会造成货物在装卸过程中滑落、转动或损坏。吊货钢丝绳应按照货物包装标记所示的捆绑点，正确而牢靠地安放。如果货物包装上没有捆绑点标记，则应从随同货物运输的有关文件中查明。吊货钢丝绳不可扭结，安放钢丝绳时要采取措施，防止货物的尖角勒坏钢丝绳。在货物和吊货钢丝绳接触处要安放垫物。

起吊重大件货时速度要慢，当货物离开地面时，要检查钢丝绳安放得是否正确、可靠，确认安全后才可下令起吊。

重大件货通常装在舱口直下位置或甲板上。当成批装卸、舱口直下位置面积不足以堆放时，要用叉车或船舶吊杆绞车、开口滑车和滚柱将货物拖拉到船舱深处。

三、件杂货装卸作业线配工人数和生产能力的确定

1. 装卸作业线配工人数的确定

件杂货装卸作业线合理配工人数的原则是在充分发挥前方装卸船舶环节的生产能力的前提下，合理平衡作业线各个工序的生产率，以此为基础，给各工序配备恰当的机械和工人数。

2. 装卸作业线生产能力的确定

一条作业线往往由几个作业环节（工序）组成，作业线生产能力应该是各个作业环节都能达到的。

四、件杂货码头装卸作业基本组织程序

1. 指泊计划

指泊计划是指当港口生产调度部门接到船舶到港的预报后，认真分析船舶积载情况，根据船舶尺度、吃水要求，船上所载货物的种类及保管要求，特殊货物（长件货物、重件货物、易腐货物等）的装卸要求及其在各舱的分布，以及重点舱情况等，结合港口条件（包括泊位条件、机械设备条件、库场保管条件）及各泊位当前作业情况等，寻求能力与任务的平衡，对该船所做出的停靠泊位计划的安排，即确定船舶的具体停靠位置，并纳入船舶装卸昼夜轮班作业计划及单船作业计划。

2. 根据港口装卸工艺标准配置装卸作业线

港口装卸工艺标准又叫作业技术标准（或称工艺卡），是船、车装卸、堆码的技术文件。

所谓工艺卡（港口装卸工艺标准）是指在一定的生产技术和生产组织条件下，以泊位区的专业方向作为基础，根据不同货种、船型、车型和不同的装卸作业条件，规定出的不同装卸工艺流程、操作过程和搬运方法的标准。

经过港口的主要货物都要按进口和出口编制工艺卡。工艺卡按规定的格式编制并装订成册。港口的计划、调度、安全监督、劳动工资等部门都应备有工艺卡汇编。工艺卡汇编有两种类型：一种是规范型的，它反映港口已经在实行的工艺流程；另一种是试验型的，适用于初次到港的货物，或用来在现有营运条件下检验新设计的工艺。

工艺卡是港口推行先进工艺、实施工艺管理、监督工艺纪律的重要手段，是衡量港口车船装卸作业的质量、效率、成本的综合标准，是组织生产的依据。工艺卡一般包括如下内容：分配各作业环节的人数、计算作业线生产率、规定作业标准和安全事项等。

【例】　某港作业区 3 号泊位港口装卸工艺标准如表 2-2 所示。表中图 2-33 为该泊位作业机械化系统。

现根据长治 3 号轮的到港指泊及相关作业安排过程说明如下：

长治 3 号轮，载有袋装精盐 2 720 吨，确报 5 月 5 日 14:30 抵港。船舶各舱载货量分别为：一舱 400 吨、二舱 1 000 吨、三舱 800 吨、四舱 520 吨。计划在港停留 18 小时。

表 2-2　港口装卸工艺标准

某作业区 3 号泊位　类别：规范型

货种：袋装精盐	规格：80cm×40cm×30cm	件重：50kg

装卸机械系统：

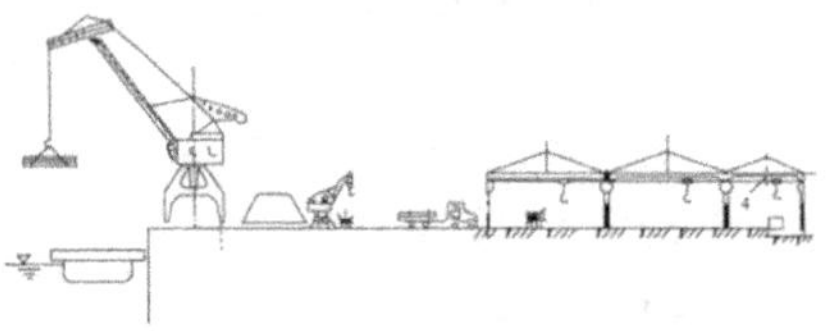

图 2-33　码头作业机械系统

标准关（8×5=40 袋：2t；网络标准：1.7m×1.7m）

主要操作过程	作业线主要技术经济指标
船（人力做关）→起重机→牵引车挂车→库（人力堆码） 可同时开作业线 5 条	作业线各环节人数：13 人。其中：门机司机 2 人；牵引车 1 人；舱内人力做关 4 人；码头前沿摘挂钩 2 人；库内堆码 4 人 作业线生产率：40 t/h 工班定额：244t（工时利用率 90%） 每个人的工班产量：18.8t 机械操作比重：50%
船（人力做关）→起重机→驳（人力堆码） 可同时开作业线 5 条	作业线各环节人数：15 人。其中：门机司机 2 人；舱内人力做关 6 人；驳船内人力堆码 6 人；桥板指挥手 1 人 作业线生产率：60 t/h 工班定额：366t（工时利用率 90%） 每个人的工班产量：24.4t 机械操作比重：33%
说明：（1）船—驳直接外挡过驳时，每条作业线须设桥板指挥手 1 人 （2）货物库内堆码形式：齐缝式紧密垛，垛高 12 层	

1. 安排泊位（指泊计划）

纳入昼夜船舶装卸轮班作业计划、单船作业计划，其考虑的依据在于：

（1）考虑是否能停靠专业化泊区。在此 3 号泊位恰好是进口袋装精盐的专用泊位，包括仓库等，并有完整的港口装卸工艺标准，可直接参照执行。操作过程为：船→库。拟采用的装卸工艺流程为：船（人力组关）→门座起重机→牵引车挂车→库（人力堆码）。

（2）为了合理调配机械和人力，满足船期为 18 小时的时间要求，合理地配置装卸作业线的能力，其主机台数（或同时开工舱口数的确定）：

$$N_{主}=\frac{q}{T\times P_{主}}=\frac{2720}{18\times40}=3.78\approx4(台)$$

式中 $N_{主}$——计算所需主机台数，台；

　　　q——船舶载货吨数，t；

　　　T——船舶要求的装卸时间，h；

　　　$P_{主}$——主机小时生产率，t/（台·h）。

事实上，该泊位可同时开作业线 5 条，根据装卸标准规定时间 18 小时的要求，开出 4 条即可满足作业要求。

2. 有关装卸工艺标准制定的计算

该精盐为尼龙袋包装，每袋净重为 50kg，舱底作业采用人力装网络（1.7m×1.7m），标准关为 40 袋（2t）；吊机平均周期为 180s，牵引车平均每次拖带 4t，平均周期时间为 320s，船舱内每两人一组，每组一关货物花费 340s（包括摘挂钩时间），库场堆码作业每两人一组，堆码一关货物平均需要时间为 335s。

（1）主机生产率：

$$P_{吊}=3\,600\div180\times2.0=40(t/h)$$

（2）水平搬运机械的配置：

牵引车台时生产率：$P_{牵}=3\,600\div320\times4.0=45(t/h)$

牵引车台数配置：$n_{牵}=40\div45=0.89(台)$，取 1 台

（3）装卸工人数配置：

舱内工人配置：$P_{舱}=3\,600\div340\times2=21.2(t/h)$（每组两人）

$$N_{舱工}=40\div21.2\times2=3.8(人)，取4人$$

库内工人配置：$P_{库}=3\,600\div335\times2=21.5(t/h)$（每组两人）

$$N_{库工}=40\div21.5\times2=3.7(人)，取4人$$

则该操作过程每条作业线所需要装卸工人数为 13 人，其中：舱内作业 4 人；开关手和岸边摘挂钩的工人 2 人；库内作业 4 人；起重机司机 2 人；牵引车驾驶员 1 人。

（4）工班纯作业时间：

$$\begin{aligned}t_{纯}&=(8-t_{工范})\times f_{修正}=(8-t_1-t_2)\times f_{修正}\\&=(8-0.67-0.67)\times0.9=6.1(h)\end{aligned}$$

式中 $t_{纯}$——纯作业时间；

　　　$t_{工范}$——工时规范时间；

　　　t_1、t_2——分别为工人吃饭休息时间；准备和结束等辅助时间，各为 40min；

　　　$f_{修正}$——作业修正系数取 0.9。

（5）工班作业量：

$$P_{班} = t_{纯} \times P_{线} = 6.1 \times 40 = 244 \, (h / 公班)$$

机械司机要求持证上岗，按专机专人配备，其值班司机人数对不同的机械有不同的要求，具体要求如表 2-3 胶带输送机司机配工表和表 2-4 起重机械、装卸机械司机配工表所示。

表 2-3　胶带输送机司机配工表

机械名称	每组台或米数（台或米）	每组每班值勤司机人数（人）	定员（人/组）		
			一班制	二班制	三班制
移动胶带输送机	3	1	1	2	3
固定胶带机	100	1	1	2	3

表 2-4　起重机械、装卸机械司机配工表

机械名称	每班执勤司机（人）	定员（人/组）		
		一班制	二班制	三班制
门座起重机、龙门起重机、集装箱装卸桥、集装箱跨运车、汽车起重机、轮胎起重机、履带起重机、浮式起重机、单斗装载机	2	$2\frac{1}{3}$	$4\frac{2}{3}$	7
叉式装卸车、牵引车、蓄电池车、小型、简易起重机（如苏州吊）、螺旋卸车机、链斗卸车机、螺旋喂料机、堆料机、滚龙机、链斗装载机	1	$1\frac{1}{6}$	$2\frac{1}{3}$	$3\frac{1}{2}$
门式滚轮堆料机、翻车机、斗轮式取料机、吸粮机、袋货装船机	2	$2\frac{1}{3}$	$4\frac{2}{3}$	7

五、船舶装卸作业组织——组织平行作业

船舶装卸作业组织的任务是在一定的泊位、库场等基础设施条件下，通过科学、合理地组织，以较少的劳动力、装卸机械、能源等资源的投入完成装卸任务；或者通过科学、合理地组织港口现有的设备、劳动力、装卸机械等资源，最大限度地发挥其效能，在尽可能短的时间内完成船舶、车辆的换装作业。

所谓平行作业的含义包括：①凡是可以在装卸作业的同时进行的技术作业、辅助作业，应该组织安排技术作业、辅助作业与装卸作业同时进行。②凡是辅助作业或技术作业及其各项目之间可以平行进行的应尽可能组织平行进行。例如，船舶供应可以与装卸作业平行进行；又如，移泊与清扫舱同时进行，供油与供水也可以同时进行等。组织平行作业，虽然不能提高装卸效率、压缩装卸作业时间，但是，由于使辅助作业、技术作业在装卸作业时间内完成，所以可以大大压缩船舶的总停留时间。

平行作业的组织工作重要的是船舶装卸业务员的实践经验同生产组织理论的结合与应用的结果。往往装卸作业与其他辅助作业、技术作业随着进度的发展，实际生产的各种因素的变动，这种变动能否被掌握并且被利用对于不同的人将产生不同的结果。这将主要取决于业务员的组织工作能力。

在单船作业过程中注意平衡各舱的作业时间，是为了能够充分发挥泊位设备的能力，合理安排船舶作业线的生产能力，追求各舱作业的同时完成。在同等资源的条件下，平衡各舱的作业时间可以提高船舶的装卸效率，缩短船舶的在港停留时间，充分发挥泊位潜力。

船舶装卸作业的平衡是指各舱口装卸延续时间的平衡，在作业组织上，应该力求各舱在大致相同的时间内完成装卸，或者使重点舱的装卸作业时间最短。

【例】　长治 3 号轮，载有袋装精盐 2 720 吨，船舶各舱载货量分别为：一舱 400吨、二舱 1 000 吨、三舱 800 吨、四舱 520 吨。计划安排 4 台生产率分别为 40t/（台·h）的门座起重机进行装卸。做出装卸作业安排如下分述。

（1）全船最短装卸作业时间：

$T_{最少}$=载货量/装卸生产率=2 720/（40×4）=17（h）

（2）事实上，各舱需要作业时间分别为：

一舱：t_1=400/40=10（h）　　二舱：t_2=1 000/40=25（h）

三舱：t_3=800/40=20（h）　　四舱：t_4=520/40=13（h）

显然，二舱和三舱不能按照全船最短的装卸作业时间完成，必须重新分配每台起重机在各舱口的作业时间。具体时间安排如表 2-5 所示。

表 2-5　作业机械舱时分配表

舱别	载货量（t）	作业进度（h）																
		1	2	3	4	5	6	7	8	9	10	11	12	13	14	15	16	17
一	400t（10h）	1111111111111111111111111111111																
二	1000t（25h）	1111111111111111111111111 2222222222222222222222222222222222222222222222 33																
三	800t（20h）	3333333333333333333333333333333333333333333333 4444444444444																
四	520t（13h）	4444444444444444444444444444444444444444444444																

注：表中 1111~，2222~，3333~，4444~表示该号起重机及其在各舱的工作时段。

一舱：1 号起重机在本舱作业 10h 后，移至二舱作业 7h。二舱：2 号起重机在本舱作业 17h，1 号起重机作业 7h，3 号起重机作业 1h。三舱：3 号起重机首先支援二舱作业 4h，然后回至三舱作业 16h，4 号起重机在三舱作业 4h。四舱：4 号起重机首先移至三舱支援作业 4h，再回至四舱作业 13h。

若船舶有速遣要求或港口有压港现象，此时，港口必须充分利用码头的装卸船能力，尽可能快速地装卸船。

【例】 某船舶有四个舱口，各舱载货量分别为：一舱 800 吨、二舱 2 200 吨、三舱 1 800 吨、四舱 1 200 吨，全船共载货 6 000 吨，所载货类各舱相同，使用岸上 5 台门机装卸，台时生产率为 50 吨/（台·小时），并假定每一舱口开双头作业时，门机装卸互不干扰，求全船最短作业时间及门机在各舱作业时间的分配。

（1）求全船最短作业时间：

$$T_{最小}=\frac{全船载货量}{船舶装卸生产率}=\frac{6\,000}{50\times5}=24\,(h)$$

（2）求各舱需装卸时间：

一舱：$t_1=800/50=16$（h）   二舱：$t_2=2\,200/50=44$（h）

三舱：$t_3=1800/50=36$（h）   四舱：$t_4=1\,200/50=24$（h）

（3）门机在各舱时间分配，如表 2-6 所示。

表 2-6　作业机械舱时分配表

舱别	载货量（t）	作业进度（h）											
		2	4	6	8	10	12	14	16	18	20	22	24
一	800t（16h）	1111111111111111111111111111111111111111											
二	2200t（44h）								11111111111111111				
		22222222222222222222222222222222222222222222											
		33333333333333333333333											
三	1800t（36h）							3333333333333333333333333333333333					
		4444444444444444444444444444444444444444444444											
四	1200t（24h）	5555555555555555555555555555555555555555555555555555											

注：表中 1111~，2222~，3333~，4444~，5555~表示该号起重机及其在各舱的工作时段。

一舱：1 号门机在一舱作业 16h 后，调至二舱作业 8h。二舱：1 号起重机作业 8h，2 号门机作业 24h，3 号门机在二舱作业 12h。三舱：3 号门机在二舱作业 12h 后，调至三舱作业 12h，4 号门机在三舱作业 24h。四舱：5 号门机在四舱作业 24h。

现代很多件杂货船舶，都自备有船舶装卸设备。当港口繁忙，装卸机械紧张时，船舶可以利用自备的装卸设备自行装卸，同时还可以降低装卸成本。

一般来说，船舶自备装卸设备为固定式，即不能移动，对平衡作业组织不利。这时船舶可以少量租用港口装卸设备，协同平衡作业组织，对提高船舶装卸效率，缩短船舶停时，降低船舶装卸成本能起到双重的效果。

【例】　设某港区某泊位将装卸一艘 5 个舱口的船舶。各舱室的载货量为：一舱 1 000 吨、二舱 2 000 吨、三舱 1 800 吨、四舱 1 600 吨、五舱 1 200 吨。各舱船吊生产率 20 吨/（台·小时），同时配备一台生产率 40 吨/（台·小时）的门座起重机，且起重机与船吊在同一舱室作业互不干扰。求全船最短装卸作业时间和门座起重机在各舱室作业时间的分配。

（1）求各舱使用船吊时要求的装卸作业时间 t_i：

$$t_1=1\ 000/20= 50\ （h）；\quad t_2=2\ 000/20=100\ （h）；\quad t_3=1\ 800/20= 90\ （h）；$$
$$t_4=1\ 600/20=80\ （h）；\quad t_5=1\ 200/20= 60\ （h）。$$

（2）求按机械生产率计算的全船最短作业时间 $T_{最小}$：

$$T_{最小}=\frac{\sum q}{\sum p}=\frac{1\ 000 + 2\ 000 + 1\ 800 + 1\ 600 + 1\ 200}{20\times 5+40}=54.28\,(h)$$

（3）比较 t_i 与 $T_{最小}$，因为 t_1 与 $T_{最小}$，故一舱使用船吊可在全船最短作业时间内完成卸货，不需要门机帮助作业，所以可以除去不计。

（4）计算除去一舱以外的全船最短作业时间 $T_{余最小}$：

$$T_{余最小}=\frac{\sum q-1}{\sum p - p_{吊1}}=\frac{7\ 600 - 1\ 000}{140 - 20}=55\,(h)$$

（5）求门机分别在二至五舱的装卸作业时间：

$$t_{门2}=\frac{2\ 000 - 20\times 55}{40}=22.5\,(h)\quad t_{门3}=\frac{1\ 800 - 20\times 55}{40}=17.5\,(h)；$$
$$t_{门4}=\frac{1\ 600 - 20\times 55}{40}=12.5\,(h)\quad t_{门5}=\frac{1\ 200 - 20\times 55}{40}=2.5\,(h)$$

门机作业舱时分配表如表 2-7 所示。

表 2-7　门机作业舱时分配表

舱　别	载货量（t）	作业时间分配（h）										
		5	10	15	20	25	30	35	40	45	50	55
一	1 000											
二	2 000（22.5）	▬	▬	▬	▬							
三	1 800（17.5）						▬	▬	▬			
四	1 600（12.5）								▬	▬	▬	
五	1 200（2.5）											▬

由以上可知，如果不增加一台门机，而仅用船吊作业，则船舶装卸时间为 100h

（第二舱的作业时间）。增加一台门机后，全船作业时间为55h，减少了近一半的时间。可见合理安排机械组织船舶装卸，有效平衡舱时，对缩短船舶在港停时其效果是非常显著的。

六、典型件杂货装卸工艺流程

1. 船—库（场）（见图2-34）

图2-34　船—库（场）

2. 船—驳船（见图3-35）

图2-35　船—驳船

3. 船—卡、火车（见图3-36）

图2-36　船—卡、火车

4. 驳船—驳船（见图3-37）

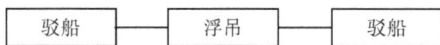

图2-37　驳船—驳船

5. 驳船—卡车（见图3-38）

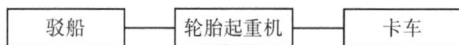

图2-38　驳船—卡车

6．库（场）—卡、火车（见图2-39）

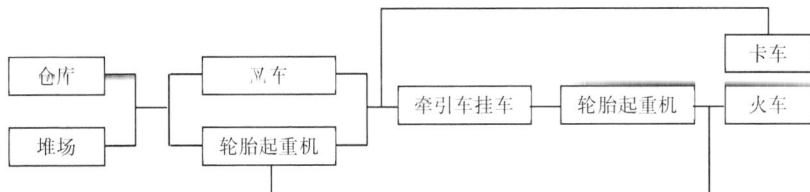

图 2-39　库（场）—卡、火车

7．卡车—驳船（库、场）（见图2-40）

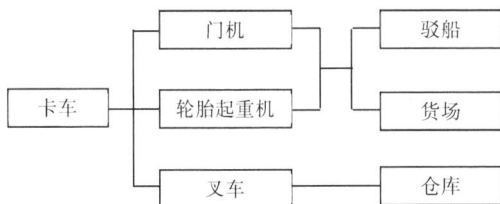

图 2-40　卡车—驳船（库、场）

实训题

1.设某港区用4台台时效率分别为50t的门座起重机,装卸一艘4个舱口的船舶。船舶各舱的载货量分别为：一舱400t,二舱1 000t,三舱800t,四舱800t。在求船舶的最短作业时间和门机在各舱的作业时间的基础上，拟做出生产组织安排。

2.设某港区用5台台时效率分别为40t的门座起重机,装卸一艘4个舱口的船舶。全船载货共6 000t，所载货类各舱相同。并假定每一舱口开双头作业时，门机装卸互不干扰。船舶各舱的载货量分别为：一舱800t,二舱2 200t,三舱1 800t,四舱1 200t。在求船舶的最短作业时间和门机在各舱的作业时间的基础上，拟做出生产组织安排。

3．某港区装卸一艘5个舱口的船舶。其各舱的船吊生产率分别为20t/（台·h），同时配备一台效率为 40t/（台·h）的门座起重机,且起重机与船吊在同一舱工作时，互不干扰。各舱的载货量分别为：一舱1 000t,二舱2 000t,三舱1 200t,四舱1 600t,五舱1 200t。在求船舶的最短作业时间和门机在各舱的作业时间的基础上，拟做出生产组织安排。

第三章 | 散货码头操作

第一节　散货码头操作概述

教学目标

知识目标：

了解散货的特性、运输工具对装卸工作的影响。

技能目标：

能够熟悉散货装卸船作业的特点。

问题导入：

大连港散粮码头公司隶属于大连港集团有限公司，作为粮食转运中心，是大连港集团重点发展建设的"六大中心"之一，位于辽东半岛南端。公司由大窑湾和甘井子两个作业区组成，大窑湾作业区作为国际性深水枢纽港，与经济技术开发区、保税区、出口加工区和国际物流园毗邻。甘井子作业区与吉林粮油运销总公司、中央储备粮大连直属库相邻，铁路、公路四通八达，集输运极为便利。现已成为东北三省和内蒙古地区粮食进出口的主要集散地。主要从事散粮转运业务，同时兼顾水泥、煤炭、钢材、杂货等转运业务，年设计通过能力1 000万吨。

公司现有生产泊位6个，其中8万吨级泊位1个、5万吨级泊位2个、2万吨级泊位2个、3 000吨级泊位1个。现有仓容52.5万吨散粮筒仓，其中33.5万立方米大豆、玉米筒仓，为广大粮食贸易商提供完善的期货仓储服务。现有高标准前后方堆场41万平方米，粮食堆存能力27万吨。3条铁路集疏运专业线路，为散粮周转提供配套服务。

公司现有L18型散粮专用车500辆，通过续购、合资合作等可形成1 800辆散粮车的运力，届时形成码头车辆能力匹配，综合功能完善的现代化散粮转运体系。通过与货主和船东合作开辟固定粮食内贸航线，打造北粮南运的陆海联运通道，扩大港口粮食转运规模。那么散货码头是怎样进行作业的呢？

散装货（Bulk Cargo）又称散装货物，包括散装固体货物和散装液体货物两种。散装货一般批量较大，因其没有包装，故可节约包装费用，较充分地利用货舱容积，更有利于机械化装卸作业。与件杂货按计件形式装运和交接货物不同，散装货是按计量形式装运和交接货物的。

散货是指在运输过程中不加包装而散运的货物，如煤炭、矿石、建筑用砂石等。由于散运可以节约包装费用，较充分地利用货舱容积，更有利于机械化装卸作业，许多传统上以袋装运输的货物，如粮食、粗盐、水泥、化肥、砂糖等，也在不断地改为散运。所以，随着经济社会的发展，港口装卸的散货在运量和品种两方面都有很大发展。

散货虽然是港口装卸的具体对象，但它是通过某种运输工具进入港口装卸系统的，所以不论是用人力还是机械进行装卸，车船货三者的某些特点，对码头操作均有着极为重要的影响。

一、散货的特性

1. 容重
物料的容重是指物料自然堆积状态下的单位体积重量。

2. 自然坡度角（自然堆积角，即货堆自然形成的角度）
自然坡度角反映了物料的流散性，物料的自然坡度角越小，其流散性越好；自然坡度角越大的物料，其流散性越差。对煤炭、矿石的装卸来说，物料的自然坡度角可影响储料漏斗壁倾角的确定，即选择的漏斗壁倾角一定要大于货物的自然坡度角，否则物料就不易从漏斗漏出。煤炭的自然坡度角约 45°。

3. 块度
物料的块度与机械和抓斗的选用有关。如选用螺旋式卸车机，若遇到物料的块度直径大于螺旋的螺距时，大块度的物料就不能卸下。选用抓斗时，也要考虑物料的块度，因为抓斗的张开度对物料的块度也有限制。同样，漏斗口的尺寸也要考虑物料的块度。

4. 物料与承受面之间的摩擦系数
物料与承受面之间的摩擦系数大，物料就不易倾倒，因而要求料斗面光滑，料斗面的倾斜度也要增大，以减少物料下滑的阻力。

5. 黏结性
通常，煤炭和矿石的含水量较大，如煤炭未脱水时，含水率可达 20%。而含水量大的物料在冬季易结冰，造成卸货困难。所以在煤炭、矿石装卸工艺中要考虑物料的解冻方法，如增加破冰机械或设置加温设备。

6．发热和自燃性

在堆场上存放的煤炭，时间久了或在外界气温高时，煤堆内就会发热，当煤堆内温度上升到60℃时，煤温的上升速度加剧，此时如不降温散热，煤炭就会发生自燃。通常的解决方法是将物料及时转堆、翻垛，避免煤堆温度达到自燃点。

7．脆弱性，扬尘性

煤炭、矿石在装卸输送时会产生大量的粉尘，因此要求港口的装卸系统中设置有防尘装置，如在堆场场地上设置洒水防尘系统，采用加罩封闭式输送系统等。

二、散货的特性对装卸工作的影响

散货的特性如块度、黏结性、容重、堆积角、自燃性、脆弱性等都和装卸作业有着重要关系，影响着装卸机械设备的选用及相应的技术措施的采纳。例如，用抓斗抓取大块煤炭就比抓取小块煤炭困难得多，并且在作业转运过程中容易造成漏斗的堵塞和胶带输送机的损坏等一系列问题。货物的黏结性和流动性，对于装卸机械的抓取效率和重力落料的通畅与否，有直接关系，黏结性大、流动性差的物料在漏斗中易于成拱，使其落料不畅甚至不能自流。我国早期建成的Ⅴ形存仓散货堆场，在使用中常由于成拱而造成作业上的困难。物料的容重、堆积角，影响所需堆场面积的大小、堆场的布置和使用机型的选择。对易自燃、易污染、冻结的货物，应采取相应的技术和组织措施。

三、运输工具的特点对装卸工作的影响

在进行散货装卸工艺设计时，对散货运输工具的类型、结构则要考虑目前的和进一步发展的多种情况。以船舶运输来说，有专用船和通用船之分。大型专用散货船，通常是大舱口，一舱到底而且甲板上不设起重机和桅杆吊等起重设备。内河驳船则有矿石驳、甲板驳和舱口驳等之分。散货专用驳船有利于装卸。

现代运输的发展表明，船舶的大型化和专用化，铁路车辆的长大专列固定编组直达循环的运行组织，促进了港口装卸工艺设备的大型化、专用化和高效化，所以港口装卸工艺既要考虑现实的情况，又要积极采用高效率的专用车船。

散货从产到销，要经过许多过程：从生产地的装卸、经过运输和换装、到消费地卸货，港口只是这一系统中的一个环节。因此港口装卸工艺的设计，必须从系统的观点去考虑，才能取得好的效果。

四、散货装卸作业系统的特点

大宗散货的装卸船作业，基本上都是采用专用泊位、专用作业机械组成的专用作业系统。其主要作业工序为：舱底作业（装船作业时为平舱作业、卸船作业时为清舱作业）、装（卸）船作业、水平运输作业、堆场作业（堆料、取料）、装卸车作业等。从操作过程来看，其水平运输作业工序无一例外地主要采用胶带输送机系统。

大宗散货装卸作业系统最显著的特点是自动化和高效、大型化。为了适应货运量增长和船舶大型化对提高船舶装卸效率的迫切需要，特别是大型的专业化码头，港口装卸机械正朝着自动化和高效、大型化的方向发展。

例如，秦皇岛港引进的世界上最先进的自动控制系统，实现了由翻车机、堆料机、取料机、带式输送机、装船机组成的流水作业系统的智能化管理和远程控制。

秦皇岛港是大秦煤炭专用线配套的大型煤炭输出港，港口拥有全国最先进的自动化煤炭装卸设备，卸车和装船均实现了自动化管理。其东港区全部采用翻车机卸车工艺。煤三期、煤四期翻车机均可接卸万吨列车，并成功接卸了万吨和两万吨超长列车。运煤列车可直接进入翻车机，在不摘钩的条件下进行翻车作业。秦皇岛港共有翻车机10台，单台最高效率可达5 400 t/h。港口有煤炭专用堆场128.33万 m^2，最大堆存能力为500万吨，有煤炭专用泊位13个，设计煤炭通过能力为1.15亿吨；共有煤炭装船作业线22条，单线最高装船效率可达6 000t/h。

1. 散货装船作业的特点

散货大多为散粒体，相互间的内聚力很小，由高处下落时很容易向四面流散，这种特性称为散落性。散落性的大小与货物本身的颗粒度大小、形状、表面的状态、含水率及外力等因素有关。现代散货装船作业所采用的装船机械均以带式输送机为主体构成。例如，内河甲板驳，舱面无甲板遮盖，货物经带式输送机直接抛送舱口即可。其他船舶，有甲板遮盖的舱室部分，则可利用平舱机等辅助机械抛送至甲板下空间。因此，散货装船作业中有一个重要的作业环节就是平舱作业。

散货装船的作业方式及装船机结构形式的选择，一般根据码头停靠的船舶尺度来确定。对于小型船舶，一般采用定机定船或采用定机移船的作业方式，对于海港等大型船舶则采用定船移机作业方式。

所谓定机定船作业方式，即码头前沿采用固定式装船机（如固定转盘式散货装船机），完全依靠装船机悬臂的伸缩机构、俯仰机构及回转机构的动作，将货物抛送到舱口范围内的任一位置，完成货物的装船作业。采用固定式装船机，可以简化装船机的结构，大大降低码头的造价。

所谓定机移船作业方式，是指在定机定船作业方式中，若船舶尺度较大，为增加装船机悬臂长度的要求而采用的一种装船作业方式，即码头前沿采用固定式装船机，装船机悬臂的长度只需满足船舶舱口宽度的装船要求即可，船舶舱口长度方向及全船各舱的装船作业要求则通过码头前沿的绞船设施，牵引船舶纵向来回移动而实现。这种装船作业方式，与定机定船作业方式相比，不但提高了船舶长度方向装载要求的适应性，同时还可进一步缩短装船机的悬臂长度，降低装船机和码头的造价。

对于海港大型船舶，其散货作业方式常采用定船移机作业方式，即码头前沿采用移动式装船机。

2. 散货卸船作业的特点

现行散货卸船机的关键技术在于高效率地取料和将货物从舱内垂直提升。带式输送机作为散货装船机的主体结构，不但结构简单，且生产效率高、使用成本低。然而，普通带式输送机受其最大允许倾角的限制而不能作为卸船机的提升设备。因此，现行散货卸船机间歇式作业方式仍多采用起重机抓斗卸船作业，如带斗门机、散货装卸桥等；连续式作业方式多采用链斗提升机为主体结构的连续式卸船机，如 L 形链斗卸船机、斗轮式卸船机等。

散货卸船机结构形式的选择，除主参数必须满足装卸要求以外，与货物的特性关系密切，例如块度小、密度小、流动性比较好的散货，如煤炭、黄沙等货物的卸船作业，选用连续式卸船机较好；块度大、容重大的矿石等，则选用起重机抓斗卸船方式为宜。

散货卸船作业中有一个重要的作业环节就是清舱作业。采用起重机抓斗卸船作业，抓斗只能从舱口直下抓取货物，甲板下方的货物无法直接抓取，虽然普通散货都具有一定的散落性，但卸船后期仍有大量的货物（10%～15%的货物）需要从甲板下方运移至舱口面下，再由起重机抓斗抓取。这种作业过程称为清舱作业。采用连续卸船机作业方式，由于各船舶的结构形式不同、尺度不一，也同样存在清舱作业的问题。一般来说，散货卸船作业初期阶段的生产率都比较高，清舱阶段的生产率则比较低。如何缩短清舱作业时间，是提高卸船平均作业生产率的关键。

知识拓展：平舱

平舱是指在货舱内对部分货物或全部货物进行的平整作业。平舱可利用装货喷管或滑槽、可移动机械或设备，也可由人工进行。对平舱要求而言，散装固体货物可分为黏性和非黏性两类。

1. 黏性散货的平舱

为减少货物移动，货物应合理地平整到货物所处的边界。在底舱或二层舱不超载的前提下，尽可能装满。

2. 非黏性散货的平舱

对于多层甲板船，若货物仅装入底舱，则应使货物重量均匀分布。在二层舱中装载散货，须关闭二层舱盖。

静止角在 30° ～35° 的散货，应使其货堆表面最高与最低的水平面间的垂直距离不超过船宽的 1/10m，且最大不超过 1.5m；静止角大于 35° 的散货，货物表面的倾角应平整到远小于其静止角。

思考题

1. 散货的特性有哪些？
2. 简述散货的特性对装卸工作的影响。
3. 简述运输工具的特点对装卸工作的影响。
4. 简述散货装卸船作业的特点。

第二节　散粮码头装卸船作业

教学目标

知识目标：

1. 掌握散粮卸船机的分类。
2. 能够陈述散粮卸船机的特点。

技能目标：

1. 能够陈述粮食装卸船前的准备工作内容。
2. 能够根据散粮装卸船的作业内容，陈述相关人员的货物交接的注意事项。

问题导入：

位于 1 号泊位的"丰源 9 号"散粮船正准备进行 3 100t 散玉米装船作业，运往韩国釜山港。请问该如何来装运这艘船舶呢？

问题分析：

散粮码头的装船工作，按照业务的先后顺序分为装船准备工作、散粮装船作业和装船交接作业三部分。要正确装运这批散玉米，需要熟悉散粮码头的装卸流程和作业注意事项。

一、散粮装卸机

（一）散粮装卸机的主要类型

散粮卸船机是散粮港口主要卸货设备，按其作业的连续性，可分为间歇性卸船机和连续性卸船机两大类型。

1. 间歇性卸船机

间歇性卸船机指作业过程简短的卸船机械，即在作业过程中，前一个作业周期和后一个作业周期是完全断开的，其典型机械类型是抓斗卸船机。间歇性卸船机的特点：

（1）由于作业过程间歇，装卸效率受到了很大的影响。

（2）与连续性卸船机相比较，间歇性卸船机结构相对简单，造价低。

（3）间歇性卸船机通用性很强，可以同时用于多种干散货的装卸作业，更适用于专业性不强的干散货码头。

船舶附属的船吊、码头的门式起重机、桥式起重机带上抓斗，都可以作为散粮间歇性卸船机。

散粮间歇性卸船机主要为带斗门机。散粮卸船码头时用的带斗门机，在基本结构上与煤炭卸船码头、铁矿石卸船码头、散化肥卸船码头等类似，也是在常规通用门式起重机的基础上增加一个接料斗，缩短抓斗运行的距离，以提高作业效率。区别在于散粮密度较小，滑性更大，同时比重也较小，因此，散粮卸船机使用的抓斗双颚闭合要求更高，每抓斗抓取的重量比煤炭等少。与其他散货的带斗门式机一样，散粮带斗门式机在料斗下方也连接皮带机或刮板运输设备。散粮带斗门式机一般效率在 400t/h。目前国内港口已有使用桥式抓斗卸船机用于散粮卸船（带斗桥吊），带斗桥吊的负荷大于带斗门式机，因此，可以使用容积更大的抓斗，其卸船效率明显提高，可达 1 000t/h。

抓斗卸船机（包括带斗门式机、带斗桥吊）的使用特点：

（1）机械的机构简单，造价低，维修保养方便。

（2）对船型和货种的适应性强。

（3）抓斗闭合难以严密，斜传作业过程中有散粮撒落现象。

2. 连续性卸船机

连续性卸船机指作业过程连续不间断的卸船机械，作业效率高，通用性差，因此，主要用于货种单一、专业很强的码头。常用的连续性散粮卸船机有吸粮机、夹皮带卸船机、埋刮板卸船机、螺旋卸船机等。连续卸船机近年来在散粮专业码头得到越来越多的应用，其原因是连续性卸船机具有许多优点：

（1）机械效率较高，可连续自行取料，在卸船的过程中无起升和小车走行的反复过程，并可最大限度地减少清仓时的清仓量。

（2）机械冲击小，振动小，噪声小，可提高设备使用寿命。

（3）自重轻。同样能力的设备与抓斗式卸船机相较自重轻许多，可减少设备的投资和码头前沿的投资。

（4）能源消耗低。与抓斗卸船机相比在同样能力的情况下能源消耗要小很多。

散粮码头使用的连续性卸船机品种较多，各有特点，除了只能装卸散粮外，有些还专门针对某个特定散粮码头的需求设计和改型。下面介绍一些典型的连续性散粮卸船机。

（1）气力吸粮机。气力吸粮机是连续性散粮卸船机的常见机型，南方港口应用较多，卸船效率是400t/h，如图3-1所示。

图 3-1　气力吸粮机

气力吸粮机的主要结构包括吸嘴、输送管、分离器、卸料器、风机和消声器等。因涉及气力输送，因而对风机的要求很高。气力吸粮机的工作原理是用气泵或多级涡轮产生的真空压差，试管内空气急速流动，运动着的空气流把速度传递给所要运送的物料，使空气和物料分离，物料再通过码头上的水平运输机械转运出去。

气力吸粮机的优点：

1）机构简单，造价低，操作方便，使用灵活。

2）对船型的适应性强，清仓量较小，工人的劳动强度低。

3）易与其他运输环节相衔接。

但在实际使用中，气力吸粮机还存在"三大一低"的缺点：

1）噪声大。

2）粉尘大。

3）能耗大。

4）效率低。

另外，气力吸粮机不宜装卸、输送易碎、不耐冲击的物料，如烘干玉米等。

（2）夹皮带卸船机（见图 3-2）。国内北方某港的夹皮带卸船机卸船效率为750t/h。国内应用的夹皮带卸船机大部分是20世纪80年代引进英国西蒙–卡维斯公司的产品，目前仍在使用，可适应8万吨级散粮船。近期有改型产品，机械性能、卸船效率都有提高，但国内尚未引进。

图 3-2　夹皮带卸船机

夹皮带卸船机的主要构件包括喂料头、主带、气箱、侧边密封件、离心风机、皮带张紧油缸等。

夹皮带卸船机的工作原理是在两条垂直、同速向上运动的皮带两个相对侧面均匀加压，使通过喂料器进入夹皮带机的两夹皮带中间被夹带而同步向上运动，实现物料的垂直向上提升。在提升时，货物仅与皮带接触，而皮带是用密封装置与空气压力相结合方式压紧的。由于主皮带与气箱底板、侧密封之间形成气膜，因此，运转阻力较小。在提升机的顶部，夹运货物的两条皮带沿旋转臂改变方向，然后，通过一组溜管和横向皮带机向码头岸边的水平运输皮带机卸料。

夹皮带的主带、盖带均采用特殊工艺制成，尤其是盖带，要求横向伸展弹性好，使皮带夹粮后鼓起，纵向强度大，适应大负荷的垂直提升物料。

夹皮带卸船机的优点：

1）卸船效率较高。

2）成本低。同其他形式的卸船机相比，夹皮带卸船机不仅在基本投资上有竞争性，而且由于重量轻使码头的相应投资也减少。

3）物料破碎少。由于物料是在两条相同的皮带之间传送，因此，不存在物料破碎问题。

4）粉尘小。夹皮带卸船机卸料时，物料首先经过埋在物料下面的喂料器，然后由两条边部密封的皮带输送，因而粉尘极小。

5）噪声低。夹皮带卸船机声音很小，实际上，其噪声仅来自主驱动马达和液压泵。

6）维修方便，耗能低。

夹皮带卸船机的缺点：

1）夹皮带卸船机的喂料器故障率较高。

2）变幅、摆臂采用固定式平衡配重，变幅油缸易损坏。

3）和一些新式卸船机相比，卸船效率低。

（3）埋刮板卸船机。

1）埋刮板卸船机主要构造和原理。埋刮板卸船机由喂料器、垂直提升机、水平输送机等部分组成。作业时，物料在喂料器的作用下，从垂直臂下端开口处流入箱体，受刮板的运动推力而上，至出口处卸出，流入水平输送机械，再转载到码头的接料装置中。

2）埋刮板卸船机工作特点。埋刮板卸船机与气力式、螺旋式、夹皮带式及链斗式等比较，其主要特点是，能耗比夹皮带式卸船机稍大，但比气力式和链斗式卸船机要小得多；输送能力大，卸船效率高；输送系统封闭性好，可防止粉尘扩散，减少对环境的污染；刮板的速度高，不适用于装卸易碎、不耐冲击的物料。

（4）螺旋式卸船机（见图3-3）。

图3-3　螺旋式卸船机

1）螺旋式卸船机的主要结构和工作原理。螺旋式卸船机的主要部件是垂直螺旋和水平螺旋输送机。螺旋式卸船机的卸粮过程是，物料先在喂料机的外螺旋作用下向下推送，然后由扇形取料螺旋向内螺旋挤送，进行垂直提升。被垂直提升的物料经水平臂架内的水平螺旋输送机运到卸船机顶部的分料环，然后将物料转运到接运皮带输送机，再至卸料点。

2）螺旋式卸船机的使用特点：对货种的适应性强；密封性好，扬尘性小；粮食的破碎性大；能耗大。

（5）波纹挡边带卸船机。波纹挡边带卸船机是以波纹挡边输送带进行提升和输送物料的，是一种无须中间转载的连续卸船机。在作业期间，物料和皮带无相对运动。

这种设备既适合卸船，也适合装船。目前我国连云港和大连港均有这种设备用于粮食装卸作业。

目前，在散粮专业化码头，连续高效卸船时，我国港口使用较多的是夹皮带式、埋刮板、波纹挡边式卸船机，主要因为这几种卸船机具有相对高效、能耗低、重量轻、维修费用低等特点。

（二）散粮装船机

散粮码头使用的装船机一般都是连续性作业的。一般装船机由臂架皮带机、伸缩溜尾车、塔架、俯仰装置、回转装置等组成。散粮装船机通常是连续装船作业的，因此，码头必须有与之配套的设备（如筒仓、顺岸皮带机等）提供连续的物料流，使装船机可连续装船。

1．大连港散粮装船机

大连港机械厂与武汉交通科技大学、大连港设计研究院共同开发研制的新型散粮装船机目前在北方大型散粮码头应用较多。该机具有以下几个特点：

（1）输送系统采用了气垫式输送机，大大降低了皮带的运行阻力。

（2）采用了无尘伸缩溜管，可防粮食破碎，有效地防止粉尘外逸，能满足各种船型的装船要求。

（3）设有粉尘回收隔离装置，可以有效降低粉尘污染。

2．布勒散粮装船机

布勒散粮装船机的机构主要包括以下三部分。

（1）装船机的主动作系统（包括俯仰、踢摆、伸缩、大车行走）。

（2）物料输送系统（包括尾车皮带、喂料皮带机、臂架皮带机、抑尘机），是装船机用来完成装船作业的部分。

（3）装船机的辅助系统（包括除尘器、空压机、电气装置等）。

布勒散粮装船机的主要特点：

（1）该机物料输送系统采用全封闭式，并配置了完善的除尘系统，使粮食运输所产生的粉尘得到很好控制，特别是在装船机伸缩溜管下部采用了"抑尘头"，这是瑞士布勒公司的专利产品，可以抵消粮食由高处下落产生的动能，使粮食能由伸缩溜管下部平缓溢出，可有效减少粉尘的生成。同时，该机的伸缩溜管也可根据船舱内物料的高度自动调节，伸缩溜管始终紧贴粮食表面，极大地消除了装船过程中产生的扬尘。

（2）在司机室有一台显示器，用于显示该机的工作状态（如俯仰角度、踢摆角度、伸缩长度、大车走行距离及各独立部分的运行状态）、各种故障提示和警报信息，方便操作、维护和故障诊断。

（3）该机有三种操作方式，操作灵活。通常情况下，操作人员在司机室进行操作。

需要时，在该机每个独立部分安装有本地操作开关，操作人员可以在维修和检查时，单独进行操作。同时，该机还带有一套无线遥控器，可以在船舱甲板上，对散粮装船的物料落料点实行准确控制。

（4）该机物料输送系统设计紧凑，不存在死角，更换物种时的流程清洗方便。

3. 凯亚散粮装船机

该装船机由法国凯亚公司生产，设计连续装船能力为 2 000t/h。

该机由三部分组成：第一部分是装船机的主要动作系统（包括俯仰、旋转、伸缩、大车走形）；第二部分是物料输送系统（包括尾车皮带、提升皮带机、臂架皮带机、伸缩溜管及抛料弯头），是装船机用来完成装船作业的部分；第三部分是装船机的辅助系统（包括除尘器、空压机、电气装置等）。

凯亚散粮装船机的主要特点：

（1）该机有俯仰、旋转、伸缩、大车走行等动作机构，动作灵活。当安装在我国北方某港突堤码头时，可以将作业点在突堤码头的不同泊位之间切换，而无须船只移位。大臂可伸缩范围长，装船作业半径变化范围广，可适应 400～65 000t 船舶作业的需要。带有一个可伸缩溜管，溜管装有物料缓冲装置，可防止物料装船过程中可能发生的破碎，保证散粮装船作业质量。

（2）装有一套伸缩溜管自动控制装置，该装置可根据船舱内物料的高度，自动调节溜管的伸缩长度，使伸缩溜管始终紧贴粮食表面，以减少装船过程中产生的粉尘。

（3）在司机室和电气室各装有一台显示屏，用于显示该机的工作状态、各种故障提示和报警信息，方便操作、维护和故障诊断。

（4）与布勒散粮装船机一样，该机也有三种操作方式，操作灵活。一般情况下驾驶人员在司机室进行操作。需要时，操作人员也可以利用每个独立部分的本地操作箱进行操作。同时，该机还带有一套无线遥控操作装置，操作人员通过该无线遥控器还可以在船舱甲板上对物料落料点实现精确控制。

二、散粮装船作业

（一）散粮装船前的准备

1. 系统流程检查

由于散粮装卸系统是由若干条皮带、翻板等组成的，而港口的筒仓、流程又不可能为某一粮食货种作业而单独设立，因此，港口为避免出现不同货物相混事故，必须在启动该条作业流程前，对系统流程的头尾及沿线进行检查核实。检查内容如下：

（1）流程巡检人员在上班后，应查看上一班次的交接班记录，对上一班次中使用过的流程头尾及沿线进行复查，确保其清洁，无杂粮、杂物。

（2）当出仓货种为非玉米货种时，作业前应确定装船秤和相应的作业流程线。流程巡检人员应对这条作业流程线进行全面检查。检查该批货物所在筒仓仓底至装船机沿线各流程头尾部下粮口及翻板（尤其是带缓冲板的翻板）中是否有杂粮，对所使用的秤及秤上斗进行检查，如有杂粮，应及时安排人员清扫。清洁后，方可通知理货人员安排使用相同货种冲流程，经理货人员和作业委托人验收通过后，方可开始进行后续作业。

（3）玉米和非玉米货种同时出仓装船作业时，应提前检查交叉作业的重点翻板顶部是否靠紧，两侧是否有缝隙，翻板选对流程后，将其锁阀正确锁好。

（4）装船作业前，中央控制室操作人员应进行整个系统的联网试车，试车的部位包括秤、秤上斗、除尘设备等，以便确定系统所有相关设备处于正常运行状态。如果是外贸装船作业，则应会同检验检疫部门人员对装船斗、秤进行载荷试验，对检验结果，经双方签章确认。

2. 对作业委托人的确认要求

（1）内贸出口装船作业前的确认要求：

1）装船作业前，作业委托人应到业务部门办理好"港口作业合同"，持合同到仓库办理"放货联系单"。"放货联系单"中应有放货单位名称、船名、航次、提/运单号、筒仓号及出仓顺序和要求等。

2）仓库筒仓管理员应审核办理"放货联系单"的作业委托人员是否符合规定要求：火车集港的，应与铁路"货物运单"重点"收货人"名称相符；客车市入（指本埠货物集港，下同）集港的，应与"市入货物交接单"中的"交货单位"名称相符。如名称不符，应有相应单位出具的委托书，否则仓库不能让其配货装船。

3）仓库筒仓管理员收到作业委托人符合要求的"放货联系单"后，按联系单内容向中央控制室操作人员书面下达"出仓装船计划表"，并与中央控制室操作人员做好交接。

4）作业委托人在装船前变更"放货联系单"的，筒仓管理员应根据作业委托人变更后联系单的内容，重新向中央控制室操作人员书面下达"出仓装船计划表"，并与中央控制室操作人员做好交接。同时，将替换的"出仓装船计划表"抽回，在上面做上"作废"的标识，以防止单证的非预期使用。

（2）外贸出口装船作业前的确认要求：

1）装船作业前，作业委托人应持海关开具的"装收货单"到港口办理"港口作业合同"。港口在审核"装收货单"时，应重点查验上面加盖的海关印章是否为该海关在港口备案印章。"装收货单"符合要求后，方可办理"港口作业合同"。

2）作业委托人持审核后的"装收货单"及"港口作业合同"到仓库办理"放货联系单"。

3）仓库筒仓管理员收到作业委托人符合要求的"放货联系单"后，按联系单内容向中央控制室操作人员书面下达"出仓装船计划表"，并与中央控制室操作人员做好交接。

4）作业委托人在装船前变更"放货联系单"的，筒仓管理员应根据作业委托人变更后联系单的内容，重新向中央控制室操作人员书面下达"出仓装船计划表"，并与中央控制室操作人员做好交接。同时，将替换的"出仓装船计划表"抽回，在上面做上"作废"的标识，以防止单证的非预期使用。

3．领取配载图，开好船前会

《港口货物作业规则》第 47 条规定：船方应当向港口经营人提供配、积载图（表），港口经营人应当按照配、积载图（表）进行作业。船方可以在现场对配、积载提出具体要求。为保证船舶航行安全，维护港航双方利益，作为港口方应严格按照船方的配载图及配载要求进行作业。因此，在装船作业前，船舶业务员应做好以下两项工作：

（1）船舶靠泊后，船舶业务员应向船方领取货物配载图和装船要求，并根据货物配载图和装船要求编制船前会纪要。

（2）装船作业前，船舶业务员应组织装卸司机、装卸工组、检验人员等相关作业人员召开船前会，详细布置作业中的安全注意事项，提出明确的货运质量要求和货物装舱要求。

（二）散粮装船作业注意事项

1．船舶业务员在装船作业过程中应注意的事项

（1）船舶业务员应掌握装船速度，保持船舶平衡作业。

（2）船舶业务员应与船方保持有效沟通，对需要平舱作业的舱别，应合理安排平舱作业，以保证船舶稳性。

2．中央控制室操作人员在装船作业过程中应注意的事项

（1）应严格执行"出仓装船计划表"，关注流程系统是否正常运行。

（2）中央控制室作为散粮系统的中枢，应与船舶业务员、流程司机、理货员、巡检人员、机械司机等装船作业相关人员保持联络畅通。

3．流程巡检人员在装船作业过程中应注意的事项

（1）在流程系统运行期间，应重点对流程、翻板、插板部位进行巡检，查看其是否有撒漏现象。如有撒漏必须及时处理，并做好相关记录。

（2）如玉米和非玉米货种同时出仓装船作业的，巡检人员应对交叉作业的翻板重点关注，并及时与中央操作人员沟通，保持稳定电流，提高作业效率。

（3）在装船过程中，若因故障原因造成流程急停的，巡检人员应对所有流程从头至尾进行检查，以确认流程中是否还有粮食。如有残粮，应及时组织装卸工人清理。无论流程中是否还有残粮，巡检人员都应将流程急停的时间、原因等情况做好详细记录，以便下一班次人员再次对相关流程做好复检，避免出现混质、短量等货运事故。

4．装船过程中作业委托人对出仓项目的变更处理

装船过程中，作业委托人现场监装时，如要求变更出仓顺序或变更出仓号码时，港口相关各类人员在操作时应注意以下几点：

（1）应先判断作业委托人提出的变更要求，在港口操作时是否可行。如果是在交叉作业时，或调整出仓号码会直接影响货运质量时，应与作业委托人充分协商，或不予变更，或推迟作业。

（2）作业委托人提出变更要求，港口可予以变更的，应让作业委托人再出具一份"放货联系单"，除填写原内容外，还需注明变更事项和出具联系单的时间，其中，出具联系单的时间项目一定要精确到"×××年××月××日××时××分"。此处联系单上的作业委托人签章应与变更前联系单上的作业委托人签章一致。

（3）接到作业委托人出具的符合港口作业要求的联系单后，仓库理货人员应到码头中央控制室变更已下达的"出仓装船计划表"，在变更处签章，并注明变更的具体时间。

（4）码头中央控制室在接到变更指令后，应在流程系统合理的操作时间内，予以变更。

5．船车直取作业

散粮专用车直取作业，仓库理货人员除按照散粮专用车卸车作业有关规定执行外，还应做好组织协调和检查工作。由船方与作业委托人直接进行双边交接的，仓库要提前通知作业委托人到现场同船方进行双边理货交接，记录好双方交接的数字，依据双边交接记录填写理货单，并注明"直取"字样。

如散粮专用车到港后，将货物卸入地沟经装船斗秤衡重后装船的，则不能称为"直取"作业。

6．装船粮食的检验

装船粮食的扞样，通常是在流程中通过机械取样系统自动扞取粮食样品。如果流程中没有机械取样系统或系统故障时，也可使用扞样器人工替代扞取样品。

（1）外贸出口作业必须使用机械取样系统取样，按照检验检疫部门要求，不同的粮食品种在各自规定的时间范围内自动取样，并将规定的样品份数混合成综合样品供检验检疫部门进行检验和封存。

（2）内贸出口作业取样后，将样品制成综合样品，一份检验，一份留存。样品检验主要检验水分和杂质，查看其在进出港时的水分、杂质差异情况，以便计算出粮食因水分、杂质流失而产生的自然损耗量。

（三）散粮装船交接注意事项

1. 船舶业务员在交接中应注意的事项

船舶装船完毕后，船舶业务员应对船舶装载情况进行检查。重点查看以下内容：

（1）船舶是否超载。

（2）船舶是否为满舱，是否进行了合理的平舱。

（3）如船舶未满舱，是否采取了必要的防护措施防止散装粮食的移动（比如在舱内压3层或以上的包粮、拉网等）。

（4）船舶是否横倾。

（5）船舶舱口盖是否能够关闭等。

船舶业务员应获得船方对港方是否按船方配载图及相关要求进行装载作业评价的相关证据。

2. 中央控制室操作人员在交接中应注意的事项

核对是否已按"出仓装船计划表"要求作业，并按出货筒仓打印衡重记录。衡重记录经复核无误后，与仓库理货人员做好交接。

核对衡重记录中是否含有散粮专用车—地沟—装船斗秤衡重的装船作业模式，如有，应与仓库理货人员核对该批次车辆铁路衡重记录，看其误差是否在标准范围内；如误差超过标准，应及时反馈至业务部门处置。

3. 流程巡检人员在交接中应注意的事项

船舶作业完毕或当班不再作业的筒仓，流程巡检人员应将筒仓手动门及时关闭，对作业涉及的流程从头至尾全面检查一次，并将当班流程巡检情况及使用的流程线路图在交接班记录中记录清楚，做好交接。

船舶作业完毕要清斗清秤，检查流程线路中的翻板是否还有存粮。如有存粮，应清理后归原批。

4. 仓库理货人员在交接中应注意的事项

如筒仓为清空作业的，理货班长应安排理货人员会同流程司机到筒仓内检查是否已按要求出空。

内贸货物，仓库检算人员应负责核对装船衡重记录，检验筒仓系统中体现的出仓数字，符合后，方可填制"港航非集装箱货物交接清单"与船方办理交接。

外贸货物，仓库应核对装船衡重记录与检验检疫部门出具的鉴重证明之间的关联性，数字符合逻辑关系后，依据鉴重证明填制"货物交接证"（一式三份），连同外贸出口手续一起同船方办理交接。

仓库检算人员应将该船作业中发生的所有理货单据及交接单据合拢装订成单船单证，按规定期限保管。

三、散粮卸船作业

（一）散粮卸船前的准备

1. 系统流程检查

流程巡检人员在上班后，应查看上一班次的交接班记录，对上一班次中使用过的流程头尾及沿线进行复查。复查中应重点检查流程头尾、箱体、下粮口、翻板、插板等部位，确保清洁，无杂粮、杂物。若所选仓为空仓时，则应重点检查仓底观察口及手动门是否关闭严密。

当进仓货种为非玉米货种时，作业前应确定卸船秤和相应的作业流程线。流程巡查人员应对这条作业流程线进行全面检查。检查该批货物涉及的卸船机沿线各留存，重点检查各部位中是否有杂粮，对所使用的秤及秤上斗进行检查，如有杂粮，应及时安排人员清扫。清洁后，方可通知理货人员安排使用相同货种冲流程，经理货人员和作业委托人验收通过后，方可开始进行后续作业。

玉米和非玉米货种同时卸船进仓作业时，应提前检查交叉作业的重点翻板顶部是否靠紧，两侧是否有缝隙，确认翻板选对流程后，将其锁阀正确锁好。

卸船作业前，中央控制室操作人员应联网试车，包括秤、秤上斗、除尘设备等，确定系统所有相关设备处于正常运行状态。如果是外贸卸船作业，则应会同检验检疫部门人员对卸船斗秤进行载荷试验，双方对检验结果签章确认。

2. 船舶作业手续的确认

船舶靠泊后，如为内贸货物，仓库应向船方索取水路货物运单、货物交接清单、货物积载图等相关单证，并向船方了解起运港装舱、隔票等情况。仓库值班检算员应对收到的单据进行核对，编制进口台账，并注明重点事项和要求。

如为外贸货物，仓库值班检算员接到船舶代理人提供的货物积载图、载货清单（舱单）后，应进行单图核对，编制进口台账，并注明重点事项和要求。

内贸货物根据"水路货物运单"，外贸货物根据"载货清单"，由仓库编制"卸船进仓通知单"，与中央控制室做好交接。

通知检验人员按规定扦取检验样品。

（1）内贸卸船散粮，港口检验人员自行在船舶作业前及作业中按规定要求扦取检验样品。将样品制成综合样品，一份检验，一份留存。样品检验主要检验水分和杂质，以便在货物出港时进行损耗比对，计算自然损耗量。

（2）外贸卸船散粮，港口检验人员应会同检验检疫部门人员一同到船上进行人工扦样，经检验检疫部门检验合格后方可卸船。在卸船作业中使用机械取样系统取样，并将规定的样品份数混合成综合样品一式三份，一份提供给检验检疫部门进行检验和封存；一份自行检验粮食水分和杂质；另一份留存。

（二）散粮卸船作业注意事项

卸船作业前，船舶业务员应组织装卸司机、装卸工组、检验人员等相关作业人员召开船前会，详细布置作业中的安全注意事项，提出明确的货运质量要求。

卸船作业中，船舶业务员应做好作业过程的监督检查，掌握卸船进度，保持船舶稳定性；若发现货物有异状，外贸货物及时通知船方（代理）、检验检疫部门，并将检验检疫部门确认的检验结果填制到相关单证中；内贸货物应及时通知船方、收货人，共同确认，编制货运记录。

中央控制室操作人员应严格按照"卸船进仓计划表"要求进行作业，关注流程系统是否正常运行。同时，与船舶业务员、流程司机、理货员、巡检人员、机械司机等卸船作业相关人员保持联络通畅。

流程巡检人员的工作重点包括以下方面：

（1）流程巡检人员在卸船作业过程中应重点对流程、翻板、插板部位进行巡检，查看是否有撒漏现象。如有撒漏必须及时处理，并做好相关记录。

（2）如玉米和非玉米货种同时卸船入仓作业的，巡检人员应对交叉作业的翻板重点关注，并及时与中央控制室操作人员沟通，保持稳定电流，提高作业效率。

（3）在卸船过程中，若因故障原因造成流程急停的，巡检人员应对所有流程从头到尾进行检查，以确认流程中是否还有粮食。如有残粮，应及时组织装卸工人清理。无论流程中是否还有残粮，巡检人员都应将流程急停的时间、原因等情况做好详细记录，以便下一班次人员再次对相关流程做好复查，避免出现混质和短量。

（三）散粮卸船交接注意事项

（1）内贸散粮卸船交接时，仓库检算人员应核对本港卸船衡重记录，无误后，方可填制"港航非集装箱货物交接清单"与船方办理交接。

（2）外贸散粮卸船交接时，仓库应核对卸船衡重记录与检验检疫部门出具的鉴重证明之间的关联性，数字符合逻辑关系后，依据鉴重证明填制"总交接证"（一式三份），连同外贸进口手续及残损相关记录一起同船方办理交接。

（3）同一船舶的散粮在两个以上港口卸货时，应重点审核本港是否完全按单证标注的内容卸货，以避免发生误卸、漏卸事故。

（4）若作业委托人提出对整票货物进行分票作业时，应由作业委托人提供书面分票申请，申请中应明确分票比例。若货物涉及第三方监管，港口应与作业委托人、第三监管方共同签订监管协议，明确各方权利义务及提货形式。同时，港口应建立监管的相关管理制度，加强内部沟通，确保监管协议的有效履行。

（5）仓库检算人员应将该船作业中发生的所有理货单据及交接单据合拢装订成单船单证，按规定期限保管。

1. 根据散粮卸货的连续性，散粮卸货机分为几类？并简述其特点。
2. 简述散粮装卸船作业。

第三节　煤炭码头卸船作业

教学目标

知识目标：

1. 掌握煤炭卸船码头的主要装卸机械。
2. 了解港口调度室在散货卸船作业中的主要工作。

能力目标：

1. 能够识别主要的煤炭卸船机械。
2. 能够根据装卸工艺方案完成散货的卸船作业。

问题导入：

煤炭卸船码头是从事煤炭卸船作业的码头，煤炭卸船作业是指煤炭通过船舶运输，进入港口码头，经卸船堆存到码厂，然后通过自航船、驳船、火车、卡车等出栈的作业。我国的煤炭产地集中于北方，而南方却人口密集，工业发达，民用和工业使用需消耗大量煤炭，因此，"北煤南运"是传统的国内水路运输重点路线，长江以南也形成了许多煤炭卸船港口。近年来，随着经济的快速增长，人民生活水平的提高，对煤炭的需求日益增加，我国已由煤炭的净出口国变成了净进口国，于是，沿海煤炭卸船港口又增加了进口煤炭船舶的卸船任务。那么煤炭是怎样进行卸船作业的？

问题分析：

具体分析见本节内容。

一、煤炭卸船码头主要装卸机械

煤炭卸船码头的装卸机械规模相对小，装卸效率相对低。在码头前沿的垂直作业，煤炭卸船码头较少使用连续式卸船机械，一般使用间歇式卸船机械。在煤炭从码头前沿向后方堆场的水平运输中，煤炭卸船码头使用的是与装船码头基本类似的以皮带输送机为主的系列设备。

1. 垂直运输机械

（1）连续式煤炭卸船机械。连续式煤炭卸船机械指可以连续方式进行卸船作业的卸船机，主要的使用形式为链斗式卸船机、螺旋式卸船机。链斗式卸船机（见图3-4）的基本原理是卸船机拥有一个链斗式卸货臂，链斗式卸货臂由绕过若干链轮的无端链条条件牵引构件，由驱动链轮通过轮齿，将圆周牵引力传递给链条，在链条上按一定间距固接着一系列料斗，通过链条的圆周运动，可将煤炭从链条有载分支的下部供入，由料斗把物料提升到上部卸料口卸出。卸船作业时，卸船机将链斗式卸货臂伸入煤炭船舶的船舱，就可以连续取料，实现连续卸船作业。

图3-4　链斗式卸船机

连续式卸船机的优点是作业效率远高于间歇式卸船机，其缺点是：

1）初始投资大，结构复杂，维修困难。

2）通常只是用于大舱口位的煤炭船舶作业，用于稍小的船舶作业很不经济。

3）难以用于清舱作业，使配置该类卸船机的码头，船舶清舱作业成为一个瓶颈。

4）粉尘与噪声大，而且难以治理。

链斗式卸船机在我国的一些港口，如上海的煤炭卸船码头等被使用。

（2）间歇式煤炭卸船机。间歇式煤炭卸船机指以煤炭抓斗取料，一个个作业周期相分隔，只能进行间歇式作业的卸船机。间歇式卸船机是我国煤炭卸船码头使用的主要机型。煤炭卸船码头使用的间歇式卸船机有以下类型。

1）通用门机。码头常用的门机是桥式起重机的一种，一般由门架结构和起运机构两部分组成。通用门机（见图3-5）的吊索可以连接各种吊具，用于装卸各类货物，包括各种件杂货，因此，通用性比较强。使用通用门机卸煤炭，码头前沿的船泊舱口边必须配备移动式漏斗，漏斗下用移动式皮带机接卸物料。门机通过抓斗从船舱取料，然后在漏斗上方释料，煤炭通过漏斗口进入皮带机，进入水平运输。由于接货漏斗在船舱外，导致门机的操作周期延长，使作业效率受到很大的影响。多用途码头一般使用通用门机卸煤炭船舶，这样可以提高码头的通用性，但会降低煤炭卸船的效率。

图 3-5　通用门机

2）带斗门机。带斗门机（见图 3-6）是通用门机的一种改进型，是在通用门机直接与码头的水平运输皮带机连接。带斗门机专用于散货卸船作业，可以有效提高作业效率，其优越性表现在以下方面：带斗门机将接料的漏斗移到了门机的门架上，这样大大缩短了门机抓斗抓料时运行的距离，能有效缩短作业周期，提高效率。带斗门机的漏斗和附带的皮带机形成一个封闭系统，在提高效率的同时，能有效解决除尘问题。带斗门机的皮带机与码头高架水平运输皮带机系统可直接连接，省去码头移动皮带机系列的工作。

图 3-6　带斗门机

与通用门机相比较，带斗门机只能用于散货装卸，使码头的通用性下降。因此，带斗门机通常只配置于专业的散货装卸船头，是我国南方沿海港口煤炭卸船码头的主力机型。

3）带斗桥吊。比带斗门机效率更高的是带斗桥吊，如图 3-7 所示。带斗桥吊的框架机构、行走机构、俯仰臂架与一般桥吊类似，而在井字式框架的外侧加一个漏斗，漏斗下配置卸料皮带机，卸料皮带机与码头高架皮带机直接连接。俯仰臂架上的行走小车的吊索接抓斗。作业时，抓斗从船舱抓取煤炭，卸在桥吊附加的漏斗中，通过皮带机水平运输到码头高架皮带机系统。带斗桥吊与带斗门机提高作业效率的原埋一致，都是可以缩短吊臂运转的距离，从而在单位时间内完成更多的操作周期。而带斗桥吊比带斗门机的负荷更大，可以使用容积更大的抓斗，效率更高。上海港某煤炭卸船码头使用的带斗桥吊，卸船作业量可达 1 250t/h。

图 3-7　带斗桥吊

4）轮胎式（履带式）起重机。移动的轮胎起重机、履带式起重机配置抓斗后，也可用于煤炭卸船作业。小型码头可以使用这类起重机进行煤炭卸船。我国煤炭在内河运输时，经常使用舱口很大的专用驳船，使用移动式起重机卸这类船舶更合适。这类船舶所停靠的内河码头，一般规模较小，也不必花大投资配置高效率的煤炭卸船机械。

（3）船吊。对于配置有船吊的小规模散货船舶，也可使用船吊卸船。使用船吊卸货，码头前沿舱口边需配置移动漏斗接货。在移动漏斗下，应排列小型移动皮带机，并与堆场的高架皮带机连接。使用船吊卸货，其效率明显低于带斗机，一般只在小型码头采用。

2．水平运输机械

（1）流动皮带机。皮带机是带式输送机的一种。带式输送机是用连续运动的无端输送带水平运输货物的机械。输送带的材质使用胶带的，称为皮带机。用于散粮、煤炭、散化肥等装卸的一般都是皮带输送机。

皮带机的结构特征：输送带既是承载货物的构件，又是传递牵引力的构件，皮带机依靠输送带与滚筒之间的摩擦力，驱动运行，进行散货的水平输送。流动皮带机是煤炭码头常用的一种皮带，长度通常在 10m 左右，有 7°～10° 的坡度。若干台流动皮带机首尾相接，可以在码头前沿连续地灵活变向，进行货物的水平输送。当码头使用船吊、通用门机、轮胎式（履带式）起重机卸船时，煤炭由抓斗进入舱口边的漏斗，在漏斗下，必须由若干台流动皮带机组合成临时的水平运输线路，将煤炭水平运输到堆场，或连接到高架皮带机，再运输到堆场。

有时码头需要将船舶卸下的煤炭通过码头内侧装驳船（一般称为里档落驳），也需要通过若干台流动皮带机首尾相接，将卸入漏斗的煤炭水平运输到驳船中。在小型煤炭码头堆场，流动皮带机有时还用于煤炭堆场的货物转堆和装卡车。

（2）高架皮带机。高架皮带机的输送部分结构与原理和流动皮带机基本相同，区别主要在于：

1）高架皮带机用水泥柱的基座承托皮带机的输送部分，而且一般没有坡度，完全是水平的。

2）高架皮带机一般较长，比流动皮带机长得多。如果是码头前沿配合装船机、卸船机的高架皮带机，长度通常与码头靠船岸线的长度一致；如果是码头堆场配合悬臂堆料机、取料机的高架皮带机，长度通常与煤炭堆场的长度一致。

高架皮带机的作用是完成煤炭在港区范围内长距离的水平运输。

（3）清舱作业机械。

1）喂料机。早年煤炭卸船码头都用人工清舱，工人的劳动强度很大，后来逐渐改为机械清舱。最早使用的清舱机械是喂料机。喂料机由两部分组成，即取料部分和抛料部分。喂料机是我国早年煤炭卸船码头技术革新的产物，结构简单、自重轻，通常不是由机械制造企业批量生产的，码头装卸企业小型机修部门就能生产。优点是能适合小型船舶和驳船的船舱内使用，只要小型码头岸机（或船吊、轮胎式起重机）就能吊装入舱。缺点是效率较低，使用的安全性需特别注意。在我国的一些小型煤炭卸船码头，尤其是一些河港，喂料机还在作为主力清舱机械使用。

2）推扒机。煤炭卸船清舱作业目前基本都使用推扒机（见图3-8）。

图 3-8　推扒机

推扒机实际上是一种小型的推土机，为履带式，便于在不平整的环境中提高对支撑面的抓取力，前面是一个可作俯仰变幅的推板。用于船舶清舱的推扒机功率较大，转弯半径小，动作灵活，以柴油内燃机为动力。它的任务是将甲板围下抓斗抓取死角的煤炭推扒到船舶舱口围，使卸船机械的抓斗可以抓取，直到把舱口四角的煤炭都推到船舱中间抓斗能抓取的位置，完成船舶的清舱。推扒机的动作主要为两个：一个是向前行驶，推板将煤炭推到舱口围中间；另一个是向后行驶，推板将煤炭扒到舱口围中间。

3）人工清舱。人工清舱的工具是铁锹和网络，工人将抓斗无法抓取的煤炭用铁锹装入煤炭网络，然后用吊车吊出船舱。这种原始的人工清舱劳动强度大、效率低，大型船舶的清舱基本已不使用。但在一些小型港口，卸一些清舱作业机械无法进入的小型船舶时仍然需要使用。

二、卸船作业

（一）煤炭卸船作业

1. 抓斗作业

煤炭码头卸船作业的第一阶段通常是抓斗作业。抓斗作业是指码头岸机或船吊使用抓斗直接抓取货物的作业。根据使用机械设备的不同，又可分为以下情况。

（1）带斗桥吊或带斗门机的抓斗作业。带斗桥吊和带斗门机自身都带有接货漏斗，接货漏斗配置的皮带机可直接与码头高架皮带机相连接，将抓斗抓取的煤炭连续水平运输到堆场，因此，船舱边不必配置接货移动漏斗，码头前沿也不必配置流动皮带机，而且带斗门机和带斗桥吊司机的视野比较好，抓斗作业时，船舶舱口边不一定要指挥手。

（2）船吊或移动起重机的抓斗作业。在没有带斗门机与带斗桥吊的小型煤炭卸船码头，只能使用船吊或码头移动起重机（轮胎式、履带式起重机）。这时，码头前沿船舱边必须设置移动漏斗，以接卸抓斗抓取的煤炭，移动漏斗下，必须排列流动皮带机，完成煤炭在码头前沿的水平运输和煤炭进入堆场的水平运输。当使用船吊或码头移动皮带机进行抓斗作业时，由于司机的视野较差，船舶舱口边必须配置指挥手，指挥吊车司机作业。接货漏斗边和移动皮带机也必须配置工人进行控制和操作。

2. 清舱作业

抓斗只能抓取船舶舱口围内的货物，船舶甲板围下的货物，是抓斗作业的盲区。现代大型散货专用船舶舱口围都比较大，抓斗作业的盲区相对较小，但仍然存在清舱作业的需要。清舱量的多少，与船型、舱口大小、煤炭品种，以及采用的卸船机械有着密切的关系。通常采用抓斗作业，清舱量可达到10%以上；而采用连续式卸船机作业，清舱量可减少5%左右。

（1）机械清舱。煤炭机械清舱使用喂料机、推扒机等，将船舱四角和边沿抓斗抓取盲区的煤炭抛投或推扒到舱口围内抓斗能够抓取的位置，由抓斗继续抓取，直到货物完全清空。用机械清舱，除机械司机外，基本不需要其他配合的工人。

（2）人工清舱。早年散货清舱作业多采用"人工—网络"方式，即通过人工使用煤锹，将煤炭等装入网络，吊出船舱，效率很低。人工清舱会降低全船的平均生产率，延长船期。人工清舱要求船舱内必须配置一定数量的工人进行清舱作业，码头船舱边必须配置移动漏斗，漏斗下必须配置流动皮带机系统，完成货物的水平运输，舱口边必须配置指挥手，因此，需要配置大量的人力，作业效率和劳动生产率都很低。

目前，在大型煤炭卸船码头，已基本不使用人工清舱。但在小型码头，处理小型船舶作业时，由于清舱机械无法进入船舱，人工清舱作业仍然不可避免。

（二）煤炭过驳作业

煤炭过驳作业是指煤炭卸船后，不进入堆场，直接装入其他船舶的作业。在物流作业组织方式上，被称为直取作业，是一种效率较高的作业方式。在我国南方沿海的主要煤炭卸船码头，卸下的煤炭经常由驳船通过内河运往使用地，因此，在这些码头过驳作业经常发生。煤炭卸船码头的过驳作业有以下类型。

1. 外档过驳

外档过驳就是驳船停靠在卸货船舶的外档（船舶的临水一侧），抓斗抓取煤炭，直接装入外档的驳船。这种过驳作业只能使用船吊进行，由于船吊操作人员无法看见外档驳船情况，因此，船舱边必须配置指挥手指挥作业。外档过驳驳船不占用码头泊位，是一种效率比较高的过驳方式。

2. 里档过驳

里档过驳就是驳船停靠在码头边与卸货船舶相邻的位置，在卸货船舶的舱口边设置移动漏斗，漏斗下设置流动皮带机，一直连接到装货驳船的船舱，将抓斗抓取的货物通过漏斗、皮带机的接卸，装入驳船舱口。这种作业方式要占有码头泊位，配置的工人数也比较多，作业效率低于外档过驳，但里档过驳可以使用岸机作业，这是强于外档过驳的地方。

3. 通过码头机械系统过驳

目前，在我国大型煤炭卸船码头，使用大型链斗式卸船机或带斗桥吊、带斗门机卸货，不可能组织上述里档过驳或外档过驳，但仍然存在大量煤炭通过驳船外运的需求，则通常形成码头机械系统，完成过驳任务。这类码头通常将泊位分成两类，如我国南方某突堤式煤炭卸船码头，最前沿的突堤水最深，用于停靠需要卸货的大型散货船舶，配置最大型链斗式卸船机和带斗桥吊。第一层突堤水较浅，用于靠泊装货的驳船，配置规模较小的煤炭装船机。卸船系统和装船系统以高架皮带机相连接，煤炭卸船后，可通过连续的水平运输，从卸船系统一直输送到装船系统，并通过装船机过驳。

📝 思考题

1. 简述煤炭连续性卸船机和间歇性卸船机的特点。
2. 简述煤炭卸船作业过程。

第四节　堆场作业

教学目标

知识目标：

1. 了解堆场作业机械。
2. 掌握散货库场管理。

技能目标：

1. 能够识别主要的堆场作业机械。
2. 能够运用库场防尘防自燃措施。

问题导入：

堆场的主要作业是物料进出堆场的堆料、取料、转堆等项作业的统称。由于物料品种、特性和堆存量是决定堆场机械和设备选取的主要因素，因而应用的机械和设备不同也会影响货物进出堆场的作业方式和堆存形式。那么我国散货堆场作业方式有哪些？

问题分析：

目前我国散货堆场作业方式主要采用双臂堆料机——坑道带式输送机系统和地面堆取料机作业系统。具体内容见本节。

一、双臂堆料机——坑道带式输送机系统方式

双臂堆料机——坑道带式输送机系统是我国长江中下游煤炭专用码头所普遍采用的一种方式，如南京浦口、芜湖裕溪口、武汉汉阳作业区三座大型内河出口煤码头堆场都曾采用过这种堆场作业工艺（见图3-9），至今仍然在使用。它是由V形坑道存仓，双臂堆料机和坑道胶带输送机所组成的系统。采用大型的V形坑道存仓，目的是使所有的物料在重力作用下自流，避免采用结构复杂的大型取料机械供料的困难，且动力消耗少。物料的进场和堆放是由双臂堆料机来完成的。这种堆料机有两个悬臂皮带机，接受纵向皮带机经机尾送来的物料，通过分叉漏斗，把物料向左或右任一方分配。由于悬臂可以俯仰和整机地移动，在一个新起堆的货位上投料时，悬臂应降下来，

以减少投放高度，避免粉尘飞扬和物料破碎，随着一个货位被物料堆满，堆料机沿着轨道移动到另一个货位，或由于物料品种不同，堆料机也要从一个货位移到另一个货位。

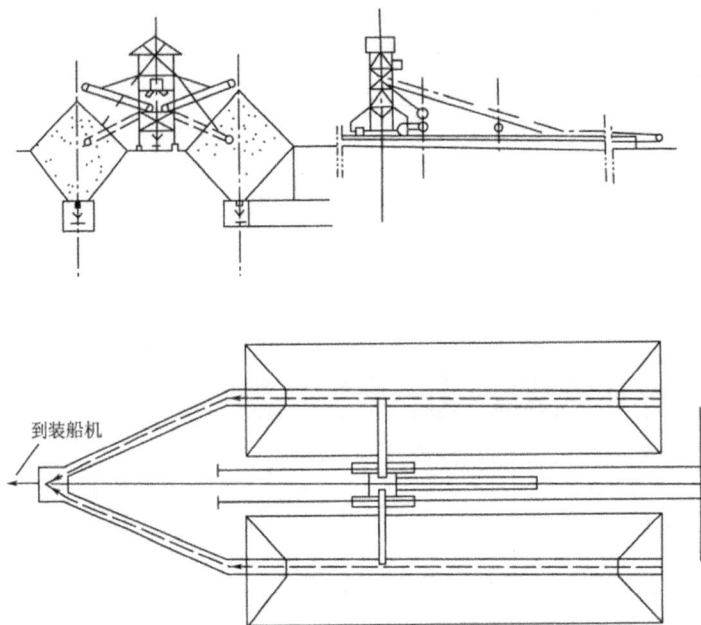

图 3-9　双臂堆料机——坑道带式输送机系统

双臂堆料机是 V 形坑道存仓的堆料机械，堆料机的尺寸参数，主要决定于悬臂皮带机投料点的位置。该位置又取决于 V 形坑道存仓堆满物料之后的断面高度和距离轨道中心的距离，以及物料抛出的距离。堆料机的轨道一般应高出地面 0.5~1.0m，轨道两边应留有 1.0~2.0m 的人行道。

双臂堆料机，结构简单，制造容易，自重轻，其堆高 5~10m，堆宽 10m 左右，堆量有限，仅在狭长地段的堆场使用，由于机尾的影响，且货堆长度小于固定送料皮带机的长度（约 20m）。

V 形坑道存仓断面决定于堆存量、堆场长度，以及容重和物料的摩擦角。V 形坑道存仓壁的倾角要能使物料从上滑下来，为此不仅角度要足够大，而且表面要光滑。

南京港 V 形存仓的尺寸是深 5m，仓壁倾角为 50°，仓底宽约 1m。存仓中心线在堆料机最大外伸距以外约 1m 处。

在保管物料品种多的情况下，存仓的断面上应加有隔壁，这样可以不使物料混杂，同时也能增加存量。

出料口分布在 V 形坑道存仓的底上，每隔一定距离布置一个，距离过大，不易将物料出清，有时加中间斜面台，但距离也不宜过大，一般在 3~6m。

出料口一般为正方形，其尺寸应保证物料易于流出，对于块状物料，出料口尺寸至少应为标准块最大直径的 3~6 倍。由于物料受潮受压，易于结实，所以出料口一定得大一些为宜，一般不小于 600mm×600mm，如南京港和裕溪口煤码头均取 1 000mm×1 000mm。

出料口的下方为漏斗闸门，常用的有扇形、颚式、板式闸门，为避免物料外溢和堵塞皮带机，要求在作业过程中闸门开度大小能自由调节以控制流量。港口坑道中的闸门数量很多，一般不用人力开关闸门。应用较多的是一种沿轨道自行移动的电动顶推闸门小车。小车有一个三角形或弧形的推举架，开度大小，由小车与闸门的相对位置决定。

闸门下为皮带机，沿坑道全长布置。坑道的宽度，除应考虑皮带机的宽度之外，在机架与坑道墙之间还应留有一定的间距，其中一边为人行道的宽度，另一边为便于检修需要的宽度。人行道宽一般为 1~1.5m，检修间距一般为 0.7~1.0m。坑道高度，应满足于人员通行和皮带机、漏斗闸门等布置的需要。此外，物料与漏斗闸门最低点应留有足够的余隙以保证物料通过。同时，还应考虑到大型机件的安装与维修的可能，以及通风、照明、排水、通信等设施的需要。一般坑道宽多在 3~4m，高多在 2.5~3.5m。

大型 V 形坑道存仓的一个严重的缺点是物料容易成拱，不能自流。为此南京港采用了压缩空气破拱的方法，效果良好。这个方法是在距离出料口上方 1m 处（通常在此处易于形成拱面），四角装上四个管口向上的管子，由一个阀门控制，当成拱时打开阀门，气流以 7kg/cm² 的力量冲击拱脚，煤即下落。采用压缩空气破拱方法需要备有空压机站和管阀等设备系统，设备比较复杂。

为了克服 V 形坑道存仓有土建工程量大，以及易于成拱等缺点，发展出一种平坑道和螺旋喂料机堆场作业的机械化系统，图 3-10 所示为该工艺布置的一个实例。

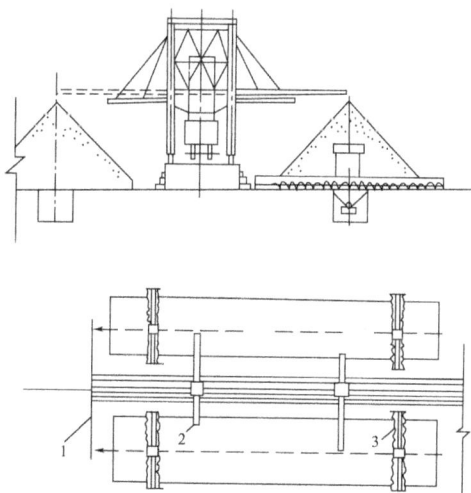

图 3-10 平坑道和螺旋喂料机堆场作业系统

注：1—皮带机；2—链斗卸车机；3—螺旋喂料机。

这个系统采用链斗卸车机和双臂堆料机相结合的物料进场堆垛方式，出场是利用物料自流和简易螺旋喂料机相结合的方式。物料堆存在地面，螺旋喂料机贴近地面沿堆场移动，由螺旋向中间坑道喂料。螺旋喂料机较推土机等投资少，修造简单，费用低。

二、堆取料机地面作业系统作业方式

地面作业系指堆场作业均在地面进行。

堆料机、斗轮取料机、斗轮堆取料机已成为露天堆场地面作业系统中应用最广泛的机械，我国近些年煤炭进出口码头地面堆场作业，主要采用这类机械设备。

采用堆取料机作为地面堆场作业机械化的主要设备，基本上有两种工艺形式：一种为堆取分设，即分别由堆料机堆料，由斗轮取料机取料；另一种为堆取合一，即堆料和取料由一台机械来完成。堆取合一的机械称为斗轮堆取料机。

（一）堆料机

地面堆场作业系统中所采用的堆料机（见图 3-11）一般为旋臂式。堆料机的机架跨在水平固定的胶带输送机上，并可在轨道上沿固定的胶带输送机移动。堆料机的尾车实际上就是固定胶带输送机的卸料小车。堆料部分是机架上伸出的堆料悬臂，臂上没有胶带输送机，悬臂可变幅和左右回转。工作时，由固定胶带输送机运来的物料通过尾车卸至悬臂上的堆料胶带输送机，然后输送到悬臂端部卸出堆放到货场上。

图 3-11　堆料机

堆料机最主要的性能参数是生产率、堆料高度和工作幅度。生产率应与送料进场的胶带输送机相适应，由此确定悬臂的带宽和带速；堆料高度和工作幅度根据堆料要求而定，是确定悬臂长度的依据。有变幅、回转机构的堆料机可调整堆料高度和堆料的位置，但变幅和回转机构都是非工作性的，其速度较低，不影响生产率。堆料机的行走、变幅和回转机构可采用一般起重机的通用结构。

（二）斗轮堆取料机

斗轮堆取料机是兼有堆料和取料两种性能的大型高效率连续式作业机械，但堆、取料作业不能同时进行。

为满足堆取料的要求，悬臂、尾部带式输送机都是可逆输送机。此外，尾车架通过挂钩机构与堆取料机相连，尾部带式输送机即主带式输送机在尾车架上的部分可用液压油缸升降。堆料时，用液压油缸将尾部带式输送机升高，如图 3-12 所示位置，使由主带式输送机运来的物料供给悬臂带式输送机堆料。取料时，先将尾车架与堆取料机脱开，并移动堆取料机，让开位置，使尾部带式输送机借助液压油缸降下，当调整到可接收悬臂输送机供料的位置时，再将堆取料机与尾车架重新钩挂衔接，进行斗轮取料作业

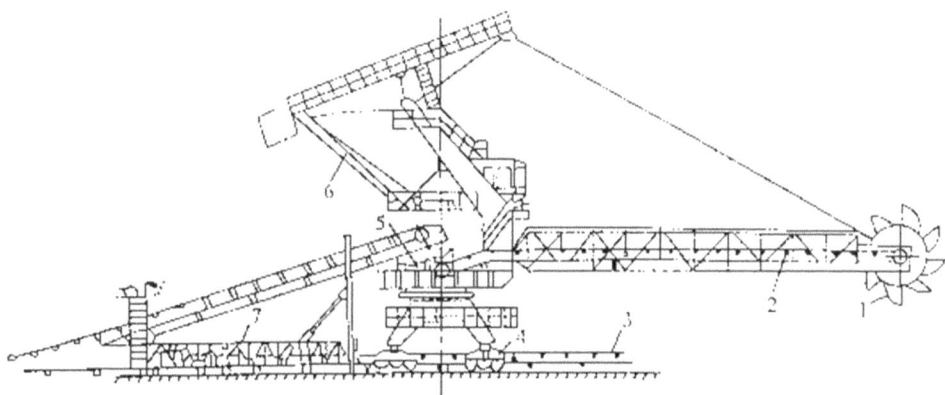

图 3-12　斗轮堆取料机作业方式（堆料状态）

注：1—取料机构；2—悬臂胶带输送机；3—主带式输送机；4—运行机构；5—回转机构；6—变幅机构；7—尾车架。

依靠斗轮堆取料机回转、变幅、行走动作的配合，可逐层或逐点地依次堆料、逐层或按阶梯形方式分层取料。

采用堆取料分开的堆场，在作业上比较灵活，物料的进场和物料的出场，可以平行独自进行，能保证卸车堆存、取料装船互不影响，尤其当作业量达到一定数量时，其设备的使用将明显得到改善。但在堆存量大的情况下，需要的机械数量多，堆场面积有效利用差。有时堆存量大，并不一定是吞吐量大，而是由于保管时间长，在这种情况下使用堆取合一的斗轮堆取料机就更为有利。采用堆、取分设时，堆料机投送下来的物料可以形成较宽的货堆，而斗轮取料机的斗轮必须达到货堆的另一边才能将堆场物料全部取出，否则会形成死角。为了增加存量，通常采用两种方法：一种方法是采用推土机来扩大堆取料机的堆取范围；另一种方法是加长堆场长度。在有条件加长堆场时，加长堆场长度的方法更为有利。

（三）门式斗轮堆取料机

门式斗轮堆取料机是在滚龙机基础上发展起来的一种新机型。它的堆、取料机构是相对独立的（见图 3-13）。堆料用的倾斜胶带输送机固定在跨越堆场的运行门架一侧的上部，其下面则有一条能正、反转的配料胶带输送机。堆料时，通过门架沿堆场的纵向运行和配料胶带输送机的横向移动及正反向输送，就可以堆出一个平顶的条形货堆。而套在水平受料胶带输送机架上移动的取料斗轮可在运行门架另一侧升降，以适应从堆场的底部或从堆场的上部分层取料，以及从堆场任意位置取料。尾车通过伸缩机构连接在主体机架上，尾车绞结的头部插入受料胶带输送机机架下的支架内，并可随滚轮及受料胶带输送机升降，当尾车的头部升高及向内缩进到极限位置时，可由取料状态转换为堆料状态。

该机型门架高、跨度大，可提高堆场堆存量，缩小占地面积，能适应较大块度散货的堆取作业，全部为机械传动，运转可靠，但结构庞大，轮压大，造价高，适用于运量大的条形堆场。

图 3-13　门式斗轮堆取料机

三、散货库场管理

1. 散货堆存形式

（1）煤炭、矿石的堆存。由于煤炭、矿石在露天环境下不会变质，故一般都采用地面堆场堆放的形式。煤炭、矿石码头的地面堆场一般为长列堆场，分布在皮带输送机的两侧，堆放场地以水泥地面最为理想，地面不宜铺垫空隙度较大的炉渣等物，以防空气由此进入堆场而增加自燃的危险。堆场的地势最好比四周稍高一些，并在场地四周设置排水沟，以保证排水的通畅，减少水量积聚。煤堆的形状以屋脊式为佳，以减少阳光照射及雨水渗入。堆煤角度控制在 40°～45°，顶部平齐。因为如果煤堆过高，一旦发生自燃，很难进行倒堆或喷水处理。故煤堆的高度一般不超过 6 米。

（2）水泥、化肥的堆存。水泥和化肥储存多采用圆形库。因为在同样的体积下，圆形库的侧面积最小，侧面积小可使水泥、化肥等与圆形库内壁的摩擦减少到最小程度，这样有利于水泥、化肥的卸出。圆形库底部的出料口可以采用螺旋输送机或者空气输送系统，卸料口的数目取决于装卸量的多少。由于物料进入圆形库以后，混合物中所含的空气最终要经除尘器过滤以后，返回大气中去，所以，在每个圆形库的顶部都有一个除尘器。其主要作用就是将空气中的水泥颗粒过滤下来，防止其进入空气中，污染环境。

（3）散粮的堆存。散粮的堆存多采用筒仓，为了尽可能多储存粮食，筒仓一般都较为高大。筒仓在装满粮食以后，其对地面的压力很大，因此，散粮筒仓对于码头的建设要求较高，投资较大。为了尽量减少输送设备的投资以及日常的消耗，筒仓应尽可能建设得靠近码头泊位。

筒仓主要由圆筒的筒体和下部圆锥形的筒底组成。下部圆锥形筒底的倾斜角要根据存放粮食的种类而定，由于粮食的自然坡度角是35°，因此，锥形底部的倾角一般大于45°，方便物料的流出。同时，筒仓的顶部和底部都设有皮带机，筒仓顶部的皮带机把粮食输送到各个筒仓的顶部，并通过卸料设备将粮食卸入筒仓。筒仓底部的皮带机可将物料输送至灌包机械或者将散粮输送到港口其他地方或者协助实现翻仓作业。

2. 散货计量

由于散货的运输批量大、装卸输送的效率高，因此，很难做出精确的计量。目前使用较多的计量方式有以下几种。

（1）水尺计量。这是通过测看船舶的水尺，计算其排水量，然后测定船用物料的重量，并结合船舶的准确图表计算散货重量的一种计量方法。这种计量方法受观测角度、观测时间、船舶常数、船舶结构及海水密度等因素的影响较大，故用这种方法计量必须进行水尺校正。现在我国港口中，使用水尺计量的较多。

（2）地磅称重。这种计量方法是利用计量精确度较高的地磅对装载煤炭的卡车进行称重，然后去除车皮的重量，得到散货重量的一种计量方法。这种计量方法不是很准确，但操作简单、实用，在实践中应用也较多。

（3）电子秤计量。这是一种连续式计量设备，它可以对煤炭、矿石进行精确计量。但是它使用压力传感器，结构复杂、难调整、易变形。所以，在散货计量当中使用较少。

3. 库场防尘防自燃

（1）煤炭和一些矿石中都含有硫，如果堆场温度过高，或堆放时间过长，会发生自燃。煤炭的自燃是一种从内部开始的闷烧，有时不容易被发现，经闷烧后的煤炭会丧失其使用价值。而含硫矿石的自燃容易引发火灾。防止自燃的主要途径是隔绝空气、水分与煤炭的接触，防止温度或水分过度积聚，为此通常采取以下措施：

1）测温。在天气炎热的时候，应对煤炭堆场的环境进行测温，可以在煤炭堆场中布置测温元件，以便及时控制煤堆的自燃。

2）喷水。煤堆旁应布置足够的水喷淋装置，以便煤堆自燃或表面温度异常上升时降温，水喷淋系统用水可采用电厂处理后的工业废水，以节约水资源。需要注意的是，采用水喷淋降温是防止煤堆自燃的下策，如果喷水量不足，可能会适得其反。

（2）散粮多存于筒仓内，由于筒仓是全封闭的，如果仓库内的粉尘浓度达到一定水平，遇到火源会立即燃烧，燃烧产生的可燃气体会对密闭的筒仓产生压力，当压力超过筒仓壁的承受能力时，筒仓就会发生爆炸。比如，广州新港散粮圆筒仓在修理斗式提升机时，割下的铁块掉落到斗式提升机底部扬起粉尘，加上切割操作产生的电火花，引爆了斗式提升机并继而导致筒仓群的爆炸。

因此，对筒仓的管理主要是防尘，通常采取的防尘措施：

1）监测粉尘浓度。在筒仓管理中，应采用一定的技术方法，加强对筒仓粉尘浓度的监测，防止粉尘爆炸事故的发生。

2）建立防尘系统。筒仓防尘系统的组成形式主要有两种：集中式和分散独立式。集中式除尘系统要求所有产尘点集中组成一组风网，所使用的设备是集中除尘器，这种除尘方式适用于对小型筒仓的除尘。分散独立式除尘系统要求每个产尘点单独配备除尘设备，所使用的设备是点式除尘器，这种形式的除尘系统适用于筒仓储运设备分散的情况。

对于除尘器所收集的散灰和颗粒，需要通过粉尘回收系统进行处理。收尘回灰气力输送系统是将系统中输料管道上的各个除尘器所收集下来的散灰和颗粒通过压缩空气吹送到集灰仓内，并定期用移动式粉尘灌包机进行灌包作业，然后将粉尘包集中运走，这样可以减少粉尘的二次污染。

另外，现在国内秦皇岛港、广州港等在散煤堆场普遍采用"抑风挡尘墙技术"防扬尘污染。挡风墙是利用空气动力学原理，按照实施现场环境风洞实验结果加工成一定几何形状、开孔率和不同孔形组合的挡风抑尘墙，使流通的空气（强风）从外通过墙体时，在墙体内侧形成上、下干扰的气流以达到外侧强风、内侧弱风，外侧小风、内侧无风的效果，从而防止粉尘的飞扬。该技术目前在国内处于领先地位。挡风抑尘墙由独立基础、钢结构支撑、挡风板三部分组成。露天存放的各种储煤场、矿石、石灰堆放等散流物料在遇到三级以上大风天气时经常粉尘满天，给周围大气环境造成严重污染。挡风抑尘技术不仅效果良好，外观漂亮，且一次投资多年受益，是目前解决散流物料扬尘污染的最佳措施。

思考题

1．简述堆场作业机械。

2．库场防尘防自燃的措施有哪些？

第五节　装卸车作业

教学目标

知识目标：

了解并掌握装卸车作业方式。

技能目标：

能够熟悉散货装卸车作业注意事项。

问题导入：

铁路车辆类型与构造，以及到港的运行组织形式，对港口装卸工艺有着重要影响。装运散货的铁路车辆主要是敞车和自卸车两大类型。敞车是一种通用型的车辆，除装散货外，还用于装运各种包装杂货，所以铁路车辆中大部分是敞车。自卸车造价高，回程不便于装运其他货物。敞车有木质车厢和钢质车厢两种，从装卸来说钢质车厢较好，因为它强度大，便于使用装卸机械。敞车的装货是从上方敞开部分装入，卸货既可以从上方敞开部分卸出，也可以从车厢侧门卸出。自卸车装货也是由上方敞开部分装入，卸货则由底开门卸出。那么怎样进行自卸车装卸呢？

问题分析：

在吞吐量大的港口，散货列车多采用专列直达，一般由30～50节车厢组成。

铁路与港口之间，对到港车辆的停留时间和车辆损坏，都有赏罚的规约，对取送车的联系制度，也有明确的规定，因此在确定装卸车工艺及效率时对此都应给予充分的考虑。具体自卸车作业见本节。

一、散货卸车作业方式

港口散货卸车作业方式，个别港口仍然有用人力铁铲卸车的，这种卸车方式劳动强度大，生产效率低，一辆车配8个人，小时效率在30～40t。用起重机抓斗卸车，由钢丝绳牵引抓斗，控制比较困难，抓斗容易倾倒，流动起重机抓斗卸车效率仅60t/h左右，尚有30%余量需要人力清底。为解决起重机抓斗卸车的困难，可使用液压抓斗起重机。

港口高效率散货卸车机械化方式主要有下列几种。

（一）翻车机卸车系统作业方式

从车辆构造来看，对于敞车，最快的卸车方法，莫过于将车辆旋转180°，将物料一次卸出。但列车到港，几十辆一列，并不能将几十辆车在同一时间内一次卸空，通常需要分解成单个车辆一辆一辆地进行翻卸。

翻车机是使铁路敞车沿平行于运行轨道的轴线翻转而自侧面倒出车箱内所载散货的一种大型的卸车机械。它具有卸车效率高、生产能力大、机械化程度高的特点。目前应用最广泛的是转子式翻车机，国产 KFJ-2A 型转子式翻车机主要性能参数如下：

最大起重量	100t
翻卸车速度	30 辆/h
转子滚圈直径	7.3m
最大旋转角	175°
旋转周期	51.3s
定位器阻抗力（液压铁靴式）	4t
定位器缓冲行程	100mm
推车器推力	250kg
推车器推车速度	0.75 m/s
推车距离	10m
压车装置行程（液压锁紧式）	975mm

形成一个有效的翻车机系统，除翻车机外，还需要相应的铁路线、空重车的调车设备，以及翻车机下方的漏斗和接运皮带机等。南京港翻车机卸车系统工艺布置如图3-14所示。

该系统采用折返式铁路线布置，并配有推车器(铁牛)和驼峰等送车和取车设施，翻车机下设漏斗、给料器、接运皮带机等。

由机车将车辆送入重车停车线1后，将第一辆车的钩销和制动闸松开，然后由人力撬动车轮，沿坡度溜下，当冲入调车绞车推车器（铁牛）2沟槽后，即用铁鞋制动，以免后退，接着开动调车绞车5，钢丝绳通过滑轮组牵引推车器，将车辆推入翻车机3内。车辆在翻车机内停妥后，开动翻车机旋转160°～175°，将物料卸出。

翻车机（见图3-15）主要由承载摇架或转子框架、定位及推车装置、压车装置和翻转机构等部分组成。当重载车辆溜入翻车机后靠液压定位器缓冲并停止，摇架或转子框架回转时，重载车先靠于托架梁上，再由压车装置将其压紧固定，当翻转卸料复原后，由推车器将空车推出，沿驼峰坡度溜下，冲入反驼峰回溜，经弹簧道岔进入空车停车线。在进入空车线时，必须由制动员控制停车位置，以免与前面的车辆相撞。

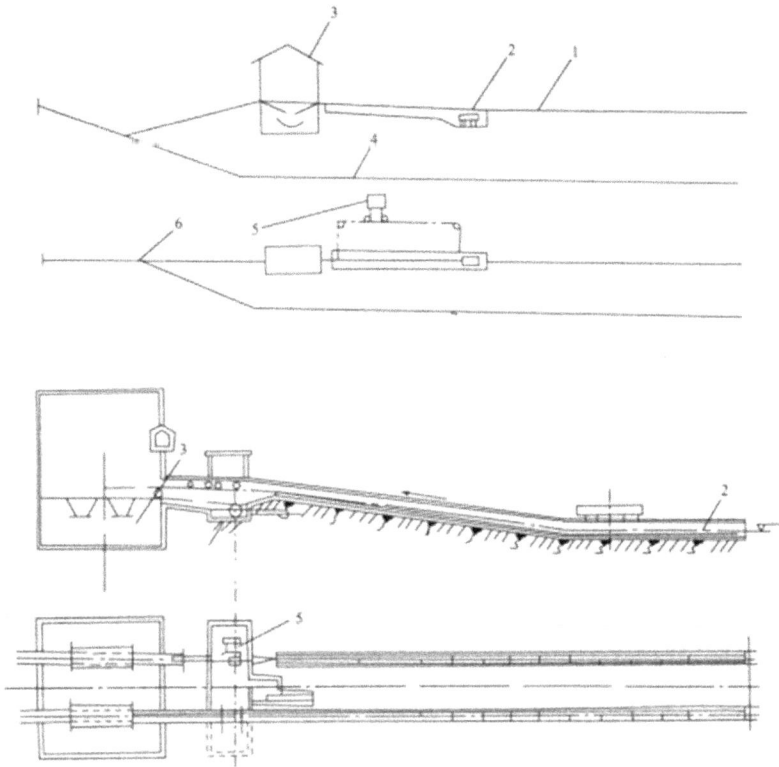

图 3-14　翻车机卸车系统工艺布置

注：1—重车停车线；2—调车绞车推车器；3—翻车机；4—空车停车线；5—调车绞车；6—弹簧道岔。

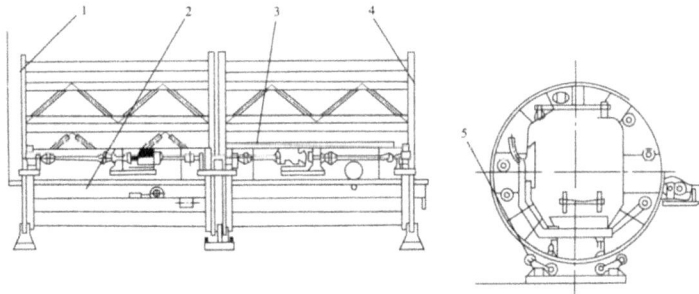

图 3-15　KFJ-2A 型转子式翻车机

注：1—转子；2—传动装置；3—平台及压车装置；4—托架梁；5—托辊装置。

回到空车停车线上的空车，还需要清扫残留在车辆内的物料，如装运的是潮湿的煤炭，剩余量可达 2~3t。

每一辆重车经上述过程后，在空车停车线上集结，经列检，由机车取回。

为保证上述工艺过程的有效进行，配套设备在构造上、规模上、效率上必须相互适应。如停车线的长度，必须适应到港列车车辆所需要的停车线长度；调车系统的效率应保证能及时地为翻车机供应车辆。

国产转子翻车机每卸一辆车的周期约需 2min，而翻卸的时间约 1min，物料从车辆中流出到卸空，仅为 20～30s。翻车机与坑道皮带机之间设有存仓漏斗闸门，起缓冲作用。存仓漏斗的容量为车辆载重量的 1.5～2 倍。

为使物料易于从存仓漏斗中卸下，可以在钢板制成的仓壁上装振动器，较有效的位置是在仓壁中心线距出料口约 1/4 的高度上。仓壁的倾斜角一般为 55°～70°。出料口尺寸从 500mm×500mm 到 1 000mm×1 000mm，上口应保证卸料时不致使物料散落于仓外。

为控制从存仓下料口流出的物料数量，可采用较简易的板式闸门。但为获得供料均匀可靠，最好采用板式（或带式）给料机。给料机安装在出料口下方，物料是直接作用在给料机上的，所以给料机要比漏斗口宽，以免物料外溢。

有的翻车机存仓上口设有栅格，以免过大的块状黏质或冻结的大块物料落于存仓内而造成堵塞。此外，还配有小型推土机，作破碎大块物料之用。

该类翻车机主要特点是结构较简单，自重轻；倾翻角度大，生产率较高；工作可靠，清扫车量少；耗电量少。但地下构筑物较深，一般达 15m 左右，土建工程量及投资大；维修工作量大；易损坏车厢等。翻车机系统一般用于年卸车量大于 500 万吨的大中型港口。本系统还有一个较大的缺点是驼峰溜车制动员上下车劳动强度大，而且不安全。除上述的南京港翻车机系统中采用的取送车方式外，我国港口在翻车机系统中已采用牵车铁牛、摘钩平台、迁车台、空车铁牛等取送车方式，作业过程如图 3-16 所示。

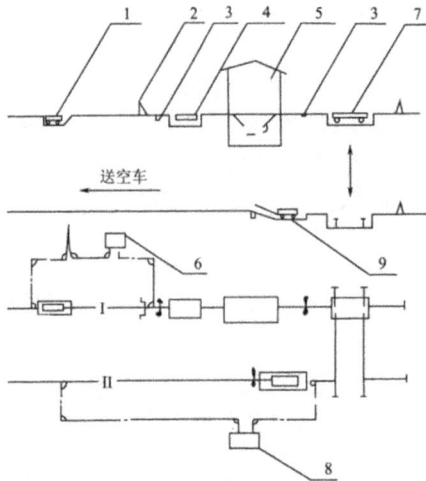

图 3-16　牵引台的布置

注：1—牵车铁牛；2—液压止挡器；3—滑轮；4—摘钩平台；5—翻车机；6—绞车；7—迁车台；8—空车铁牛绞车；9—空车铁牛。

采用这种系统重列车可以不用人力摘钩。列车由牵车铁牛 1 从最前一辆车牵引，当第一辆车进入摘钩平台 4，后面的车辆由液压止挡器 2 挡住。铁牛降下牵引臂与车钩脱开。位于摘钩平台上的车辆，在摘钩平台后端上升 0.4m，这样可以与后面车辆脱钩，同时溜入翻车机 5 内。在翻车机内有止挡器止挡定位，然后翻卸。再由机内推车器将空车推出，溜入迁车台 7，止挡定位后，由迁车台将空车迁送到空车线推出。再由空车线上空车铁车推送到空车线上，如此重复，直到一列车卸空。

用驼峰溜车的取送车方式，效率可达到 25 次/h，用摘钩平台和迁车台的取送车方式，每小时可翻卸 30 ～33 次，不仅效率高而且所用人力少，作业安全。

进一步提高翻车效率可以从缩短工作周期和提高一次翻卸货物的数量两个方面去考虑。为缩短工作周期不宜简单地用提高翻车机旋转速度的方法，因为翻车机旋转的行程很短，提高旋转速度所能节约的时间很少，而且速度过高还会发生物料飞扬到存仓外面的弊病。因此缩短工作周期应主要着眼于重车的摘钩解体和空、重车进出所占时间的节约。

为此，秦皇岛港采用了不摘钩连续卸车方式。要实现这种作业方式，需要：

（1）车辆之间的联结钩能够回转。

（2）翻车机的回转中心，应与进车线和出车线上车辆之间联结钩的回转中心线一致。

此种作业方式，效率可达 30 ～40 次/h。同时，也避免了摘挂钩作业、绞车调车作业等许多人力作业环节。

另一种提高翻车机效率的办法是采用载重量大的车辆和一次翻卸 2 个或 3 个车辆。

（二）螺旋卸车机系统作业方式

螺旋卸车机是一种简易而有效的卸车机械，基本方法是将螺旋插入物料中，当螺旋旋转时，通过螺旋斜面将物料从敞车侧边门推出。螺旋卸车机的形式主要有门式、桥式和单臂式三种，如图 3-17、图 3-18 所示。

卸货过程中车辆不动，螺旋卸车机可以用 15 ～20r/min 速度移动，当物料层下降时螺旋随着下降，螺旋的下降分两种形式：一种是垂直下降或上升；另一种是以弧形摆动完成升降。弧形摆动，可使两个螺旋处于不同高度，一次可卸两层物料，从而能减少大车行走次数。

从车辆中卸下的物料，落入轨道两边的漏斗中。由于漏斗只起集料的作用，所以容量不需很大，且可以不设闸门。漏斗不设闸门固然可以降低造价，但在使用中也有因物料突然大量流下来而将皮带机压死的缺点。

螺旋卸车机卸车线长度，需要根据每次到港列车车辆数决定，可以设一线、二线或三线，视场地条件而定。每线一般设 2 台螺旋卸车机。螺旋卸车机构造简单，投资少、效率高。

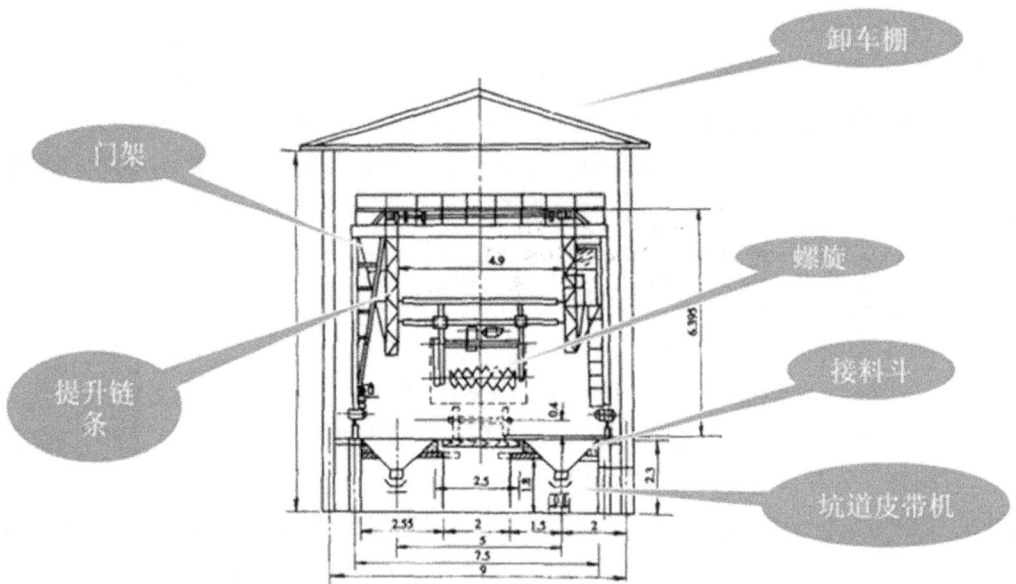

图 3-17　门式螺旋卸车机

图 3-18　桥式螺旋卸车机

此外，从其他方面来分析：

（1）对货种，特别是大块物料的适应性方面翻车机比螺旋卸车机好。

（2）防尘方面，由于翻车机布置紧凑，因此易于解决。

（3）进一步提高自动化程度方面，翻车机较螺旋卸车机易于实现。

（4）对维修保养的适应性方面，由于螺旋卸车机台数多，故而机械同时发生故障的机会少，而且维修保养较简单。

（5）翻车机对车辆的损坏率较高，有的达到 10%。

（三）链斗卸车机系统作业方式

链斗卸车机是跨在铁路线上以斗式提升机挖取物料，并通过其上部堆料的悬臂胶带输送机向铁路两侧堆料的卸车机械（见图 3-19）。其堆料的胶带输送机有平移外伸悬臂式、俯仰外伸悬臂式和跨内横移式三种类型，其中，俯仰外伸悬臂式的堆料量较大。

图 3-19　链斗卸车机

链斗卸车机的卸料装置是由两排或四排垂直提升的料斗组成的，料斗容积多为 40～45L，料斗间距为 400～500mm，料斗提升速度多在 1.0～1.5m/s，效率为 300～500t/h，料斗最低点位置离轨面为 1.2m，即靠近车厢底面，行程多为 2.5～4m，大车卸货时运行速度多为 2～2.5m/min，空车行驶时多为 12～18m/min。

由于链斗卸车机是高处卸货，所以可以不用坑道皮带机配合，将物料直接投入堆场。它可以沿卸车线长距离走行卸货，也可以定点卸货，但这时需要移动车辆，并用其他机械接运物料。

链斗卸车机作业方式的特点：把取料、运卸合为一个连续的整体，并由一台单机完成，不需任何辅助设施，不需设置地下坑道，机型单一，作业环节少，设施简单，造价低，操作易，链斗不伤车皮，设备维修简单，可以在卸车线上配置多台同时卸车，形成很高的卸车能力。其主要缺点：皮带机伸出有限，故物料一般只能堆放在铁路线两旁，作业范围不大，且堆存货物要求周转迅速，轨道两旁要经常清理，否则，易造成堵塞。另外，悬臂皮带机投料点扬尘大，链斗噪声大，易磨损，有一定的卸车余量（1～2t），需要人力清扫。

（四）底开门自卸车系统

底开门自卸车有平底式底开门自卸车和漏斗式底开门自卸车两大类，载重量多为 60t。其卸车线有许多不同的布置形式：卸车线长度，可以是 2～3 个车位的短卸车线，也可以是 20～30 个车位的长卸车线；卸车线有高出地面的和不高出的。从自卸车流出的物料如何接运是工艺布置中必须解决的问题。如用抓斗起重机把卸车线两边卸下的物料转运出去，卸车线两边的容量，必须保证第二次列车到达之前出清，所以它的断面就取决于这个卸车间隔时间内每一个车位卸车的数量。

除抓斗起重机配合卸车线外，还有用坑道皮带机接运的方式。由于底开门自卸车，卸货速度比较快,而且一般是多辆同时进行卸车,进入坑道漏斗中的物料相当集中,所以坑道漏斗必须配有闸门加以控制,均匀地供给皮带机。

当底开门自卸车停妥以后,由工人将车底门打开卸车,物料因潮湿而黏结在车厢边角上时,还需要进行清扫,然后将车底门关上。关闭车底门是一个比较费力的作业,如老式的 7 对底门结构的车厢,12 个人 1h,只能完成 25~30 个车辆关车底门的作业。

二、装车作业

目前装车机械设备有三种类型,即周期性的机械、连续性的机械及装车存仓。

周期性的装车机械主要有起重机抓斗、单斗车等。装卸车作业的方式往往决定着堆场作业的方式,故其机械的选型和工艺布置,一般宜结合堆场作业全面地综合考虑。门座起重机及桥式起重机是大型直立式码头上的主要装卸机械,一般用在有车船直取作业的码头,跨越 1~2 条铁路线。堆场上布置双线门座起重机时,除满足装卸车工艺要求外,还要求二机最大吊幅相互交叠 5m 左右。该机在装卸车作业时灵活性大,取料范围大。

装卸桥因能跨越铁路及货堆,只占用很少的道路面积,可相应提高堆场有效面积利用率,可全面承担码头的船舶、堆场和车辆的各项装卸作业,使装卸机型单一,装卸过程简单。抓斗起重机装车的主要缺点是抓斗不易对准车厢,物料易外撒,对车厢冲击大,所以效率不高。此外,由于铁路线是固定的,货堆与铁路线的距离随着作业的进行而不断变化,因此采用流动起重机、挖掘机等在作业时本身不便移动的机械很不方便。

单斗车,其铲斗可依靠液压油缸驱动而升降和倾翻,能铲取散货并进行装车、搬运、清舱等作业。其动作迅速,操作灵活,铲斗容积为 1~4m³,目前已较普遍地用于港口堆场散货装载汽车作业。

连续式散货装车机有链斗式、斗轮式、蟹耙式等多种形式,它们大都以其取料装置的形式而命名。

在装车量较大的港口,可使用高架存仓漏斗皮带机构成的装车系统。物料是由皮带机供给,并分配到各存仓中的。存仓有一定的容量,向存仓中供料及装车作业都有相对的独立性。高架存仓漏斗下可设一线、二线或三线停车线。

三、散货装卸车作业注意事项

(1)采用翻车机卸车作业方式,散货列车到达港口车站以后,须经过技术检查,查明车辆是否适于翻车机翻卸。在翻卸过程中,因其车厢要承受液压锁紧式压车装置的压力,只有钢质车厢才适合翻车机翻卸。对不适合翻卸的车辆应从列车中挑出,将适于翻卸的车辆根据货物品种和卸车次序加以编组，然后才能向翻车机停车线（重车停车线）送车。因此，采用翻车机卸车作业方式，同样需要配备螺旋卸车机系统作业方式或链斗卸车机系统作业方式或人力卸车系统作业方式。正因为如此，交通部港口机械技术政策规定，年卸车量大于 500 万吨的港口才采用翻车机卸车作业系统。

（2）某些地区冬季寒冷，在运输中由于物料含水率较高和运输时间较长而产生冻结，严重时无法进行卸车。简单的解决方法是在物料中加些防冻剂，如煤炭中加些重油；在矿石中加一定的生石灰。此外，可采取车顶盖上草席，在车底和车厢四周侧板上涂蜡等办法，这对卸车情况有一定的改善。但当因水分过多、温度过低、时间过长而冻结严重时，上述办法效果不大。为顺利卸车，应建解冻库，解冻库内加热方式，大致有以下几种：

1）热风解冻。

2）蒸汽暖管式解冻。

3）煤气或电气红外线解冻。其中效率较高的是红外线解冻方式。

解冻库应设在卸车线紧靠卸车机处，以便在解冻后，立即卸车。解冻速度应该保证卸车速度。例如，某港 1 台翻车机每周期 90s，如用载重 100t 的钢质车厢，可设 5 个车位：在第一个车位处安设 1 800kW 电红外线加热器，每个加热器为 35～45kW；第二个车位的加热器总功率可少些，为 840kW，也由 35～45kW 加热器组成；其余三个车位为缓解车位。每个车辆的解冻时间为 8min。解冻层达到 2～3cm，即可翻卸，如果翻卸下来的物料仍有冻结大块，则留在翻车机漏斗格栅上，可用小型推土机破碎。

思考题

1．简述装卸车作业方式。

2．简述装卸车作业注意事项。

3．对某一散货码头操作系统进行分析（包括定性分析和定量分析）。

第四章 | 石油码头操作

第一节 石油管理

教学目标

知识目标：

了解石油特性。

技能目标：

能够叙述石油安全操作注意事项。

问题导入：

1991 年海湾战争造成原油泄漏，油港油库被破坏流入海湾的原油达 100 多万吨，海面漂浮着一层厚厚的浮油，海水几乎掀不起浪来，只能像泥浆般涌动着，发出汩汩声；波斯湾的海鸟身上沾满了石油，无法飞行，只能在海滩和岩石上坐以待毙；其他海洋生物凭本能逃过这场灾难，鲸、海豚、海龟、虾蟹及各种鱼类都被毒死或因窒息而死，成为这场战争的最大受害者。那么从石油方面来讲造成这一巨大破坏性后果的原因是什么呢？

问题分析：

石油具有易燃、易爆、有毒等特性。

一、石油特性

石油和石油产品具有易燃烧、易爆炸、易挥发和易生静电等特性，这些特性会给储运、装卸带来危险。在实际生产中，只要熟悉和掌握了这些特性，并针对这些特性采取一些相应的安全措施，就能在石油和石油产品的储运及装卸过程中做到安全生产、文明生产、优质生产。

（一）易燃性

石油和石油产品的易燃程度可以用闪点、燃点及自燃点来衡量。闪点即在通常大气压力下和一定温度时，油品蒸发出来的油蒸气与空气混合后，与火焰接触闪出蓝色火花并立即熄灭时的最低温度。燃点即在通常大气压力下和一定温度时，油品蒸发出来的油蒸气与空气混合后，与火焰接触而着火并继续燃烧不少于 5 秒时的最低温度，燃点一般较闪点高 3℃~6℃。自燃点即在通常大气压力下，将油品加热到某温度，不用引火（不接触火焰）也能自行燃烧时的最低温度。如汽油的闪点为−50℃~+10℃、自燃点为 415℃~530℃；柴油的闪点为 80℃~120℃、自燃点为 350℃~380℃。油品的闪点、燃点、自燃点越低，越容易燃烧，火灾危险性就越大。

（二）爆炸性

油品蒸发出来的油蒸气和空气以一定的比例混合以后，即在一定浓度的范围内与火焰接触就会发生爆炸，这样的混合气体叫爆炸性气体，这个范围叫作爆炸极限。爆炸极限一般是用可燃气体在混合气体中的体积百分数来表示的。它的最低值和最高值分别叫作爆炸下限（或称低限）和爆炸上限（或称高限）。空气中所含油蒸气的量在爆炸上限和爆炸下限之间，才有爆炸的危险。如果低于爆炸下限，遇明火，既不会爆炸，也不会燃烧；高于爆炸上限，遇火种虽然不会立刻爆炸，却能燃烧，并在燃烧过程中可能突然转为爆炸。这是因为油品蒸气在空气中所占的体积百分比，由于燃烧逐渐降低而达到爆炸上限的缘故。

如汽油的爆炸下限为 1.0%、爆炸上限为 7.5%；乙炔的爆炸下限为 2.5%、爆炸上限为 80.0%。油品爆炸下限越低，爆炸极限的幅度越大，其危险性也越大。

石油及其产品是易燃、易爆物，工作中必须坚持安全质量第一的方针，严格按照国家和港口有关安全规定和安全操作规程办事，严防火花的产生，防火防爆。

（三）易挥发

石油和石油产品具有蒸发性。在通常的大气压力和气温的环境中易于蒸发的石油叫蒸发性石油，否则就叫作非蒸发性石油。按国际标准规定，凡闪点低于 60℃（闭杯）的油品，定为蒸发性石油，如汽油及绝大多数原油；闪点高于 60℃（闭杯）的油品定为非蒸发性石油，如柴油、润滑油等。掌握石油的蒸发性对安全操作有重大意义。因为石油燃烧的是其气体而不是油液本身，所以越容易蒸发的油品越危险。

石油液体的蒸发不但会引起数量减少、质量降低（蒸发部分大多数是轻质成分），而且为燃烧、爆炸提供了石油蒸气。人过多地吸入油品蒸气，会造成中毒。因此须在密闭容器（如油轮、油管、油罐车）中装卸、运输、保管时，必须在作业地点加以充分通风，以避免危及人的生命安全。

（四）易生静电

石油沿管线流动摩擦，在管壁上会集聚静电荷；石油从油管中流出冲击金属容器的某个部位，就会在容器壁、底部和油流附近集聚静电荷；石油或石油微滴飞溅与空气摩擦，也会产生静电荷；石油在油车、油船中连续振荡，在其容器的各部位也会产生不等的静电荷。

产生静电荷的多少与油品带电程度与油管内壁粗糙程度成正比，油管内壁越粗糙，油品带电就越多；油品在管道内的流速越大，流动的时间越长产生的静电荷越多，反之越少；空气的相对湿度（大气中所含水蒸气量）越大，产生的静电荷越少；油品温度越高，产生的静电荷越多。但是柴油的特性相反，温度越低，产生的静电荷越多，当静电积聚到一定电位时，会产生静电放电。这种放电的火花对聚有大量石油蒸气的作业场所来说，很容易引起石油蒸气着火或爆炸。在装卸作业场所，所有静电放电导致石油火灾的危险性很大，这一点必须充分认识，切勿掉以轻心。因此，为了防止静电积聚，油罐、油管、油泵等储油、输油设备必须有可靠的接地装置，将摩擦产生的静电导入地下。

（五）黏性

油品的流动性能叫作黏性。各种石油产品及原油的黏性是不同的，有的黏性小，容易流动，如汽油；有的不仅在低温下有很大的黏性，甚至在夏季气温较高的情况下仍是凝结的，如某些原油及不透明的石油产品。

油品黏度是表示油品流动性的指标，即表示油品黏性的大小。任何液体都有黏度，一般轻质油的黏度小，流动也快；重质油的黏度大，流动也慢。

油品黏度对储运工作有很大影响。例如，储运燃料油或原油时，黏度大则难以装卸，一般轻质油的黏度小，流动也快；重质油的黏度大，流动也慢。

油品黏度对装卸工作有很大影响。例如装卸燃料油或原油时，黏度大则难以装卸。但是，温度对油品的黏度影响很大，温度升高，油品黏度变小；温度降低，油品黏度增大。因此，在装卸的时候，要采用加热的办法以降低黏度。加热的温度越高，油品的黏度越小，流动越易，装卸也越方便。但加热过高，不仅会使大量的轻质成分被蒸发掉，影响油品质量，还会产生气阻，从而降低流速，甚至影响油泵的运转。同时，也会损伤船体。

某些高黏易凝原油及重质油品含蜡量高，黏度大，流动性受到影响，储运中普遍采用加热方法降低黏度，并对管线进行保温，防止热量散失，以利装卸，在气温低的情况下，尤为重要，一般采用高温的蒸气通入蛇形蒸气管和热管进行加温。

油品黏度的大小，常用动力黏度、运动黏度和恩氏黏度表示。

（六）毒害性

石油蒸气对人体健康很有害，因石油中毒或因吸入其蒸气而引起中毒的较多，大量吸入石油蒸气能造成中毒甚至死亡；从皮肤或黏膜渗透人体内造成中毒的较少，如含四乙基铅的汽油蒸气毒害性很大，它也可以通过皮肤接触使人中毒。

石油的毒性与其蒸发性有密切关系，易蒸发的石油比难蒸发的石油毒性大。

石油在储运过程中，如不注意，往往会发生石油溢漏事故。石油一经溢漏，流入水域，就会带来严重的后果，不仅造成大量石油漂浮在水面上，带来火灾的危险，而且严重污染水域。石油污水对生活饮水、水产养殖和农作物危害很大，应严密注意，采取有效措施来防止对水域的污染。

预防油品中毒的措施：一是减少石油蒸气和呼吸器官的接触；二是减少油品和皮肤的接触；三是培养良好的卫生习惯。

（七）膨胀性

因为绝大多数物质是热胀冷缩的，所以它们的体积会随着温度的升高或降低产生膨胀或缩小。石油及其产品受热时，体积会膨胀而增大，这种性能称为膨胀性。通常用膨胀系数来表示各种油品的胀缩性。所谓膨胀系数是指温度升高（或降低）1℃时，油品体积增大（或缩小）多少倍的意思。

液体的膨胀系数比固体的膨胀系数大得多。所以油品的膨胀性对储运工作有很大影响，当油罐装油时，应根据具体油品的膨胀系数在油罐内油面与罐顶间留出适当的富裕空间做膨胀用。否则，会因油品膨胀而发生外溢，造成油损和油污染。

因此，一切油罐不能按其总容量储存油品，即不能全部装满，必须按安全容量储存油品。油品越轻（密度越小）膨胀系数越大。

（八）纯洁性

石油及其产品要求具有高度的纯洁性，往往某一种石油产品和另一种混合时，会失去原来的特性而发生质变。所以在装卸过程中要特别注意不能让不同品种、等级的石油产品混在一起，并要保持清洁，不要让杂物混入油内。

油船及油罐车装载过某一品种的石油再换装另一种油时，要进行清洗。油库及油管在有条件的港口最好是按所装的油类专用，如不可能分类专用，在换装不同品种的油时，必须进行清洗工作。对清洗的要求根据换装的油类品种等级而定。清洗的方法一般采用蒸汽冲洗、水冲洗及人工扫除等方法。其中以蒸汽冲洗效果最好，但成本较高，一般对清洗要求条件较高的油品（如汽油、润滑油等）才采用。由工人直接进入舱（或油库及油罐车）内进行清扫工作时，要特别注意防毒工作，尤其清扫装过汽油的舱（或油库及油罐车）时要先打开阀门，把里面的汽油蒸气放掉，然后再进行清扫，必要时还要戴防毒面具和穿防毒衣服。

石油装卸区必须与工业区和居民区分开，而且应设置在港区码头的下游地方，其分开的距离应根据石油等级和港口具体条件而定。在石油装卸区内要设置专门的消防设备和配备足够数量的消防人员。在装卸及保管过程中要特别注意防火保安工作，生产人员必须严格遵守生产操作规程和有关安全条例，以确保石油装卸生产的安全和任务的完成。

二、石油安全操作注意事项

根据石油及其产品的特性，油运存在一定的危险（主要是燃、爆和毒害的危险）。为确保安全，对于油运的各个方面均制定有详尽的规章和作业规程，有关人员应严格执行。

油运安全的主要矛盾是油气可燃，油气与空气混合，在一定的浓度范围可引起爆炸。为防止油船发生燃爆事故，最关键的是控制各类火种，其次是控制油气与空气混合。此外，某些石油气具有毒性，也应有相应的防范措施。

油船及油码头作业场区严禁一切火种，包括能产生火星的一切机具。一旦遇有电暴，应停止一切作业，必须将所有油舱开口，透气桅管的旁通管全部关闭。若透气桅管口被雷击点燃后，应将透气桅管底部的蒸气进口阀打开，或直接向该桅顶喷水灭火（此时喷泡沫是无效的）。为防止静电造成危害，在可能产生静电的部位均应有导线接地。

除严防火种外，控制气体状态也是确保安全的重要方面。油船作业时，气体状态不加控制是危险的，而提供惰性状态则可基本控制危险。

油气有毒，对于长期从事油运的人员应防止中毒事故，特别是须深入油舱做各种紧急检修时，一定要有足够的防毒措施。

🔍 知识拓展：石油及其产品相关公约和法规

1. 《经 1978 年议定书修正的 1973 年国际防止船舶造成污染公约》（《MARPOL 73/78》）——附则 I：防止油污规则

附则 I 同《MARPOL 73/78》同时于 1983 年 10 月 2 日生效。附则 I 主要针对防止和控制油污提出船舶结构、设备的要求及操作排放污水的规定。

2. 《中华人民共和国海洋环境保护法》

这是我国于 1982 年 8 月 23 日制定通过并实施，1999 年重新修订通过，于 2000 年 4 月 1 日实施的关于我国海洋环境保护的一个综合性法规。

3.《中华人民共和国防止船舶污染海域管理条例》

为贯彻实施 1982 年制定的《中华人民共和国海洋环境保护法》，防止船舶污染海域，维护海域生态环境而特别制定的，于 1983 年 12 月 29 日颁布实施。

4.《船舶载运散装油类安全与防污染监督管理办法》

为保障油船和油码头安全，防止水域污染，由中华人民共和国海事局制定，于 1999 年 7 月 1 日起施行。

另外，国际上还制定了一些操作指南，如《油船安全手册》、《国际油船和泊码头安全作业指南》，对油船的安全操作具有很好的指导意义。

思考题

1. 简述石油特性。
2. 石油安全操作注意事项有哪些？

第二节　石油装卸机械与工艺

教学目标

知识目标：

1. 了解石油装卸码头组成。
2. 熟悉石油装卸工艺。

技能目标：

1. 能够识别石油的装卸设备。
2. 能够叙述油品装卸工艺流程。

问题导入：

液化石油气的装卸，根据其输送方式的不同，装卸的方法也不同。

由炼油厂通过管路直接输送到储配站的液化石油气，可利用管道的压力压入储罐。用罐车运输液化石油气时，可根据具体情况，采用不同的装卸方法进行。

那么石油是怎样装卸的呢？

问题分析:

具体内容见本节介绍。

一、石油装卸码头组成

(一)石油码头前沿

由于石油经常使用管道进行全封闭的装卸和水平运输,使用人力较少,不需要使用件杂货码头和散货码头经常使用的拖车、皮带输送机等水平运输机械,码头前沿也不需要大型岸机,不需要铺设铁轨,所以石油码头经常采用栈桥式结构。

所谓栈桥式码头(又称突堤式)是指从岸壁建造栈桥伸入水中,栈桥与岸壁垂直。栈桥延伸到水中,达到一定的水深后,再建造一条或若干条与岸壁平行的栈桥。船舶就沿与岸壁平行的栈桥靠泊。

栈桥式码头优点:

(1)降低造价。海岸或河岸边水都比较浅,达不到船舶靠泊所需的深度,所以在建造码头的岸壁时,需要在离岸较远的地方打桩,建造码头前沿,然后在中间填土,形成可以安装码头岸机、行驶装卸车辆、铺设铁轨的宽敞的位置。而栈桥式码头,就省去了填土的工程,避开水浅的岸边,直接伸到水深足够的地方,形成泊位,可以大大降低造价。但这样做存在一个明显的问题,就是栈桥肯定相当狭窄,如用作件杂货码头、集装箱码头,水平运输的车辆显然缺乏通道,从船舶卸下的货物,无法运到场地去。铁路的轨道也无法铺设到前沿,不能进行便捷的水铁联运。由于只需要管道进行水平运输,液体货码头不需要拖车,也不需要门机、桥吊等大型岸机,栈桥式码头就非常合适。栈桥上只需要铺设石油管道和人行道,因此码头的造价可大大降低。

(2)增加船舶的泊位。顺岸式码头只有一侧能靠船,而栈桥式码头的栈桥两侧都可以靠船,这样,同样规模的码头,泊位数量可以增加。

根据同样的道理,散货码头也有采用栈桥式结构的,方法是在栈桥上建造皮带输送机,只需很窄的宽度就可以。

(二)石油码头库场

石油码头库场由若干大型油罐组成,周围配置一些辅助设施和疏运的通道。有些石油码头直接通过管道输入或输出石油等,码头库场相当于管道运输的一个中间站,只需配置一些加热、加压的设备、设施,连储存用的油罐都不需要。

石油是易燃、易爆的危险货物,所以在石油码头库场,必须配备完整的消防设备、设施。

二、石油装卸工艺

（一）石油储存设备

由于许多油罐组成的储油库是油港的重要组成部分，在那里大量的油品按种类分别储存在不同的油罐内。在满足消防要求的前提下，储油库至码头距离应尽可能近些，油罐之间的距离要尽可能小些。

在实际工作中，一个码头的油罐数不宜少于两座，以适应倒罐、检修等生产上的需要。油罐有以下一些分类。

（1）从建筑形式上分为有地下式、半地下式、地上式油罐。

1）地下式指油罐内最高液面低于地面标高 0.2 米的油罐。

2）半地下式指油罐底埋入地下深度不小于罐高的一半，且罐内的液面不高于附近地面最低标高 2 米的油罐。

3）地上式指油罐底高于地面，以及油罐的埋入深度小于其高度的一半。

（2）从结构形式上分为拱顶油罐及浮顶油罐。

金属油罐有拱顶油罐（见图 4-1）、浮顶油罐（见图 4-2）、球形罐及卧罐等。拱顶油罐被广泛用来储存除液化气以外的各种原料油、成品油等。浮顶油罐可以大大减少油品呼吸损耗，可用于防水、防尘等要求不严格的轻质易挥发的各类油品，尤其在油罐容量大的情况下。

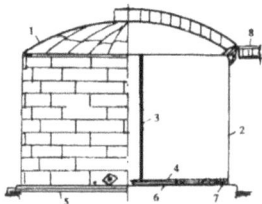

图 4-1　拱顶油罐

注：1—拱顶板；2—侧板；3—液位计；4—加热管；5—地面管道；6—底板；7—导形板；8—阶梯。

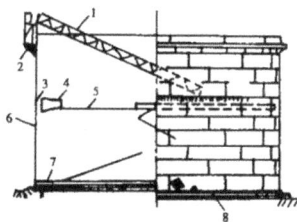

图 4-2　浮顶油罐

注：1—活动梯；2—旋转阶梯；3—密封装置；4—浮筒；5—浮动罐顶；6—侧板；7—加热管；8—地面管道。

（二）石油的装卸设备

石油的装卸设备主要包括油泵、管线及附加设备、输油臂等。

（1）油泵。油泵指油品装卸用泵，对于要求排量较大、扬程较低的油品装卸，多采用离心泵。装卸黏度较大的油品时，也可使用往复泵。

（2）管线及附加设备。石油装卸码头的管线包括油管线、气管线（如压缩空气管线、真空管线）、水管线（冷水、热水管线）等，其中主要为油管线。

油管线是联系泵房、油罐、油码头及铁路的装卸线，是输油的主要设备。为了使油品在输送过程中不冷凝和温降不过大，油管须采用伴热措施。伴热保温常有蒸汽管伴热或电加热，目前国内较多采用蒸汽管伴热。蒸汽管伴热有内伴热、外伴热和外伴随三种。

1）蒸汽管内伴热。蒸汽管内伴热是在油管内部通一蒸汽管，其优点是热效率高；缺点是施工维修困难。蒸汽管支撑在油管内部，油品管线摩阻增大。同时由于两种管子内解质温度不同，热伸长量也不一致，故在蒸汽管弯头处及引出油管的焊缝处，常因裂纹而发生漏油现象。为克服上述缺点，通常在蒸汽管伸出处的油管上接一短管，使蒸汽管的焊口全部露出外面，这样也便于蒸汽管的伸缩。

2）蒸汽管外伴热。蒸汽管外伴热是在油管外套有蒸汽管，其优点是传热面大，热效率较高；缺点是耗用钢材较多。

3）蒸汽管外伴随。蒸汽管外伴随是在油管外部伴随一根或多根蒸汽管，一起包扎在同一保温层内，其优点是便于施工检修，也不会发生油、汽混窜的问题，但传热效率与内伴热和外伴热相比则较低。

除了对油管线采用伴热措施外，为了减少热损失还必须对管线进行保温。油管线常用的保温材料有玻璃棉毡、矿渣棉毡及蛭石等。重油管线常采用蒸汽外伴随管，保温形状不一，较难采用预制块，用玻璃棉毡或矿渣棉毡在现场捆扎比较方便；如果重油管线采用蒸汽内、外伴热时，则可用蛭石预制块进行保温。保温层外面应加保护壳。

管线受温度变化的影响会发生胀缩现象，为了避免损坏管线，对地面敷设的热油、热水、蒸汽管线应每隔一定距离加补偿器，并在管线两端加固定支墩，补偿器的间距根据所用补偿器的补偿能力而定。补偿器的种类有波纹管补偿器及门形、O形、厂形、Z形、弯管等补偿器。油码头上常用的是门形补偿器，厂形及Z形常用于自然弯管补偿。

（3）输油臂。输油臂是装卸油品时，连接船舶和储油罐的活动油管。输油臂能作俯仰和旋转运动，臂上油管装有活动接头的钢管，管直径 200～300 毫米，如图 4-3 所示。输油臂具有安全可靠、省力、使用年限长、效率高、维修费用低、有利于油港自动化等特点。

图 4-3　输油臂

（三）石油装卸方式

港口石油的装卸包括石油的装船、卸船和装车、卸车等作业。

1．油轮装卸

（1）靠码头直接装卸。油轮靠泊在码头泊位，通过输油臂直接进行装卸。目前我国大部分石油码头均采用这种方式装卸。

（2）通过水下管道装卸。油轮不靠码头，系泊在海面浮筒上，通过海底铺设的管线进行油品装卸。这一装卸方式有单点系泊、多点系泊和岛式码头等作业方式。

（3）水上直接装卸。油轮不靠岸，在海上通过船—船直接装卸，或船—驳直接装卸。海上大量石油运输是用专用油船来进行的，油船都备有高效率的油泵。10万吨级油船的自卸油时间为12~22小时，5万吨级油船为10~17小时，所以可以很方便地通过船上的油泵进行船—船过驳。

2．油罐车装卸

（1）装车方式。目前我国人部分铁路轻油罐车采用鹤管上装为主。罐装方法有泵装和自流装车。自流装车是在有条件的地方，利用地形高差自流罐装。

（2）卸车方式。

1）原油及重油卸车。原油和重油卸车方式有密闭自流下卸方式、敞开自流下卸方式与泵抽下卸方式等。

- 密闭自流下卸流程：油罐车→下卸鹤管→汇油管→导油管→零位罐→油泵→油罐。
- 敞开自流下卸流程：油罐车→卸油槽→集油沟（或导油管）→零位罐→油泵→油罐。
- 泵抽下卸流程：油罐车→下卸鹤管→集油管→导油管→卸油泵→油罐。

2）轻油卸车。轻油卸车均为上卸，需设卸油台，上卸的方式分为虹吸自流卸油和泵抽卸油两种。

- 虹吸自流上卸：当油罐位于比油罐车更低的位置时，可利用卸油竖管作为虹吸管，将油罐车中的油品卸入油罐中，虹吸管中的负压由真空泵来形成。
- 泵抽上卸：当油罐车的位置无法使油品自流入油罐时，可采用泵抽卸油。

（四）油品装卸工艺流程

油港原油和成品油装卸一般有下列几种主要工艺流程，设计时应根据具体条件予以考虑。设计时可先画出方框图，然后根据方框图画出流程图。

1. 装船流程

装船的来油情况可分为卸油罐车、远距离输管线来油等不同情况。输油管线来油又可分为先进油罐、再装船和直接装船等不同情况，来油有时还需进行加热。情况不同，工艺流程有区别。油品装船流程如图 4-4 所示。

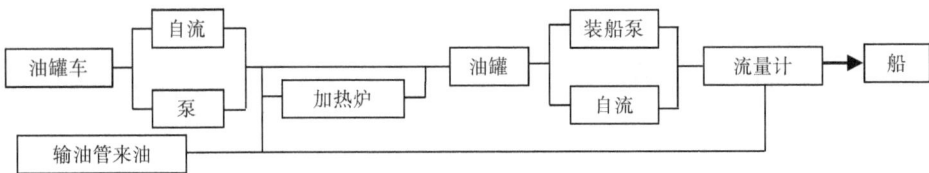

图 4-4 油品装船流程

2. 卸船流程

卸船一般用船上油泵进行，根据油品是否进油罐，以及去向是装油罐车还是进炼油车间等情况，组成不同的工艺流程，如图 4-5 所示。

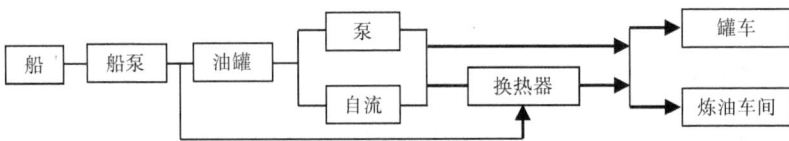

图 4-5 油品卸船流程

3. 循环流程

石油码头建成后，在正式投产前一般要进行试运转，将油品在油品码头内打循环，检查各环节运转是否良好。油品码头投产后，为避免原油在油管内凝固，在不进行船舶装卸作业时，通常也须保持码头油库及油管内原油不断循环流动。油品循环流程如图 4-6 所示。

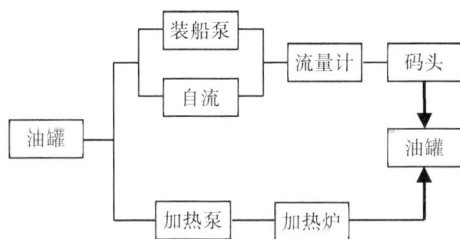

图 4-6　油品循环流程

4. 倒罐流程

在石油码头经营管理中，有时需要将某一油罐的剩油供到另一油罐中去，称为倒罐，其作业流程如图 4-7 所示。

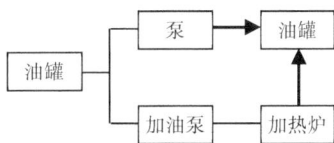

图 4-7　油品倒罐流程

5. 反输流程

在长距离输管线来油的情况下，为了在码头油罐和输油管道末站之间打通循环，以及通过末站计量罐为外输油品计量，需要实施反输流程，如图 4-8 所示。

图 4-8　油品反输流程

思考题

1. 简述石油装卸码头的组成。
2. 石油的装卸设备有哪些？
3. 简述油品装卸工艺流程。

第三节　石油装卸船操作

教学目标

知识目标：

了解并掌握石油装卸船操作方式。

技能目标：

能够叙述石油装卸注意事项。

问题导入：

石油主要由以烷烃、环烷烃和芳香烃为主的烃类及含 S、N、O 的非烃类化合物构成，石油在常温常压下小分子烷烃呈气体，中等的呈液体，大分子的呈固体。为了便于运输和储存，对于小分子烷烃气体，利用气体的临界温度低、临界压力小的特性，经常温加压或冷却两个途径使气体从气态变为液态，使液化气的大宗水上运输成为可能。液化气装卸作业安全的关键所在是防泄漏和防火防静电，而究其根本是防泄漏，在整个运输和装卸过程中，如果没有液化气的泄漏就不会有危险气体氛围，也就不会有燃烧、爆炸、腐蚀及对人员的伤害等一系列液化气的危险特性的表现，当然也不会造成对大气的污染。

为了保证液化气的安全运输，各国主管机关都制定了严格的技术规范标准，在船体结构和船舶设备方面加强要求，国际海事组织也制定了规则标准，如 IGC code 和 GC code。为了防止和减少液化气一旦泄漏后造成的危害，船岸要排除一切火源，杜绝静电的产生，同时在易于产生泄漏的部位和液化气易于积聚的封闭场所加强对危害气体的探测。

那么如何安全装卸油船？

问题分析：

具体分析见本节内容。

一、石油装卸船操作方式的选择

现代油港，油船装卸方式可分为靠码头直接装卸、通过海上泊地装卸和水上直接装卸三种。

1．靠码头直接装卸

目前我国大部分油码头均采用这种方式。码头前沿安装数台输油臂，连接油轮与码头上的油管，石油装船作业用岸上油泵或自流方法进行。卸船作业的管路连接方法与装船时相同。接管时必须先装接地电缆，装卸油完毕后先拆软管，后拆接地线，以防静电火花引起失火爆炸。

2．通过海上泊地装卸

海上泊地可理解为在离开陆域距离较大、水深地点设置的靠船设施，主要服务于大型油轮的装卸。油船的海上泊地，按其构造形式及输油管方式分为4种。

（1）靠船墩方式：将具有靠岸机能的设施（靠船墩）、具有系船机能的设施（系船墩）、具有装卸机能的设施（装卸栈桥）等各自独立地设置，以系泊船舶，通过输油臂进行装卸作业。输油管方式采用海上或海底油管。

（2）栈桥方式：为上述独立设施的全部或一部分由栈桥承担的方式。输油管方式主要采用海上油管。

（3）单点系泊方式：油船的船首系在一个浮筒上的方式。随着风、潮流的变化，油轮可绕浮筒作360°自由回转，具有代表性的IM-ODCO浮筒，其名称来自发明此种浮筒的公司 International Marine and Oil Development Cor.（瑞典）的字头缩写。此方式是用一根或数根水下软管将海底油管接至浮筒；浮筒与油船的集合管之间则用海上软管相接。

（4）多点系泊方式：将油轮的船首与船尾用数个浮筒保持在一定方向的系泊方式。海底输油管与油船的集合管由一根或数根软管相接。

单点系泊方式和多点系泊方式的输油管方式均采用海底油管。按软管体系可分为常设浮标方式、水下方式和浮沉方式。

常设浮标方式多用在单点系泊方式中，如图4-9所示，连接在浮筒上的软管经常是漂浮在海上的，当进行装卸作业时将软管的前端吊起，再与油船的集合管相接。如系泊位置距离陆域较近时，也用于多点系泊方式中。

水下方式仅用于多点系泊方式中，如图4-10所示。连接在海底油管上的软管在不进行装卸作业时将其沉入海底，装卸时提起软管的前端与油船的集合管相连接。

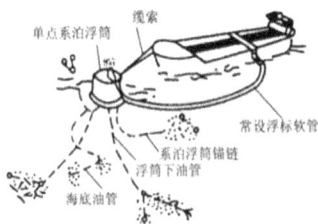

图4-9　常设浮标方式　　　　　　图4-10　水下方式

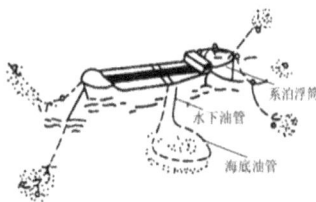

浮沉方式可用于单点系泊，也可用于多点系泊，如图 4-11 所示。在不装卸作业时将与浮筒或海底油管相连接的软管沉入海底，装卸作业时使其浮出水面，吊起前端与油船集合管相连接。各种软管体系的特征如表 4-1 所示。

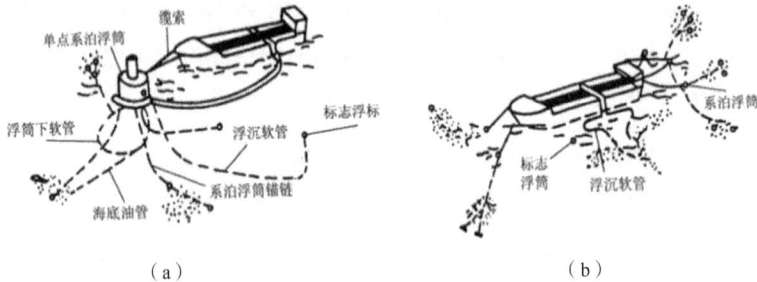

（a）　　　　　　　　　　　　　　　　（b）

图 4-11　浮沉方式

表 4-1　各种软管体系的特征

软管体系	特　征
常设浮标方式	1. 装卸中，油船的摆动也引起软管在海面摆动，故不能拖在海底，然而又由于经常浮在海面上，故会暴露在恶劣的海况和气象条件之下 2. 在船舶往来频繁的地方易发生故障 3. 为使软管浮在水面上，要设有浮子，软管体系的造价较高
水下方式	1. 水深、潮流等当地条件优越时，设计比较简单并且造价也较低 2. 当软管不使用时，可以沉入海底，故对软管的损伤较小，对其他船舶的航行无影响 3. 装卸结束后，将软管沉入海底时，因被吊起的部分较长，如操作错误，易引起软管的弯折
浮沉方式	1. 能弥补常设浮标方式及水下方式的缺点，适合船舶航行频繁的港湾状况 2. 需要有浮沉装置，故软管体系的造价较高

从构造形式看，栈桥方式可认为靠船墩方式的变型，除非在特殊的使用条件下，很少用于超大型油船。另外，多点系泊是在单点系泊尚未得到发展，而靠船墩方式的各种缺点尚未得到解决的阶段中，作为权宜之计采用的。它有靠船墩和单点系泊两者的缺点，故对超大型油船今后将逐渐减少。

作为海上泊地的构造形式，事实上仍限于采用靠船墩和单点系泊两种形式，但从占有优先的地位而言，虽然随规划地点的条件、规划规模而不同，特殊情况除外，一般来说，今后靠船墩方式仍将占有优先的地位。

3．水上直接装卸

如船⇆船直接装卸，船⇆驳直接装卸。

海上石油运输大量是由专用油船来进行的，油船都备有高效率的油泵。现在国外油船每小时装油或卸油能力多选用油船载重量的 1/10 或稍多，如载重吨位为 6 万吨级的油船，每小时卸油 6 500m³；载重吨位为 20 万吨级的油船，每小时卸油 15 000m³。我国 24 000t 级油船的自卸时间平均为 16.5h。我国石油装船一般用设在岸上的油泵，如 10 万吨级油船装油用 4 台油泵，每台生产率为 3 000m³/h，用 10 个多小时可装满。装原油、重油及轻油多用离心泵，所装重油的流量较小时，也有用沽塞泵的，装卸润滑油用齿轮泵。

二、油船压舱污水的处理

保护和改善环境是关系到国计民生、子孙后代的大事。随着海上石油运输不断增加，同时也带来了石油运输对海洋的污染问题。为了防止油船压舱水对水域的污染，必须要对压舱污水进行处理。

1. 必须处理的污水

空载油船外出装油时，为了保证航行时船舶的稳定性，必须在油舱内充水压载，多数压舱水重量约为所装油重量的 30%。到装油港后，必须用船泵将压舱水排到岸上污水处理场进行处理。从油轮排出的压舱水，含油 2～5 克/升，还有泥沙等杂质。含油压舱水如果在水域中任意排放，将造成严重污染。另外，油港在生产过程中产生的含油污水，如油罐脱水、油罐加热器排出的冷凝水、泵房和阀室的积水、污水处理场本身在生产过程中所产生的含油污水以及油罐区和铁路装卸区的雨水等，都应排至污水处理场，处理后再行排放。

2. 油污水处理方法

处理含油污水的方法，一般有物理法、化学法和生物法多种。

（1）物理处理法。物理处理法种类很多，常用的有利用比重差使油水分离，也有利用气泡吸附油珠上浮的布气法和利用离心作用使油水分离的方法，以及利用吸附过滤作用使油水分离的过滤法。

（2）化学处理法。化学处理法是利用加凝聚剂（界面活性剂）生成絮状物吸附油珠，使油水分离。通常采用的有浮选池和混凝沉淀池两种。

（3）生物处理法。生物处理法主要是利用微生物的作用分解油，有活性去污染法（又称曝气法）等。

含油污水的处理方法和工艺流程的选择，主要取决于含油污水的性质和排放标准的规定。原油压舱水的含油量虽然在 2‰～5‰，但其中绝大部分是浮上油和分散油，乳化油很少，在目前国家规定的 10 毫克/升的排放标准下，一般采用物理方法就能够达到。

3. 压舱污水处理场设计中应注意的问题

（1）压舱水的处理方法，根据污水的水质和排放标准，首先采用物理处理法。一般物理处理法简单易行、管理方便、运营费用低，且不产生二次污染。

（2）在设计压舱水处理工艺流程中，尽量采用重力流，避免压力流。因为使用泵会加剧油水的乳化，特别是含油量较大的污水。

（3）处理压舱水关键的一环是首先隔出大块油和粒径较大的油珠，以利于以后的处理。

（4）压舱水处理场应尽量靠近码头、管线路，不仅压舱水排得快，且能减轻乳化程度，降低投资和处理费用。

三、石油装卸注意事项

油轮（油驳）是运输散装石油及其他液体货物的专用船（驳），机舱一般采用尾机型。为减少自由液面对稳性的影响，货舱由多个纵向、横向油密舱壁分隔成许多舱间，各油舱均由管路连通起来。为适应油品的特性，船上设有输油管系和油泵间、货油加热系统、甲板洒水系统、通气系统、灭火系统、洗舱系统和惰性气体系统。由于油轮积载、装卸等环节与一般干货船有所不同，应掌握其特点，以利安全。

1．装油前的准备工作

（1）油轮靠泊后，应用电阻较小的铜线把船体和陆岸地线连接起来，以导出静电。

（2）排净压载水。在更换装油品种时，应在装油前作好油舱及管系的清洗工作。清洗油舱及排水时应遵照我国及国际防止船舶造成污染的条例和公约（MAPPOL）进行。

（3）对所有闸门阀、阀门杆进行全开全关检查，特别要检查通海阀是否关紧，避免装船时海水进入船舱或货油流出。装多种货油时，应重点检查分隔舱的腰节阀，避免发生混油。

（4）安装好输油软管。连接船岸的输油管应有足够的长度，以适应船舶的升降和可能产生的移动。

（5）打开装油舱的量孔盖，罩上防火网，以便排气和观察舱内进油情况。

（6）白天挂好装卸危险品的信号旗，晚上打开装卸危险品的信号灯。

2．装船

（1）航次任务确定以后应制订油船积载计划，包括各种货油的分舱装载方案、装油步骤、注意事项及安全措施等。确定各舱的装油重量和分配及顺序时，应考虑以下因素：

1）船舶装载时，凡装油的油舱在留足膨胀余量的前提下，均应尽量装满，以减少自由液面对船舶稳性的影响。

2）船舶满载且舱容有富余时，一般应在船中处留出空舱（注意不能过于集中），以减少船舶中垂弯曲。

3）根据船舶航行时对吃水的要求，可留少量油舱不装满，以调节船舶的吃水差。

4）装船的顺序从强度和吃水差的要求出发，大致上是先装中部货舱，以减少中拱，再装前部货舱使船尾吃水有所减少，然后再均匀装载。通常每艘油船均有合理的货油配置、装卸顺序方案以及空航时的压载方案，可供参考。

（2）装油一般使用岸上油泵，开始时要慢，经检查确认货油已正常流入指定油舱并无漏油现象时，方可逐渐提高装油速度。装油的全过程舱面观察口不能离人，经常测定装油进度、压力，以便及时做好装下一舱的准备。

（3）装船时各舱均应留有足够的膨胀裕位，以免发生溢油及胀坏船体等事故。

（4）全船装油完毕，根据油舱空挡测量记录算出本航次实际装油数量，核对岸方交油数量，办理好交接手续。为油品质量交接的需要，装油时要以适当方法选取货油样品加以封存。船装完油品后，应立即加盖密封，除原油外，石油成品油还应加铅封。

（5）装完油后，首先应切断管线的气密开关，然后拆除软管并应防止管内油的溅出，最后是拆除地线，待接到港方的货油单证后，即可起航。

3．卸油

（1）油轮靠泊后，接好地线、软管。卸油时一般使用船上的油泵。

（2）卸油前应会同岸上有关人员测量各油舱的空当、温度和比重并计算油量，选取货油样品进行质量分析，计算油量和样品分析未结束，不准卸油。

（3）按顺序卸油并做好清舱工作，卸油结束后，观测油脚数量及提出处理方法。

（4）卸油过程中应注意调整岸缆绳及显示装卸危险品信号，做好防火、防爆、防溢、防混、降温（或加热）、防毒及防污染等工作。

4．防火、防爆、防毒工作

（1）油船必须具有船舶检验部门签发的足以证明油船的布置、结构和设备均符合安全要求的检验合格证书或入级证书和相应的安全证书，才能投入营运。油船必须执行交通部颁布的《油船安全生产管理规则》。

（2）凡进入作业现场的人员，禁止携带引火、引爆物品，禁止在作业区内吸烟；禁止穿戴钉鞋；在装卸现场作业的人员不得穿着和更换尼龙、化纤服装；禁止使用明火照明、煮饭、取暖；不得在油船甲板上放置、使用聚焦的玻璃制品（蒸馏水瓶、放大镜、老花眼镜等）。

（3）在装卸、压载、洗舱、除气时，禁止下列作业：一切电焊、气焊等明火作业；使用明火炉灶；敲铲铁锈；无线电发报；蓄电池充电；用电扇通风等。

（4）防止摩擦和碰击发生火花。油轮严禁使用钢丝缆绳；使用工具要轻拿轻放、谨慎操作；船上吊运物品时，必须停止装卸油品，关阀封舱；两船并靠装卸作业时，要加垫足够的软靠把；甲板上和泵间应使用有色金属工具或铜皮包裹工具；开闭油舱盖时，应轻、缓、稳，防止撞击；对可移动的物件要绑扎牢固。

（5）在靠近油舱、泵间、油漆间、蓄电池间、输油管存放所、主甲板等处时，禁止使用非防爆式灯具和可能产生电火花的电气设备。不准在避雷针、防爆灯、电灯泡上涂漆。一切电气设备要保证绝缘。

（6）防止易燃物品燃烧。受潮或带油污的擦拭材料（棉纱头）要存放在封闭的铁盒内；船用易燃品（如香蕉水、油漆、松香水、汽油等）必须指定专人集中在危险品室内保存；禁止在电气设备或蒸气管、排气管、炉舱上烘烤衣服及其他易燃物品；禁止用汽油及其他一级油制品清洗机件。

（7）排除可燃气体，防止油气燃烧或爆炸。油气经常积压在低处，需良好的通风才能排出。未经洗舱、排气、测爆和确认没有可燃气体时，不能在甲板和舱内进行电、气焊等明火作业。船载货油，或油已卸空但舱内仍有可燃气体时，应按规定悬挂危险信号。在系泊和装卸作业时，还应显示慢车信号。

（8）杜绝任何油品与高温管系、电缆接触。船上洒漏的残油和污油要立即擦拭干净。

（9）严禁与油船无关的船舶系靠一起，系靠船舶的烟囱不得冒火星，也不准有任何明火。遇有雷电、烟囱冒火或附近有火警危及安全时，应立即停止作业。

（10）装卸石油产品时，应把靠近油舱的船员房间的门窗关好，防止油气进入舱室，引起中毒及火灾。

（11）工作人员接拆油管、测量油面高度时，必须带好防护口罩，因特殊情况需要进入未除气舱室时，必须使用安全索和呼吸器，确定联系信号，备妥急救器材，每次工作时间不得超过 30min，并派人在舱口看守；当人员进入曾注入蒸汽、惰性气体或其他缺氧的舱室时，应先充分通风除气，确认无害时才能进入。

（12）装卸完毕后，要将软管、输油臂内的油除净，关紧油管阀门，加盖封舱，办完正常手续后，无特殊情况要及时离泊。

思考题

1．简述石油装卸方式。

2．石油装卸注意事项有哪些？

知识拓展

一、《国际危规》和《国内危规》

据统计，目前世界海上运输的危险货物品种总数在 6 万～20 万种，由于新的化工品（危险品）不断出现，并通过水路进行运输，因危险货物而导致的事故不断出现，造成了作业人员伤亡、船货灭失及海洋的污染，已引起了有关方面的高度关注。为了保护切身的利益和航运安全，不少国家和地区制定了自己的危险货物管理办法和规定，对安全和环保起了很大的作用。但由于不同国家和地区的地理环境、政治经济等方面的差异，所制定的管理办法和规定也就有很多的差异，这就不可避免地对危险货物的运输和从事危险货物工作的人员造成了诸多障碍和困难。在这种情况下，产生了《国际海运危险货物规则》（International Maritime Dangerous Goods Code），简称《国际危规》（IMDG Code），也是港口装卸企业进行危险货物装卸作业的依据。

1996 年我国《水路包装危险货物运输规则》（新版《国内危规》）开始实施。新版《国内危规》与《国际危规》更为接近，特别是在危险货物的分类问题上，改变了过去的分类方法，基本与《国际危规》接轨。目前我国港口危险货物一、二级收费依据，就是按照新版《国内危规》的危险品划分执行的。

多年来，《国际危规》和《国内危规》一直在我国港口危险货物运输装卸管理上起着很重要的指导作用，特别是《港口危险货物管理规定》的颁布实施，促进港口危险货物管理更加规范。

二、危险货物分类

在货物运输装卸中，凡是具有爆炸、易燃、毒害、腐蚀、放射性等特性，在运输、装卸和储存过程中能引起人的伤亡和财产毁损而需特别防护的货物，均属危险货物。《国际危规》将危险货物分为 9 大类 20 小项。

（一）第一类——爆炸品

1. 爆炸品定义

爆炸品指固体或液体（或混合物），能通过本身的化学反应产生气体，其温度、压力和速度能对周围环境造成破坏（不放出气体的烟火物质也在内）；或者指烟火物质，由一种或几种物质形成的混合物，可能产生热、光、声、气体，或所有这一切的结合，能对周围环境造成破坏。

2. 爆炸品的分类

1.1 类是具有整体爆炸危险的爆炸品。

1.2 类是具有抛射危险，但没有整体爆炸危险的爆炸品。

1.3 类是具有燃烧、较小爆炸或较小抛射危险，或兼有两种危险，但无整体爆炸危险（产生相当辐射热或相继燃烧产生较小爆炸或较小抛射或兼有两种危险）的爆炸品。

1.4 类是无重大危险的（运输中万一点燃引爆仅限于包件本身）的爆炸品。

1.5 类是有整体爆炸危险，但极不敏感（正常运输中点燃引爆可能性极小）的爆炸品。

1.6 类是没有整体爆炸危险的极不敏感的爆炸品。

（二）第二类——气体

1. 气体定义

气体指在 50℃时，其蒸气压力大于 300kPa，或在标准大气压 101kPa、温度 20℃时完全处于气态的危险品，包括压缩气体、液化气体、冷冻液化气体、溶解气体、气体混合物、充气物品、烟雾剂，以及一种或多种气体与其他类别的一种或多种物质的蒸气的混合物。

2. 气体分类

2.1 类是易燃气体。

2.2 类是非易燃、无毒气体（具有窒息性、氧化性）。

2.3 类是有毒气体：指对人类有毒，或有腐蚀性的气体。

（三）第三类——易燃液体

易燃液体指在闭杯实验 61℃（包括 61℃）以下时，能放出易燃蒸气的液体或液体混合物，或含有处于溶液中或悬浮状态的固体或液体（如油漆）。本类还包括液态退敏的爆炸品。

（四）第四类——易燃固体、易自燃物质和遇水放出易燃气体的物质

4.1 类易燃固体是指易于燃烧和经摩擦可能起火的固体，包括纤维、粉末、颗粒或糊状物质。

4.2 类易自燃物质是指即使数量很少，与空气接触后 5 分钟之内即可着火的物质（引火物质），以及在不供能量的情况下与空气接触易于自行发热的物质（自热物质），该类物质须在数量大、时间长的情况下，才会发生着火。

4.3 类遇水放出易燃气体的物质是指与水相互作用，易于自燃或放出危险易燃气体的物质。

（五）第五类——氧化物质和有机过氧化物

5.1 类氧化物质是指本身未必燃烧，常因放出氧气引起或促使其他物质燃烧的物质。氧化剂与可燃物质的混合物，如与面粉、糖、油等的混合物，都是危险的。在某些情况下因碰撞或摩擦都可导致燃爆，与酸类物质接触会反应，放出毒气。本类物质包括固体和液体。

5.2 类有机过氧化物是指常温或高温下易于分解，受热或接触杂质（遇酸、胺类）、摩擦或碰撞能引发分解放出易燃气体、有毒气体或蒸气的物质。有的会爆炸性分解，尤其是在封闭的情况下。其分解速率随温度的提高而增大，并随其组成的不同而变化。通常通过添加稀释剂或适当包装，可缓解其危险性。

根据危险程度，有机过氧化物可分为 A～G 七种类型。凡经包装运输会引起迅速燃爆的，为 A 类，应禁止此类物质经包装按 5.2 类运输。但 B、C、D、E、F 类可按 5.2 类运输，G 可免除按 5.2 类运输。有些有机过氧化物的特性，要求运输须温控和退敏的，应按有关规定执行。

（六）第六类——有毒物质和感染性物质

6.1 类有毒物质是指吞咽、吸入或皮肤接触易造成人员伤亡的物质。

6.2 类感染性物质是指已知或有理由认为含有病原体的物质，会使人或动物感染疾病的微生物。如被认为有害的生物制品、诊断样品、医学标本、基因重组的生物和微生物，以及医疗等部门的废弃物。

（七）第七类——放射性物质

放射性物质（Radioactive Material）指活性浓度和总活度都超过基本的放射性核素值规定数值的任何含有放射性核素的物质（用于诊断治疗的、作为运输方式中不可分割部分的、消费产品中认可的、天然的其活性浓度不超过规定的物质，可不作为第七类放射性物质对待）。

（八）第八类——腐蚀品

腐蚀品指通过化学反应能严重伤害与之接触的生物组织的物质。

（九）第九类——杂类危险货物和物品

杂类危险货物包括以下情况：

（1）具有危险性、但未列入其他类别的物质。

（2）运输或准备交付运输的温度等于或超过 100℃时仍为液态、温度等于或超过 240℃时仍为固态或液态的物质。

（3）海洋污染物和废弃物。

三、危险货物品名编号、包装和标志

（一）危险货物品名、编号

1. 危险货物品名编号的组成

危险货物品名编号由五位阿拉伯数字组成，表明危险货物所属的类别、项号和顺序号。危险货物类别、项号和顺序号根据 GB 6944—86《危险货物分类和品名编号》以及 GB 1268—90《危险货物品名表》中的类别项号、品名、标号确定。

2. 危险货物品名编号的表示方法

危险货物编号的表示方法如下：

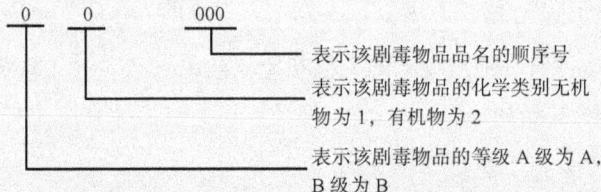

0　0　000
- 表示该剧毒物品品名的顺序号
- 表示该剧毒物品的化学类别无机物为1，有机物为2
- 表示该剧毒物品的等级 A 级为 A，B 级为 B

每一危险货物应指定一个编号，但对性质基本相同、运输条件和灭火、急救方法相同的危险货物，也可使用同一编号。例如，品名为煤气的编号为 GBNo.23023，表明该危险货物为第 2 类第 3 项有毒气体（顺序号为 023）。

（二）危险货物包装类型及标志

1. 危险货物包装类型

危险货物运输包装，除第 2 类、第 7 类危险货物所用的包装另有规定外，其他的各类危险货物包装，根据其危险程度不同，可分为三个等级：

（1）Ⅰ类包装物——适用于内装危险性较大的货物。

（2）Ⅱ类包装物——适用于内装危险性中等的货物。

（3）Ⅲ类包装物——适用于内装危险性较小的货物。

2. 包装标记

凡通过性能试验合格的包装，均应标注持久清晰的标记，以示证明。例如，X——用于Ⅰ类包装；Y——用于Ⅱ类包装；Z——用于Ⅲ类包装。

（三）危险货物运输包装标志

1. 标志的种类及式样

（1）危险货物标志种类。根据危险货物的危险性质和类别，危险货物运输包装标志可分为主标志和副标志。主标志为表示危险货物危险特性的图案、文字说明、底色和危险货物类别号四个部分组成的菱形标志。副标志与主标志的区别在于没有危险货物类别号。当某一危险货物具有两种或两种以上危险性时，需同时采用主标志和副标志。

主标志和副标志的图案力求简单明了，并能准确地表示危险货物所具有的危险性质。

（2）危险货物标志式样。危险货物包装标志的底色尽量与所表示货物的危险性相对应。我国危险货物包装标志中的文字一般采用中文。考虑到外贸运输的需要，也可采用中外文对照或外文形式，外文一般采用英文。

2. 危险货物包装标志的尺寸

危险货物包装标志的尺寸一般不得小于 100mm×100mm；集装箱和可移动罐柜上危险货物包装标志的尺寸一般不得小于 250mm×250mm。

3. 危险货物包装标志的材质和粘贴

危险货物包装标志的材质和粘贴应满足运输的要求。根据国际海事组织的规定，危险货物包装标志要求在海水中浸泡三个月后不脱落，图案文字仍清晰。考虑到我国实际情况，作为最低标准，危险货物包装标志要求在储运期间不脱落、不褪色、图案文字仍清晰。

4. 危险货物包装标志的标用方法

凡向运输部门托运的危险货物，每个包装件上都必须粘贴《国际危规》所规定的相应的危险货物包装标志。危险货物包装标志粘贴的位置：

（1）箱状包装：应位于包装两端或两侧的明显处。

（2）袋状包装：应位于包装明点的一面。

（3）桶状包装：应位于桶盖或桶身。

（4）集装箱应位于箱的四侧。

（四）危险货物的隔离

各类危险货物相互之间的隔离，按照危险货物隔离表的要求，分为四个级别：隔离1至隔离4，即远离、隔离、用一整个舱室或货舱隔离和用介于中间的整个舱室或货舱作纵向隔离。危险货物隔离要求如下：

隔离1：指远离。

隔离2：指隔离。舱内积载时，应装在不同的货舱内。

隔离3：指用整个舱室或货舱隔离。

隔离4：指用一个介于中间的整个舱室或货舱作纵向隔离。

危险货物与食品的隔离要求应做到：腐蚀性物质及有害物质（海洋污染物）与食品应远离；有毒物质及放射性物品与食品及其原料应隔离；所有感染性物质的积载应与食品用整舱或货舱隔离。

四、危险货物装卸管理

（一）装卸危险货物前的准备工作

在装卸危险货物前，先要做好以下准备工作：

（1）明确所需装卸的危险货物的性质、积载位置及应采取的安全措施，并应申请监装，取得适装证书。

（2）将审签的货物积载图交当地相关法定管理机关进行审定。

（3）保证待装的船舶舱室清洁、干燥和水密。

（4）在装卸危险货物的现场，备妥有关的消防设备，并使其处于随时可使用状态。

（5）如为夜间作业，现场应搁好足够的照明设备。如装卸的是易燃、易爆危险货物，必须使用防爆式或封闭式安全照明设备，严禁使用任何不安全灯具。

（6）起卸放射性物品或能放出易燃、易爆、有毒气体的危险货物前，应进行充分的通风。采取防止摩擦产生火花的措施，现场须经有关部门检测后，才能开始卸货作业。

（二）装卸危险货物的注意事项

危险货物的装卸工作应尽可能安排在专用作业场地进行，应严格按货物积载图装货，即执行装卸危险货物的注意事项，加强监装监卸，注意装卸安全。要注意以下事项：

（1）装卸危险货物作业时，现场要悬挂规定的灯号或标志。

（2）现场应有专人值班，并进行监装监卸工作，坚守岗位，落实各项安全措施。

（3）装卸危险货物时，监装人员应逐件检查货物包装及标志，对存在破、漏、渗的包件的危险货物，应拒装。

（4）严格按积载图装卸，严格执行各项危险货物装卸的注意事项。

（5）装卸危险货物时应使用适当的机具。在装卸易燃、易爆、剧毒、腐蚀及放射性危险货物时，装卸机具应按额定负荷降低 25%使用。在装卸易燃或爆炸品时禁止使用容易产生火花的工具。

（6）装卸危险货物时应采取正确的作业方法，小心谨慎地操作，平稳吊落货物，轻拿轻放，严禁撞击、摩擦、拖拉、滑跌、抛掷、坠落、翻滚、挖井等野蛮作业。应保持货物包装完好，严禁超高堆装，堆码整齐牢固。货物的桶盖、瓶口应朝上，禁止倒置、倒放。

（7）对性质不同的危险货物，应选用相应的铺垫隔衬材料进行衬垫、遮盖、绑扎和加固。

（8）起卸包装破漏的危险货物时，现场应严禁明火，有关人员应站在上风处，对包装破损严重的危险货物要进行必要的修理和清洁工作，以避免危险货物的大量渗漏，但必须十分注意人员安全，并根据应急措施表及医疗急救指南采取相应的措施。

（9）在装卸爆炸品或烈性易燃品时，船舶不得进行能产生火花的检修工作和烤铲油漆等作业。

（10）装卸危险货物过程中，遇有闪电、雷击、雨雪天或附近发生火警时，应立即停止装卸作业。

（11）现场停装停卸时，应关闭照明设备及电源。

（三）气体危险货物作业注意要点

（1）在进行有毒或剧毒气体危险货物作业时，作业场所应备有防毒面具。在进行易燃气体作业时，作业现场应备有灭火器材。

（2）夏季进行气体危险货物作业时，操作现场要有遮阳设施，要防止在日光曝晒和高温下作业。

（3）作业现场所使用的工具或机械设备，应不致产生火花。操作人员应严禁戴着沾有油污的手套及使用沾有油污的工具。

（4）作业时，操作人员不能手握盛装有气体危险货物的钢瓶上端的安全帽，严禁抛掷、碰撞、滚滑危险货物钢瓶。应注意检查钢瓶的安全帽是否拧紧，保护圈是否齐全，检测有无漏气和异味。

（四）易燃液体危险货物作业注意要点

（1）进行易燃液体危险货物作业时，应检查作业现场是否备好相应的灭火器材。

（2）闪点低于 23℃的易燃液体危险货物的作业现场，应选择在遮阳的地方，防止日光曝晒，避免在高温下作业。

（3）进行易燃危险货物作业的人员不得随身携带火种，夜间作业时，应使用防爆型照明灯具。

（4）使用内燃叉车装卸易燃液体危险货物时，内燃机排烟管应装有防火装置，并降低负荷能力 25%使用。作业人员作业时，应使用不致产生电火花的工具，地面固定用的钉子不能外露。

（5）作业时应注意检查容器有无膨胀现象，容器的焊接缝处有无渗漏的渍迹，桶盖有无松动。

（6）盛装易燃危险货物的容器不能完全装满，要根据航行中可能遇到的最高温度，留有足够的膨胀余位。

（五）易燃固体危险货物作业注意要点

（1）对于易燃固体危险货物中对撞击、摩擦较敏感的货物，装集装箱时箱壁的四周应使用木板或胶合板进行有效的隔离和固定。在进行叉车作业时，要轻搬轻放，防止摩擦、撞击。

（2）对于有温度控制要求的易燃固体危险货物，应按该货物的具体要求，在现场配置监测和控制温度的装置。

（3）进行电石、黄磷、金属钙等装集装箱作业时，如发现容器膨胀、破裂，应更换容器，有问题的容器未经处理或放气前，不要搬运、晃动，更不能装入集装箱内。

（4）有湿气、水渍及污染现象的包件，不能装入船舱或集装箱内。潮湿的集装箱禁止用于装易燃固体危险货物。

（六）氧化物和有机过氧化物作业注意要点

（1）所使用的集装箱和船舱内部应清洁干燥，没有油污，不得留有任何酸类、煤炭、木屑、硫化物及粉状可燃物质的残余。

（2）作业前应认真检查包件是否完好，桶盖有无松动，关闭环是否卡紧，外表有无裂痕。

（3）作业人员应戴防护手套，必要时需戴口罩和穿防护服。

（4）作业现场切忌高热的物质，作业时应有遮阳设施，避免阳光直晒。

（5）作业时所使用的机具应与货物的性质相适应，叉车的排烟管应有防火装置。

（6）有机过氧化物应在《国际危规》规定的条件下装集装箱，应考虑到整个水路运输航程的情况变化进行装运。

（7）使用温控集装箱装运氧化物和有机过氧化物时，应注意检查集装箱的温控设备是否处于良好状态。

（七）有毒危险货物作业注意要点

（1）有毒危险货物作业时，禁止对货物进行肩扛、背负、冲撞、摔碰、翻滚等操作，货物搬运要平稳，轻拿轻放，防止包装破损。

（2）作业人员搬运一般毒品时，应穿工作服，戴口罩、手套。搬运挥发性液体有毒物质时，应系胶质围裙，穿胶靴，戴防护眼镜和防护帽，外露皮肤应涂上防护药膏。搬运剧毒物质时，必须戴防毒面具。

（3）进行剧毒危险品作业时，应远离生活区，防止有毒气体或粉尘进入生活区。

（4）忌湿、晒的有毒危险品作业时，应避免雨、雪天作业，防止日晒。

（5）散落在作业场地上的有毒物质，应用锯末吸干净，并注意及时清除。

（八）腐蚀性危险货物作业注意要点

（1）搬运腐蚀性物质时，操作人员应穿工作服、戴手套，防止皮肤接触货物。

（2）如腐蚀性物质使用玻璃或陶瓷容器等盛装，应检查容器封口是否完好、有无渗漏，装箱时对该类容器应采取有效的紧固措施。

（3）腐蚀性危险货物装集装箱时，要注意货物堆码不能超过积载实验允许的高度。

五、危险货物装卸应急处置技术

在各类危险货物进行装卸的过程中，如发生危险情况，必须采用合理的方式进行处置。

（一）爆炸品应急处置

1. 爆炸品装卸现场需配备的专用应急器材

防护服（手套、靴子、防火工作服、带护镜的头盔）、自给式空气呼吸器、防火花软底鞋、软刷和塑料簸箕。

2. 泄漏应急行动

扫除或收拾起这些危险物品，如物品仍然完整但出现损害，应将其隔离，并寻求指示。应保持泄漏爆炸物的湿润，如可行，应使用软刷和塑料簸箕收集泄漏爆炸物，以便将泄漏物和污染了的设备安全地转移处置。

3. 火灾（爆炸）应急行动

如爆炸物包件没有直接卷入火中，要尽量防止火触及爆炸物。通常的做法是保持包件湿润，在尽可能远离的地方用水射流将火隔开。如实际可行，应尽快转移可能卷入火中的爆炸物包件。如火触及爆炸物，应立即放弃处置，并将人员迅速撤离该区域。

（二）压缩气体应急处置（包括易燃或非易燃、有毒或无毒、有腐蚀性、氧化剂）

1. 装卸现场需配备的专用应急器材

防护服（手套、靴子、连体工作服、安全帽）、自给式空气呼吸器、喷雾水枪。

2. 泄漏应急行动

如实际可行，应尽快阻止泄漏。

3. 火灾（爆炸）应急行动

在尽可能远的地方使用水雾、泡沫或干粉灭火。用大量的水使相邻的容器保持冷却。迅速将未受损坏、经冷却的危险货物包件转移到安全地点。

（三）冷冻液化气体应急处置（包括易燃的、有毒的、有腐蚀性的气体）

1. 装卸现场需配备的专用应急器材

适合的防护服（手套、靴子、连体工作服、安全帽）、自给式空气呼吸器、喷雾水枪。

2. 泄漏应急行动

如实际可行，应采取措施阻止泄漏，在尽可能远的地方用水射流以加速蒸发，不要将其喷于泄漏物上。要保证水流方向不将液体推向应急救援人群，或靠近火源或与其交界的区域。不要将水射流直接喷射在泄漏排放的裂口处。

3. 火灾（爆炸）应急行动

应使用大量的水从尽可能远的地方冷却环境和相邻的容器，在可能的情况下迅速将未受损坏、经冷却的包件转移到安全地点。

（四）易燃液体应急处置（包括有毒的、腐蚀性的、与水反应的液体）

1. 装卸现场需配备的专用应急器材

防护服（手套、靴子、连体工作服、安全帽）、自给式空气呼吸器、喷雾水枪。

2. 泄漏应急行动

如在室内泄露，应进行充分通风；应及时用沙土覆盖或用松软的材料吸附易燃液体，集中收集后移到空旷安全处销毁。急救时应防止液体流入下水道、河流造成污染，或引起火灾、爆炸。

3. 火灾（爆炸）应急行动

应使用干粉灭火，或其他非水灭火装置灭火。在条件允许的情况下，应迅速转移可能卷入火中的其他易燃液体容器。

（五）易燃固体应急处置

1. 装卸现场需配备的专用应急器材

防护服（手套、靴子、连体工作服、安全帽）、自给式空气呼吸器、喷雾水枪、惰性材料。

2. 泄漏应急行动

如实际可行，应收集起泄漏物，并重新包装。

3. 火灾（爆炸）应急行动

用水冷却物品和包件，并在可能时将其转移，应使用雾状水，不得使用水射流。

（六）易自燃物质应急处置

1. 装卸现场需配备的专用应急器材

防护服（手套、靴子、连体工作服、安全帽）、自给式空气呼吸器、喷雾水枪、惰性材料。

2. 泄漏应急行动

易自燃物质泄漏会导致火灾，应使用惰性材料收集，使其窒息；应迅速将未损坏的容器转移到安全地带。

3. 火灾（爆炸）应急行动

在尽可能远的地方用消防管喷射水雾。

（七）氧化物应急处置

1. 装卸现场需配备的专用应急器材

防护服（手套、靴子、连体工作服、安全帽）、自给式空气呼吸器、喷雾水枪、惰性材料。

2. 泄漏应急行动

根据货物特性，使用惰性材料收集泄漏物，不得使用木屑或其他易燃材料作为吸收物，收集后放在适当地点观察，确认不会发生意外，再入库存放。

3. 火灾（爆炸）应急行动

在尽可能远的地方使用大量的水喷射，迅速转移可能卷入火中的容器，或用大量水对其他容器进行冷却。

（八）过氧化物应急处置

1. 装卸现场需配备的专用应急器材

防护手套、靴子、护目镜、自给式空气呼吸器、喷雾水枪。

2. 泄漏应急行动

如实际可行，应迅速阻止泄漏。

3. 火灾（爆炸）应急行动

在尽可能远的地方用雾状水灭火，避免使用水射流。火灾扑灭后，应当仍然保持对火场的监视，并尽可能与容器制造商联系，取得支持。

（九）有毒液体应急处置

1. 装卸现场需配备的专用应急器材

防护服（手套、靴子、连体工作服、安全帽）、自给式空气呼吸器、喷雾水枪、惰性材料。

2. 泄漏应急行动

如实际可行，应使用吸收材料收集泄漏物。如泄漏发生在封闭区域，应立即进行通风。

3. 火灾（爆炸）应急行动

用大量水或其他方法灭火，对可能卷入火中的容器应使用大量水进行冷却。

（十）有毒固体应急处置

1. 装卸现场需配备的专用应急器材

全套防护服（手套、靴子、连体工作服、安全帽、护目镜）、自给式空气呼吸器、喷雾水枪。

2. 泄漏应急行动

如实际可行，应收集泄漏物，以便安全处置。

3. 火灾（爆炸）应急行动

用大量水或其他方法灭火，对可能卷入火中的容器，应使用大量水冷却。

（十一）熔融的有毒物质应急处置

1. 装卸现场需配备的专用应急器材

防护服（手套、靴子、连体工作服、安全帽）、自给式空气呼吸器、喷雾水枪、惰性材料。

2. 泄漏应急行动

隔开热源，让其凝固，可能的话堵住泄漏。如实际可行，收集泄漏物，以便安全处置。

3. 火灾（爆炸）应急行动

使用大量水或其他灭火剂灭火。

（十二）腐蚀性物质应急处置

1. 装卸现场需配备的专用应急器材

防护服（手套、靴子、连体工作服、安全帽）、自给式空气呼吸器、喷雾水枪。

2. 泄漏应急行动

根据货物的酸碱性，用稀酸或稀碱中和。

3. 火灾（爆炸）应急行动

使用水雾或水射流，保持临近容器的冷却。如有可能，迅速转移可能卷入水中的容器。

附录 A 集装箱货运托运单

集装箱货物托运单（货主留底）（B/N）

场站收据十联单 第一联

SHIPPER				D/R NO.		抬头
CONSIGNEE				集装箱货物托运单		
NOTIFY PARTY				船代留底		第一联
PRE-CARRIAGE BY XXXX PLACE OF RECEIPT						
OCEAN VESSEL VOY.NO. PORT OF LOADING						
PORT OF DISCHARGE PLACE OF DELIVERY				FINAL DESTINATION FOR THE MERCHANT'S RETER-ENCE		
CONTAINER NO.	SEAL NO.	NO.OF CONTAINERS OR PKGS	Kind of packages: DESCRIPTION OF GOODS	GROSS WEIGHT	MEASUREMENT	
TOTAL NUMBER OF CONTAINERS OR PACKAGES（IN WORDS）						
FREIGHT & CHARGES	REVENUE TONS	RATE	PRE	PREPAID	COLLECT	
EX.RATE	PREPAID AT	PAYABLE AT	PLACE OF ISSUE			
	TOTAL PREPAID	NO. OF ORIGINAL B/L THREE				
SERVICE TYPE ON RECEIVE	SERVICE TYPE ON DELIVERY	REETER TEMPERATURE REQUIRED	F	C		
TYPE OF GOODS	ORDINARY，REETER，DANGEROUS，AUTO	危险品	CLASS: PROPERTY:			
	LIQUID，LIVE ANIMAL，BULK		IMDG CODE PAGE: UN NO.			
可否转船	可否分批					

续表

装期		效期		
金额：				
制单日期：				

集装箱货物托运单（船代留底）（B/N）

场站收据十联单　第二联

SHIPPER		D/R NO.		抬头
CONSIGNEE		集装箱货物托运单		
NOTIFY PARTY		船代留底		第二联
PRE-CARRIAGE BY XXXX PLACE OF RECEIPT				
OCEAN VESSEL VOY.NO. PORT OF LOADING				
PORT OF DISCHARGE PLACE OF DELIVERY			FINAL DESTINATION FOR THE MERCHANT'S RETER-ENCE	
CONTAINER NO.	SEAL NO.	NO. OF CONTAINERS OR PKGS	KIND OF PACKAGES: DESCRIPTION OF GOODS	GROSS WEIGHT	MEASUREMENT
TOTAL NUMBER OF CONTAINERS OR PACKAGES（IN WORDS）					
FREIGHT &CHARGES	REVENUE TONS	RATE	PRE	PREPAID	COLLECT
EX.RATE	PREPAID AT	PAYABLE AT	PLACE OF ISSUE		
	TOTAL PREPAID	NO. OF ORIGINAL B/L THREE			
SERVICE TYPE ON RECEIVE	SERVICE TYPE ON DELIVERY	REETER TEMPERATURE REQUIRED	F	C	
TYPE OF GOODS	ORDINARY , REETER , DANGEROUS , AUTO	危险品	CLASS: PROPERTY:		
	LIQUID , LIVE ANIMAL , BULK		IMDG CODE PAGE: UN NO.		
可否转船	可否分批				
装期	效期				
金额：					
制单日期：					

运费通知（1）

场站收据十联单第三联

SHIPPER			D/R NO.		抬头	
CONSIGNEE			集装箱货物托运单			
NOTIFY PARTY			运费通知（2）		第三联	
PRE-CARRIAGE BY XXXX PLACE OF RECEIPT						
OCEAN VESSEL VOY.NO. PORT OF LOADING						
PORT OF DISCHARGE PLACE OF DELIVERY				FINAL DESTINATION FOR THE MERCHANT'S RETERENCE		
CONTAINER NO.	SEAL NO.	NO. OF CONTAINERS OR PKGS	KIND OF PACKAGES: DESCRIPTION OF GOODS	GROSS WEIGHT	MEASUREMENT	
TOTAL NUMBER OF CONTAINERS OR PACKAGES（IN WORDS）			SAY _____ ONLY			
FREIGHT & CHARGE		REVENUE TONS	RATE	PRE	PREPAID	COLLECT
EX. RATE	PREPAID AT	PAYABLE AT		PLACE OF ISSUE		
	TOTAL PREPAID	NO. OF ORIGINAL B/L THREE				

运费通知（2）

场站收据十联单第四联

SHIPPER			D/R NO.		抬头	
CONSIGNEE			集装箱货物托运单			
NOTIFY PARTY			运费通知（2）		第四联	
PRE-CARRIAGE BY XXXX PLACE OF RECEIPT						
OCEAN VESSEL VOY.NO. PORT OF LOADING						
PORT OF DISCHARGE PLACE OF DELIVERY			FINAL DESTINATION FOR THE MERCHANT'S RETERENCE			
CONTAINER NO.	SEAL NO.	NO. OF CONTAINERS OR PKGS	KIND OF PACKAGES: DESCRIPTION OF GOODS	GROSS WEIGHT		MEASUREMENT
TOTAL NUMBER OF CONTAINERS OR PACKAGES（IN WORDS）			SAY _____ONLY			
FREIGHT & CHARGE		REVENUE TONS	RATE	PRE	PREPAID	COLLECT
EX. RATE	PREPAID AT		PAYABLE AT		PLACE OF ISSUE	
	TOTAL PREPAID		NO. OT ORIGINAL B/L TIIREE			

场站收据（装货单）（S/O）

场站收据十联单第五联

SHIPPER			D/R NO.		抬头	
CONSIGNEE			装货单			
NOTIFY PARTY			场站收据副本		第 五 联	
PRE-CARRIAGE BY XXXX PLACE OF RECEIPT						
OCEAN VESSEL VOY.NO. PORT OF LOADING						
PORT OF DISCHARGE PLACE OF DELIVERY				FINAL DESTINATION FOR THE MERCHANT'S RETERENCE		
CONTAINER NO.	SEAL NO.	NO. OF CONTAINERS OR PKGS	KIND OF PACKAGES: DESCRIPTION OF GOODS	GROSS WEIGHT	MEASUREMENT	
TOTAL NUMBER OF CONTAINERS OR PACKAGES （IN WORDS）			SAY _____ONLY			
CONTAINER NO.		SEAL NO.	PKGS		CONTAINER NO. SEAL NO. PKGS	
					RECEIVED CCCCCCCBY TERMINAL	
FREIGHT & CHARGE		PREPAID AT	PAYABLE AT		PLACE OF ISSUE	
		TOTAL PREPAID	NO. OF ORIGINAL B/L THREE			

大副联（场站收据副本）

场站收据十联单第六联

SHIPPER	D/R NO.	抬头
CONSIGNEE	场站收据副本 COPY OF DOCK RECEIPT	
NOTIFY PARTY	大副联 （FOR CHIEF OFFICE）	第 六 联
PRE-CARRIAGE BY XXXX PLACE OF RECEIPT		
OCEAN VESSEL VOY.NO. PORT OF LOADING		
PORT OF DISCHARGE PLACE OF DELIVERY	FINAL DESTINATION FOR THE MERCHANT'S RETER-ENCE	

CONTAINER NO.	SEAL NO.	NO. OF CONTAINERS OR PKGS	KIND OF PACKAGES: DESCRIPTION OF GOODS	GROSS WEIGHT	MEASUREMENT
TOTAL NUMBER OF CONTAINERS OR PACKAGES （IN WORDS）		SAY _____ONLY			

CONTAINER NO.	SEAL NO.	PKGS	CONTAINER NO. SEAL NO. PKGS
			RECEIVED CCCCCCCBY TERMINAL

FREIGHT & CHARGE	PREPAID AT	PAYABLE AT	PLACE OF ISSUE	
	TOTAL PREPAID	NO. OF ORIGINAL B/L THREE		

场站收据（D/R）

场站收据十联单第七联

SHIPPER			D/R NO.		抬头
CONSIGNEE			场站收据		
NOTIFY PARTY			DOCK RECEIPT		第七联
PRE-CARRIAGE BY XXXX PLACE OF RECEIPT					
OCEAN VESSEL VOY.NO. PORT OF LOADING					
PORT OF DISCHARGE PLACE OF DELIVERY				FINAL DESTINATION FOR THE MERCHANT'S RETER-ENCE	
CONTAINER NO.	SEAL NO.	NO. OF CONTAINERS OR PKGS	KIND OF PACKAGES: DESCRIPTION OF GOODS	GROSS WEIGHT	MEASUREMENT
TOTAL NUMBER OF CONTAINERS OR PACKAGES（IN WORDS）			SAY _____ONLY		
CONTAINER NO.		SEAL NO.	PKGS		CONTAINER NO. SEAL NO. PKGS
					RECEIVED CCCCCCCBY TERMINAL
FREIGHT & CHARGE		PREPAID AT		PAYABLE AT	PLACE OF ISSUE
		TOTAL PREPAID		NO. OF ORIGINAL B/L THREE	

货代留底

场站收据十联单第八联

SHIPPER			D/R NO.		抬头
CONSIGNEE					货代留底
NOTIFY PARTY					第 八 联
PRE-CARRIAGE BY XXXX PLACE OF RECEIPT					
OCEAN VESSEL VOY.NO. PORT OF LOADING					
PORT OF DISCHARGE PLACE OF DELIVERY				FINAL DESTINATION FOR THE MERCHANT'S RETER-ENCE	
CONTAINER NO.	SEAL NO.	NO. OF CONTAINERS OR PKGS	KIND OF PACKAGES: DESCRIPTION OF GOODS	GROSS WEIGHT	MEASUREMENT
TOTAL NUMBER OF CONTAINERS OR PACKAGES （IN WORDS）			SAY _____ONLY		
FREIGHT & CHARGE		项目	数量	费率 （含转运费）	
		20'			
		40'			
		BAF			
		DDC			
		附加费			
EX. RATE	PREPAID AT	PAYABLE AT		PLACE OF ISSUE	
	TOTAL PREPAID	NO. OF ORIGINAL B/L THREE			

货代负责的单证之出口

场站收据十联单第九联

上海中远国际货运有限公司 COSCO SHANGHAI INTERNATIONAL FREIGHT CO.,LTD.	**OUT** 出场

集装箱发放/设备交接单
EQUIPMENT INTERCHANGE RECEIPT

NO.

用箱人/运箱人（CONTAINER USER/HAULIER）	提箱地点（PLACE OF DELIVERY）

发往地点（DELIVERED TO）	返回/收箱地点（PLACE OF RETURN）

船名/航次 （VESSEL/VOYZGE NO.）	集装箱号 （CONTAINER NO.）	尺寸/类型 （SIZE/TYPE）	营运人 （CNTR.OPTR.）

提单号 （B/L NO.）	铅封号 （SEAL NO.）	免费期限 （FREE TIME PERIOD）	运载工具牌号 （TRUCK, WAGON, BARGE NO.）

出场目的 （PPS OF GATE-OUT/STATUS）	进场目的/状态 （PPS OF GATE-INSTATUS）	出场日期 （TIME-OUT）

出场检查记录（INSPECTION AT THE TIME OF INTERCHANGE）

普通集装箱 （GP CONTAINER）	冷藏集装箱 （RF CONTAINER）	特种集装箱 （SPERCIAL CONTAINER）	发电机 （GEN SET）
正常（SOUND） 异常（DEFECTIVE）	正常（SOUND） 异常（DEFECTIVE）	正常（SOUND） 异常（DEFECTIVE）	正常（SOUND） 异常（DEFECTIVE）

除列明者外，集装箱及集装箱设备交接时完好无损，铅封完好无损。

THE CONTAINER/ASSOCIATED EOUIPMENT INTERCHANGED IN SOUND CONDITION AND SEAL INTACT UNLESS OTHERWISE STATED

用箱人 / 运箱人 （CONTAINER USER/HAULIER'S SIGNATURE） 码头 / 堆场值班

员签署 SCT 码头 （TERMINAL/DEPOTCLERK'S SIGNATURE）

货代负责的单证之出口

场站收据十联单第十联

SHIPPER			D/R NO.	抬头	
CONSIGNEE			配舱回单（2）		
NOTIFY PARTY					第十联
PRE-CARRIAGE BY XXXX PLACE OF RECEIPT					
OCEAN VESSEL VOY.NO. PORT OF LOADING					
PORT OF DISCHARGE PLACE OF DELIVERY			FINAL DESTINATION FOR THE MERCHANT'S RETERENCE		
CONTAINER NO.	SEAL NO.	NO. OF CONTAINERS OR PKGS	KIND OF PACKAGES: DESCRIPTION OF GOODS	GROSS WEIGHT	MEASUREMENT
TOTAL NUMBER OF CONTAINERS OR PACKAGES （IN WORDS）					
FREIGHT &CHARGES		REVENUE TONS	RATE	PRE PREPAID	COLLECT
EX.RATE	PREPAID AT		PAYABLE AT	PLACE OF ISSUE	
	TOTAL PREPAID		NO. OF ORIGINAL B/L THREE		
SERVICE TYPE ON RECEIVE	SERVICE TYPE ON DELIVERY		REETER TEMPERATURE REQUIRED	F	C
TYPE OF GOODS	ORDINARY， REETER， DANGEROUS， AUTO	危险品		CLASS: PROPERTY: IMDG CODE PAGE: UN NO.	
	LIQUID，LIVE ANIMAL，BULK				
可否转船	可否分批				

附录 B 装箱单样本

装箱单
CONTAONER LIAD PLAN

		集装箱号 Container No.	集装箱规格 Type of Container. 20　40
		铅封号 Seal No.	冷藏温度 Reefer-temp. Required °F　℃

	船名航次 Ocean Vessel Voy. No.	收货地点 Place of Receipt 场 站 门 □ □ □ CY CFS Door	装货港 Port of Loading	卸货港 Port of Discharging	交货地点 Place of Delivery 场 站 门 □ □ □ CY CFS Door	
提单号码 B/L No.	1.发货人 Shipper　2.收货人 Consignee　3.通知人 Notify	标志和号码 Marks & Numbers	件数及包装种类 No. & Kind of Pkgs	货名 Description of Doods	质量（kg Weight kg.	尺码 m² Measurement Cu. M.	备注 Remarks 危险品要注 明危险品标志分 类及闪点
		底 Front 门 Door		总件数 Total Number of Packages 质量及尺码总计 Total Weight & Measurement			In case of dangerous goods, please enter the label classification and flash point of the goods.
重新铅封号 New Seal No.	开封原因 Reason for breaking seal	装箱日期 Date of vanning:　……　装箱地点 at:　……　…… 地点及国名 Place & Country			皮重 Tare Weight		
出口 Export	驾驶员签收 Received by Drayman	堆场签收 Received by CY	装箱人 Packed by:		总毛重 Gross Weight		
进口 Import	驾驶员签收 Received by Drayman	货运站签收 Received by CFS	发货人货运站 Shipper/CFS　……签署　Signed		发货人或货运站留存 1.SHIPPER/CFS 1）一式十份 此栏每份不同		签署　Signed　　　签署　Signed

Cargo- 1 Wooden crates, cases
　□ not used　未用过　□ treated　已处理　□ not treated（未处理）
　2. Timber pallest, dunnage
　□ not used　未用过　□ treated　已处理　□ not treated　未处理）
　3. Straw packing and/or rice hulls and/or similar packing material
　□ not used　未用过　□ used　用过

Container　Timber components
　□ not used　未用过　□ treated　已处理
　□ not treated　未处理　□ not exposed　未外露）

AUSTRALIAN DEPARTMENT OF HEALTR, QUARANTINE DECLARATION.

Certificates and/or declaration for treatment will be forwarded by the shipper to consignee with invoice or shipping documents.
We hereby certify that the container has been throughly cleaned prior to vanning and that all evidence of previous contents has been removed.
Packed by:

签署　Signed　　　签署　Signed

附录 C 集装箱发放/设备交接单

中海集装箱运输有限公司
CHINA SHIPPING CONTAINER LINES CO. ,LTD.
集装箱发放/设备交接单
EQUIPMENT INTERCHANGE RECEIPT

OUT 出 场

No.

用箱人/运箱人(CONTAINER USER/HAULIER)			提箱地点(PLACE OF DELIVERY)	
来自地点(DELIVERED TO)			返回/收箱地点(PLACE OF RETURN)	
船名/航次(VESSEL/VOYAGE NO.)	集装箱号(CONTAINER NO.)	尺寸/类型(SIZE/TYPE)	营运人(CNTR. OPTR.)	
提单号(B/L NO.)	铅封号(SEAL NO.)	免费期限(FREE TIME PERIOD)	运载工具牌号(TRUCK, WAGON, BARGE NO.)	
出场目的/状态(PPS OF GATE-OUT/STATUS)		进场目的/状态(PPS OF GATE-IN/STATUS)	出场日期(TIME-OUT)	
			月 日 时	

出场检查记录(INSPECTION AT THE TIME OF INTERCHANGE)			
普通集装箱(GP CONTAINER)	冷藏集装箱(RF CONTAINER)	特种集装箱(SPECIAL CONTAINER)	发电机(GEN SET)
□正常(SOUND) □异常(DEFECTIVE)	□正常(SOUND) □异常(DEFECTIVE)	□正常(SOUND) □异常(DEFECTIVE)	□正常(SOUND) □异常(DEFECTIVE)

损坏记录及代号(DAMAGE & CODE)

BR	D	M	DR	DL
破 损(BROKEN)	凹 损(DENT)	丢 失(MISSING)	污箱(DIRTY)	危 标(DG LABEL)

左侧(LEFT SIDE)   右侧(RIGHT SIDE)   前部(FRONT)   集装箱内部(CONTAINEA INSIDE)

顶部(TOP)   底部(FLOOR BASE)   箱门(REAR)

如有异状,请注明程度及尺寸(REMARK).

除列明者外,集装箱及集装箱设备交接时完好无损,铅封完整无误。
THE CONTAINER/ASSOCIATED EOUIPMENT INTERCHANGED IN SOUND CONDITION AND SEAL INTACT UNLESS OTHERWISE STATED.

用箱人/运箱人签署
(CONTAINER USER/HAULIER'S SIGNATURE)

码头/堆场值班员签署
(TERMINAL/DEPOT CLERK'S SIGNATURE)

中海集装箱运输有限公司
CHINA SHIPPING CONTAINER LINES CO. ,LTD.

IN 进 场

集装箱发放/设备交接单
EQUIPMENT INTERCHANGE RECEIPT

No.

用箱人/运箱人(CONTAINER USER/HAULIER)	提箱地点(PLACE OF DELIVERY)		
来自地点(WHERE FROM)	返回/收箱地点(PLACE OF RETURN)		

船名/航次 (VESSEL/VOYAGE NO.)	集装箱号 (CONTAINER NO.)	尺寸/类型(SIZE/TYPE)	营运人(CNTR. OPTR.)

提单号 (B/L NO.)	铅封号 (SEAL NO.)	免费期限(FREE TIME PERIOD)	运载工具牌号 (TRUCK, WAGON, BARGE NO.)

出场目的/状态(PPS OF GATE-OUT/STATUS)	进场目的/状态(PPS OF GATE-IN/STATUS)	进场日期(TIME-IN)
		月　日　时

进场检查记录(INSPECTION AT THE TIME OF INTERCHANGE)

普通集装箱(GP CONTAINER)	冷藏集装箱(RF CONTAINER)	特种集装箱 (SPECIAL CONTAINER)	发电机(GEN SET)
□正常(SOUND) □异常(DEFECTIVE)	□正常(SOUND) □异常(DEFECTIVE)	□正常(SOUND) □异常(DEFECTIVE)	□正常(SOUND) □异常(DEFECTIVE)

损坏记录及代号(DAMAGE & CODE)

BR 破损 (BROKEN)	D 凹损 (DENT)	M 丢失 (MISSING)	DR 污箱 (DIRTY)	DL 危标 (DG LABEL)

左侧（LEFT SIDE）　　右侧（RIGHT SIDE）　　前部（FRONT）　　集装箱内部（CONTAINEA INSIDE）

顶部（TOP）　　底部（FLOOR BASE）　　箱门（REAR）

如有异状，请注明程度及尺寸（REMARK）.

除列明者外,集装箱及集装箱设备交接时完好无损,铅封完整无误。
THE CONTAINER/ASSOCIATED EQUIPMENT INTERCHANGED IN SOUND CONDITION AND SEAL INTACT UNLESS OTHERWISE STATED.

用箱人/运箱人签署　　　　　　　　　　　码头/堆场值班员签署
(CONTAINER USER/HAULIER'S SIGNATURE)　　(TERMINAL/DEPOT CLERK'S SIGNATURE)

附录D 港口货物作业规则

第一章 总则

第一条 为了明确水路运输货物港口作业有关当事人的权利、义务，依据有关法律、行政法规，制定本规则。

第二条 在中华人民共和国境内，为水路运输货物提供的装卸、驳运、储存、装拆集装箱等港口作业适用本规则。

第三条 本规则下列用语的含义是：

（一）港口货物作业合同（以下简称作业合同），是指港口经营人在港口对水路运输货物进行装卸、驳运、储存、装拆集装箱等作业，作业委托人支付作业费用的合同。

（二）港口经营人，是指与作业委托人订立作业合同的人。

（三）作业委托人，是指与港口经营人订立作业合同的人。

（四）货物接收人，是指作业合同中，由作业委托人指定的从港口经营人处接收货物的人。

第二章 作业合同的订立

第四条 作业合同，应当按照公平的原则订立。

第五条 指令性水路运输货物的港口作业，有关当事人应当依照有关法律、行政法规规定的权利和义务订立作业合同。

第六条 当事人可以根据需要订立单次作业合同和长期作业合同。

第七条 订立作业合同可以采用书面形式、口头形式和其他形式。

书面形式是指合同书、信件和数据电文（包括电报、电传、传真、电子数据交换和电子邮件）等可以有形地表现所载内容的形式。

第八条 作业合同一般包括以下条款：

（一）作业委托人、港口经营人和货物接收人名称；

（二）作业项目；

（三）货物名称、件数、重量、体积（长、宽、高）；

（四）作业费用及其结算方式；

（五）货物交接的地点和时间；

（六）包装方式；

（七）识别标志；

（八）船名、航次；

（九）起运港（站、点）（以下简称起运港）和到达港（站、点）；

（十）违约责任；

（十一）解决争议的方法。

第九条　采用合同书形式订立作业合同的，自双方当事人签字或者盖章时合同成立。

采用信件、数据电文等形式订立合同的，可以在合同成立之前要求签订确认书。签订确认书时合同成立。

采用合同书形式订立合同，在签字或者盖章之前，当事人一方已经履行主要义务，对方接受的，该合同成立。

第三章　作业合同当事人的权利、义务

第一节　作业委托人

第十条　作业委托人应当及时办理港口、海关、检验、检疫、公安和其他货物运输和作业所需的各种手续，并将已办理各项手续的单证送交港口经营人。

因作业委托人办理各项手续和有关单证不及时、不完备或者不正确，造成港口经营人损失的，作业委托人应当承担赔偿责任。

第十一条　有特殊保管要求的货物，作业委托人应当与港口经营人约定货物保管的特殊方式和条件。

第十二条　作业委托人向港口经营人交付货物的名称、件数、重量、体积、包装方式、识别标志，应当与作业合同的约定相符。

笨重、长大货物作业，作业委托人应当声明货物的总件数、重量和体积（长、宽、高）以及每件货物的重量、长度和体积（长、宽、高）。

作业委托人未按照本条规定交付货物、进行声明造成港口经营人损失的，应当承担赔偿责任。

第十三条　单件货物重量或者长度超过下列标准的，为笨重、长大货物：

（一）沿海：重量 5 吨，长度 12 米；

（二）长江、黑龙江干线：重量 3 吨，长度 10 米。

各省（自治区、直辖市）交通主管部门对本省内作业的笨重、氏大货物标准可以另行规定，并报国务院交通主管部门备案。

第十四条　以件运输的货物，港口经营人验收货物时，发现货物的实际重量或者体积与作业委托人申报的重量或者体积不符时，作业委托人应当按照实际重量或者体积支付费用并向港口经营人支付衡量等费用。

第十五条　需要具备运输包装的作业货物，作业委托人应当保证货物的包装符合国家规定的包装标准；没有包装标准的，应当在保证作业安全和货物质量的原则下进行包装。

第十六条　需要随附备用包装的货物，作业委托人应当提供足够数量的备用包装。

第十七条　危险货物作业，作业委托人应当按照有关危险货物运输的规定妥善包装，制作危险品标志和标签，并将其正式名称和危害性质以及必要时应当采取的预防措施书面通知港口经营人。

第十八条　作业委托人委托货物作业，可以办理保价作业。

货物发生损坏、灭失，港口经营人应当按照货物的声明价值进行赔偿，但港口经营人证明货物的实际价值低于声明价值的，按照货物的实际价值赔偿。

第十九条　在港口经营人已履行本规则第二十六条规定义务情况下，因货物的性或者携带虫害等情况，需要对库场或者货物进行检疫、洗刷、熏蒸、消毒的，应当由作业委托人或者货物接收人负责，并承担有关费用。

第二十条　港口经营人将货物交付货物接收人之前，作业委托人可以要求港口经营人将货物交给其他货物接收人，但应当赔偿港口经营人因此受到的损失。

第二十一条　作业合同约定港口经营人从第三方接收货物的，作业委托人应当保证第三方按照作业合同的约定交付货物；作业合同约定港口经营人将货物交付第三方的，作业委托人应当保证第三方按照作业合同的约定接收货物。

第二十二条　作业委托人或者货物接收人应当在约定或者规定的期限内交付或者接收货物。

第二十三条　港口经营人交付货物时，货物接收人应当验收货物，并签发收据，发现货物损坏、灭失的，交接双方应当编制货运记录。

货物接收人在接收货物时没有就货物的数量和质量提出异议的，视为港口经营人已经按照约定交付货物，除非货物接收人提出相反的证明。

第二十四条　除另有约定外，作业委托人应当预付作业费用。

第二十五条　作业委托人不履行合同义务或者履行合同义务不符合约定的，应当承担继续履行、采取补救措施或者赔偿损失等违约责任。

因不可抗力不能履行合同的，根据不可抗力的影响，部分或者全部免除责任。作业委托人迟延履行后发生不可抗力的，不能免除责任。

第二节　港口经营人

第二十六条　港口经营人应当按照作业合同的约定，根据作业货物的性质和状态，配备适合的机械、设备、工属具、库场，并使之处于良好的状态。

第二十七条　港口经营人应当按照作业合同的约定接收货物，港口经营人接收货物后应当签发用以确认接收货物的收据。

单元滚装货物作业以及货物在运输方式之间立即转移的，不适用前款规定。

第二十八条　港口经营人应当妥善地保管和照料作业货物。经对货物的表面状况检查，发现有变质、滋生病虫害或者其他损坏，应当及时通知作业委托人或者货物接收人。

第二十九条　港口经营人应当在约定期间或者在没有这种约定时在合理期间内完成货物作业。

港口经营人未能在约定期间或者合理期间内完成货物作业造成作业委托人损失的，港口经营人应当承担赔偿责任。

第三十条　作业委托人违反本规则第十五条、第十七条规定，港口经营人可以拒绝作业。

第三十一条　作业委托人来按照本规则第十七条通知港口经营人或者通知有误的，港口经营人可以在任何时间、任何地点根据情况需要停止作业、销毁货物或者使之不能为害，而不承担赔偿责任。作业委托人对港口经营人因作业此类货物所受到的损失，应当承担赔偿责任。

港口经营人知道危险货物的性质并且已同意作业的，仍然可以在该项货物对港口设施、人员或者其他货物构成实际危险时，停止作业、销毁货物或者使之不能为害，而不承担赔偿责任。

第三十二条　除另有约定外，散装货物按重量交接；其他货物按件数交接。

第三十三条　散装货物按重量交接的，货物在港口经技术监督部门检验合格的计量器具计量的，重量以该计量确认的数字为准；未经技术监督部门检验合格的计量器具计量的，除对计量手段另有约定外，有关单证中载明的货物重量对港口经营人不构成其交接货物重量的证据。

第三十四条　应作业委托人或者货物接收人的要求，港口经营人可以编制普通记录。

货运记录和普通记录的编制，应当准确、客观。货运记录应当在接收或者交付货物的当时由交接双方编制。

第三十五条　交接集装箱空箱时，应当检查箱体并核对箱号；交接整箱货物，应当检查箱体、封志状况并核对箱号；交接特种集装箱，应当检查集装箱机械、电器装置、设备的运转情况。

集装箱交接状况，应当在交接单证上如实加以记载。

第三十六条　交接时发现集装箱封志号与有关单证记载不符或者封志破坏的，交接双方应当编制货运记录。

第三十七条　货物接收人没有在本规则第二十二条规定的期限内接收货物，港口经营人可以依照有关规定将货物转栈储存，有关费用、风险由作业委托人承担。

第三十八条　货物接收人逾期不提取货物的，港口经营人应当每十天催提一次，满三十天货物接收人不提取或者找不到货物接收人，港口经营人应当通知作业委托人，作业委托人在港口经营人发出通知后三十天内负责处理该批货物。

作业委托人未在前款规定期限内处理货物的，港口经营人可以按照有关规定将该批货物作无法交付货物处理。

第三十九条　港口经营人交付货物的情况符合《中华人民共和国合同法》第一百零一条规定的条件时，港口经营人可以根据《中华人民共和国合同法》的规定将货物提存。

第四十条　应当向港口经营人支付的作业费、速遣费和港口经营人为货物垫付的必要费用没有付清，又没有提供适当担保的，港口经营人可以留置相应的运输货物，但另有约定的除外。

第四十一条　港口经营人应当按照作业合同的约定交付货物。

第四十二条　货物接收人接收水路运输货物，港口经营人应当核对证明货物接收人单位或者身份以及经办人身份的有关证件。

第四十三条　港口经营人对收集的地脚货物，应当做到物归原主，不能确定货主的，应当按照无法交付货物处理。

第四十四条　单元滚装运输作业，港口经营人应当提供适合滚装运输单元候船待运的停泊场所、上下船舶和进出港的专用通道；保证作业场所的有关标识齐全、清晰，照明良好；配备符合规范的运输单元司乘人员及旅客的候船场所。

旅客与运输单元上下船和进出港的通道应当分开。

第四十五条　港口经营人对港口作业合同履行过程中货物的损坏、灭失或者迟延交付承担损害赔偿责任，但港口经营人证明货物的损坏、灭失或者迟延交付是由于下列原因造成的除外：

（一）不可抗力；

（二）货物的自然属性和潜在缺陷；

（三）货物的自然减量和合理损耗；

（四）包装不符合要求；

（五）包装完好但货物与港口经营人签发的收据记载内容不符；

（六）作业委托人申报的货物重量不准确；

（七）普通货物中夹带危险、流质、易腐货物；

（八）作业委托人、货物接收人的其他过错。

第四章 港、航货物交接的特别规定

第四十六条 除另有约定外，港口经营人与船方在水路运输货物港口装卸作业过程中的交接，适用本章规定。

第四十七条 船方应当向港口经营人提供配、积载图（表），港口经营人应当按照配、积载图（表）进行作业。船方可以在现场对配、积载提出具体要求。

第四十八条 国际运输以件交接货物、集装箱货物和集装箱，船方应当通过理货机构与港口经营人交接。

前款规定以外的货物和集装箱，船方可以委托理货机构与港口经营人交接。

第四十九条 船方应当向港口经营人预报和确报船舶到港日期，提供船舶规范以及货物装、卸载的有关资料，使船舶处于适合装、卸载作业的状态，办妥有关手续。

第五十条 水路运输货物，港口经营人与船方在船边进行交接。

第五十一条 同品种、同规格、同定量包装的件装货物，船方与港口经营人应当商定每关货物的数量和关型，约定计数方法，逐关进行交接，成组运输货物比照执行。

第五十二条 船方与港口经营人交接国内水路运输货物应当编制货物交接清单。

第五章 附则

第五十三条 本规则由国务院交通主管部门负责解释。

第五十四条 本规则自 2001 年 1 月 1 日起施行。《关于港口作业事故处理的几项规定》（〔1978〕交水运字 1914 号文颁发试行）、《关于港口作业事故处理的几项补充规定》（〔1979〕交水运字 1682 号文颁发试行）以及本规则施行前交通部发布的其他与本规则不一致的相关规定同时废止。

附录 E 港口国际集装箱码头管理暂行规则

一、总则

第一条 为适应国民经济和对外贸易的发展,在为船舶、为货主、为国家经济建设服务的思想指导下,实行和加强港口对国际集装箱码头的专业管理,特制定本规则。

第二条 港务局根据政企分开的原则,设集装箱公司。按本规则管理集装箱码头,办理国际集装箱运输的有关业务。

二、业务范围和工作关系

第三条 港口集装箱公司主要业务范围为:承办集装箱船、车的集装箱及货物的装卸、中转、联运、拆箱、装箱、堆存、保管、洗箱、修箱等业务,并可根据为船舶、为货主服务的业务发展需要,进行多种经营,代办报关、代运、报验、缮制单证、电传通信等服务和劳务工作。

第四条 港口集装箱公司根据需要,应与经营船舶、车辆的集装箱运输单位或其代理人,签订船舶、车辆在码头装卸和中转的协议。

第五条 港口集装箱公司应与有关单位密切协作,并可根据需要签订业务协议,相互保证,以期相互配合做好下列各项有关工作。

1. 船舶代理公司

受船公司委托,提供船、箱的月度、旬度到港计划,近期内到港船、箱预、确报和有关单证。

2. 收、发货或代运单位

出口货物装箱后,按规定的日期,运抵集装箱码头指定的堆场,备装船出口;进口重箱到港前,按规定的时间,提供进口单证、资料和货物流向,以便安排卸船、堆码、疏运或拆箱转运(进出口重箱均由收、发货或代运单位办妥进出口手续和单证,以保证及时装船出口或卸船疏运)。

3. 外轮理货公司

根据《中国外轮理货公司业务章程》和《中国外轮理货公司理货规程》,及时派人理箱(货),施加铅封或验封出证。

4. 车、船集、疏运单位及时进行内陆汽车、火车和水上集、疏运;属于进出口整箱者，收、发货单位或其代理人按协议送回或提取空箱。

5. 港口集装箱公司，应向船公司或它的代理提供其在港空、重箱动态，与检查、检验和集、疏运集装箱货有关单位认真执行国家经委《加强国际集装箱港口集疏运工作暂行办法》，并同上述单位的驻港人员实行联合办公，简化集、疏运手续，方便货主。

第六条　拆、装箱。凡属集装箱货运站（CFS）交货条款中规定，应该由收、发货单位从港内提货和向港内送货的进出口拼箱货，港口集装箱公司要及时拆、装箱。

凡属在集装箱码头堆场整箱交接的进出口重箱：原则上应由收、发货单位整箱取、送，并在本单位拆、装箱。尚不具备拆、装箱条件的收、发货单位，可根据经济合理，并有利船、车、箱货安全、迅速周转的原则，由收、发货单位委托港口集装箱公司或具备拆、装箱条件其他单位进行拆、装箱。

三、箱货交接责任

第七条　装卸交接。船舶或火车装卸集装箱时实行船、港或车、港交接。进出口装卸船，由外轮理货公司代表船方与港口集装箱公司在船边进行交接。用船舶或火车进行内陆整箱集、疏运时，由集装箱公司与船方或车方在船、车装卸现场交接。

交接时，必须共同检查箱号、箱体、铅封，如有残损异状，应在集装箱设备交接单上签注，以明确责任。

第八条　检查门交接。用汽车取送空、重箱，经过检查桥时，实行港口、货主（或承运代理单位）的交接，由集装箱公司与汽车运输部门之间办理交接，其检查方式、内容同第七条。

第九条　货运站交接。由外轮理货公司与仓库员在集装箱的拆装企业现场办理交接。

第十条　特殊交接。冷冻箱交接时，要有测温记录，开顶、侧开箱要检查苫盖侧门，并有记录。

四、有关业务

第十一条　衡量。船舶代理公司根据委托，向港口集装箱公司申请衡量集装箱内货物的重量时，其费用委托方负担。

第十二条　铅封。集装箱运送货物必须进行铅封。船方对箱内货物承担责任者，由外轮理货公司代表船方施封，铅封由船公司或外轮理货公司提供，费用由船公司负担。

第十三条　进口危险货物箱。进口危险货物箱超过港口接卸限量时，在装船前，必须由有船（货）公司或其代理人取得卸港同意，以便事先做好准备，确保及时安全地接卸、转运。

第十四条　检疫、熏蒸。凡检疫部门指出，必须熏蒸的进出口空、重箱及箱内货物，应由船公司（箱主）、收、发货单位或其代理人负责及时熏蒸并承担其费用。

第十五条　扫箱、洗箱。

1. 装运一般货物的集装箱，拆、装箱单位应在卸货后、装货前，负责一般清扫，不另向船公司收费。如需要进行特殊清洗时，其费用由船公司支付或垫付。

2. 凡装过危险品、腐蚀品、污染品和不适合继续装货的集装箱必须清洗时，由集装箱所有人、船公司或其代理人提出申请，由委托方付费。

第十六条　修箱。进出口集装箱原损，由集装箱所有人、船公司或其代理人安排修理并承担费用；进出口集装箱工损，由损坏的责任单位修理并承担费用。

五、运输单证

第十七条　国际集装箱运输，应使用"设备交接单"、"港站收据"等专用单证，其单证由船公司或其代理人提供或由港口集装箱公司制定。单证流转程序、份数，按港口和船、车运输单位的需要办理。

六、技术管理

第十八条　集装箱码头的专用机械设备，要建立正规的技术管理和操作规程，并要严格地执行其管、用、养、修制度，以保证装卸生产的正常进行。

七、安全管理

第十九条　为保障港口集装箱码头的安全生产，必须制定集装箱码头安全管理办法和集装箱码头交通管理规则。规定和制定车辆、机械、行人的安全行走路线和有关集装箱及其货物的安全堆码、防台、防汛、防火、防盗等专门管理措施，由有关单位共同遵守。

第二十条　集装箱泊位陆域周围，应有围拦设施，以杜绝车辆，行人在规定的进出口大门以外的地方出入。

八、费用结算

第二十一条　国际集装箱进出港口所发生的费用，按交通部和有关部门制定的收费办法及船港协议结算。

附则

第二十二条　各港集装箱公司可根据本规则具体制定集装箱码头管理实施细则，公布实行，并报部备案。各港务局负责监督检查执行。

第二十三条　本规则由中华人民共和国交通部公布试行，其解释权属交通部海洋运输管理局。

附录 F 港口工程技术规范（港口装卸工艺部分）

5 装卸工艺

5.1 一般规定

5.1.1 装卸工艺设计应进行多方案的技术经济比较，满足加快车船周转、各环节生产能力相匹配和降低营运成本的要求。应积极采用先进科学技术和现代管理方法，保证作业安全、减少环境影响、降低能耗和改善劳动条件。

5.1.2 装卸机械设备应根据装卸工艺的要求选型，并综合考虑技术先进、经济合理、安全可靠、能耗低、污染少、维修简便等因素。设备可视运量增长分期配置。

5.1.3 装卸件杂货宜发展成组和集装化，装卸设备能力应相适应。

5.1.4 当货类单一、流向稳定、运量有一定规模时，可按专业化码头设计。

5.1.5 必须在港口进行的计量、配料、保温、解冻、熏蒸、取制样和缝拆包等作业时一并考虑。

5.1.6 危险品码头的装卸工艺设计，应符合现行国家标准《建筑设计防火规范》（GBJ16）及国家现行标准的有关规定。

5.1.7 采用大型移动式装卸机械时，应设置检修和防风抗台装置。

5.2 件杂货、多用途码头的装卸机械选型和工艺布置

5.2.1 装卸机械的选型应适应多种货物装卸作业的要求，在货种、包装形式和流量流向较稳定的情况下，可配置专用机械。

5.2.2 件杂货码头装卸机械的选型应根据货物吞吐量、货种、船型和码头形式等因素确定，并注意发挥船机的作用。采用船机作业时，应满足船舶满载低水位装卸作业的要求；采用岸机作业时，宜考虑门座起重机或装卸桥，其吊臂的最大工作幅度至少应达到设计船型舱口的外侧。

5.2.3 件杂货码头前沿不宜设铁路装卸线。

5.2.4 件杂货码头水平运输机械的选型，应根据运距、组合形式、货件重量等因素确定。通常情况下，运距在150m以内时，宜采用叉车；运距较长时，宜采用拖挂车。

5.2.5 库场装卸作业机械的选型，应根据货种、组合形式、货件重量及堆放形式等因素确定，通常情况下宜选用流动机械。

5.2.6 件杂货码头前方作业地带的宽度，应根据装卸船机械工艺布置及作业方式确定。采用轨道式起重机时，其宽度不宜大于 50m；采用船机或流动机械时，其宽度不宜大于 30m。

5.2.7 采用轨道式起重机装卸船的件杂货码头，起重机海侧轨道中心线至码头前沿的距离不应小于 2m，采用固定式起重机装卸船的件杂货码头，固定式超重机械旋转中心至码头前沿线的距离应保证起重机旋转时不碰船体。

5.2.8 仓库与道路之间的引道长度，流动机械进出库时，可取 4.5m，汽车进出库时，可取 6.0m。

5.2.9 仓库的跨度和净高按库内作业机械类型和货物堆高确定，单层仓库的跨度不应小于 18m，单层和多层仓库的底层净高不应小于 6m，多层仓库的楼层净高不应小于 5m。

5.2.10 仓库库门尺度应根据进出库作业机械的类型确定。通常情况下，净宽不应小于 4.2m，净高不应小于 5m。

5.2.11 铁路中心线至库墙边的距离，应根据作业方式及所选用的机械确定，采用叉车、牵引作业时，宜取 7.75 ~ 9.75m；采用轮胎式起重机作业时，可增大至 11.75m。

5.2.12 仓库站台设置全遮式雨篷时，雨篷支柱内侧至铁路中心线和篷内的净空高度应符合铁路建筑限界的有关规定。

5.2.13 当集装箱年运量不大，并需兼顾装卸件杂货时，码头的装卸工艺系统设计可按多用途码头要求考虑，必要时宜留有今后改造成集装箱码头的可能。

5.2.14 多用途码头装卸船机械的选型，应根据年运量、船型、货种和流向等因素及发展趋势综合分析确定，宜采用集装箱装卸桥、多用途门机和门座起重机等。起重机海侧轨道离码头前沿的距离不宜小于 3m。

5.2.15 多用途码头前方作业地带的宽度，应满足该码头多种流动机械作业的要求，不宜小于 40m。

5.2.16 多用途码头的水平运输和堆场装卸机械应根据货种相应配置，其数量按年运量经技术经济比较后确定。

5.2.17 多用途码头的堆场布置应满足集装箱和件杂货装卸作业的需要不宜设置永久性仓库。

5.3 煤炭、矿石码头的装卸机械选型和工艺布置

5.3.1 装船机械的选型和工艺布置应满足下列要求。

5.3.1.1 装船机械的选型应根据船型、运量、货种和码头布置等因素比较确定。

5.3.1.2 装船机的主要参数应满足船舶装舱的要求。移动式装船机轨道长度应满足装船机在检修情况下另一台装船机能到首尾舱装舱的要求。为便于检修及船舶供给，码头上可设单行车道。

5.3.1.3 专业化装船泊位宜采用效率高、台数少的工艺系统。

5.3.1.4 装船系统设计,宜对装船机在换舱移机过程中引起的作业中断采取措施。

5.3.2 卸船机械的选型和工艺布置应满足下列要求。

5.3.2.1 卸船机械的选型应根据船型、运量、货种、物料特性和水位等因素比较确定。

5.3.2.2 卸船机的主要参数应根据设计船型及水位确定。移动式卸船机轨道长度应保持首尾舱卸货的要求,并考虑带式输送机长度、卸船机检修位置等因素。码头上应有停放清舱机和抓斗的位置。

5.3.2.3 专业化卸船泊位宜采用"少机"方案。在特定条件下可考虑自卸船作业方案。

5.3.3 堆场机械的选型和工艺方案应满足下列要求。

5.3.3.1 堆场堆取料机械的选型应根据堆存量、物料特性。堆取方式和机械性能等因素比较确定。轨道式堆取料机的轨道宜高出地面。

5.3.3.2 堆料能力应与卸船、卸车能力相匹配,取料能力应与装船、装车能力相匹配。料堆应按不同品种分别堆存,料堆堆底间距因根据取料方式确定,在堆场四周应留有通道。

5.3.3.3 煤炭、矿石的堆存应以地面堆场为主。特殊情况下,经比较可采用其他形式。

5.3.4 装车设备的选型和工艺布置应符合下列规定。

5.3.4.1 装车设备的选型应根据装车量、物料特性和堆场工艺布置等因素比较确定。

5.3.4.2 采用单斗装载机装火车时,料堆宜顺铁路线布置,在料堆与铁路中心线之间应留 8~10m 的通道和操作场地;采用抓斗起重机装火车时,料堆宽度一般在起重机工作幅度范围内,在料堆与铁路中心线之间应留有 6~7m 的通道相操作场。

5.3.4.3 采用单斗装载机抓斗起重机、履带式斗轮取料机或其他连续性设备装汽车时,应设操作场地、停车场和道路。

5.3.4.4 装车存仓采用高架式存仓装车时,存仓阀门出料漏斗口至轨面或地面的净空高度必须满足机车车辆或汽车的建筑限界要求。

5.3.5 煤炭卸车机械选型和工艺布置应符合下列规定。

5.3.5.1 煤炭卸车设备的选型应根据卸车量、车型、物料特性、工艺布置和自然条件等因素比较确定。

5.3.5.2 采用翻车机卸车时,翻车机的选型应根据系统能力、车型确定。港口铁路应根据卸车工艺、车型及运行组织确定,并应相应配置空、重车线。翻车机下部存仓容量宜按两次翻车量考虑,存仓应设防堵装置。对寒冷地区,经论证可在存仓上部设置冻煤破碎装置。

5.3.5.3 采用螺旋卸车机时,应注意采取必要措施,满足环保和职业安全卫生的要求。卸车线长度、股道效应根据车辆运行组织、卸车能力和工艺布置确定。当在一条卸车线上配置三台以上螺旋卸车机车时,应考虑设备便于维修。螺旋卸车线的存仓容量,原则上一个车位长度 4m 不宜小于 60t,存仓应设防堵装置。当设置漏斗时,应注意解决给料不均匀的问题。存仓或漏斗的一端或两端应留有检修场地,在轨道端部应设安全装置口。

5.3.6 带式输送机的设计应考虑输送量、物料特性、工作环境、卸料给料方式和工艺布置等因素。驱动电机和带的规格不宜过多。带式1送机的能力应与装卸工艺系统装备的最大能力相匹配,不宜小于装卸设备额定能力的 1.2 倍。

5.3.7 对受粉尘浓度影响可能引起爆炸的场所,应有报警装置和防爆措施。对自燃、易燃货物应限制堆存高度和堆放时间,并采取必要措施。

5.3.8 散货装卸船如需平、清舱时,所配备的相应的设备,并有起吊措施口所配备的能力和数量应满足作业需要。

5.3.9 采用电子皮带秤计量时,应考虑维修、检修和标定设施。

5.4 木材码头的装卸机械选型和工艺布置。

5.4.1 木材码头装卸船机械的选型应根据船型、运量、本材种类和工艺布置等因素比较确定。

5.4.2 采用岸用起重机装卸时,其起重量不宜小于 10t,其吊臂的最大工作幅度应满足船舶甲板货物的装卸要求。

5.4.3 水平运输和堆拆机械可采用木材装载机。运距较远时,水平运输宜采用拖挂车。对超长超重原木和成材的装卸,宣配置相应的大型拖挂车和大型的装卸机械。

5.4.4 码头前方作业地带的宽度,不宜小于 30m。

5.4.5 堆场布置应满足装卸作业、分品种堆放和消防的要求,对接卸进口木材的码头应设成材堆场。

5.5 散粮码头的装卸机械选型和工艺布置

5.5.1 装船机械、卸船机械和装卸船联合机械的选型,应根据船型、运量品种、码头布置及港口对机械的具体要求等因素比较确定。

5.5.2 装船机械的选型和工艺布置应满足下列要求。

5.5.2.1 装船机的主要参数应满足船舶装舱的要求。装船溜管宜为无绳伸缩式或末端带布裙罩。移动式装船机轨道长度,应满足装船机在检修状态下另一台装船机能满足到首尾舱装舱作业的要求。为便于检修及船舶供给,码头上可设单行车道。

5.5.2.2 专业化装船泊位宜采用效率高、台数少的工艺系统。

5.5.3 卸船机械的选型和工艺布置应满足下列要求。

5.5.3.1 卸船机的主要参数应根据设计船型及水位确定,并应具备与所配清舱机械相应的起吊设施。

5.5.3.2 移动式卸船机轨道长度应满足首尾作业的要求,并考虑卸船机检修位置。

码头上应有停放清舱机械和抓斗的位置。

5.5.4　水平输送机械的选型应根据品种、运距及输送能力等因素比较确定。

5.5.5　提升机械的选型应根据平面布置、提升高度及输送能力等因素比较确定。在平面布置许可的条件下，宜采用上行倾斜带式输送机。受平面布置限制时，可采用斗式提升机，该机应设置在工作楼外。采用斗式提升机时，应配备完好的速度检修、打滑、测温和过热保护等安全装置、壳体上应设泄爆孔盖。设置在工作楼内的垂直提升机宜采用带式提升机。

5.5.6　散粮的堆存宜以筒仓为主。特殊情况下，经比较可采用房式和半球仓等其他方式。筒仓的选型应根据品种、船型和堆存期等因素确定，品种多、堆存期短的宜选用圆筒群仓；品种单一、堆存期长的宜选用大直径的单筒仓。

5.5.7　筒仓的容量应根据运量平面布置、船型、品种、堆存期等因素计算确定。

5.5.8　散粮码头的装卸工艺流程应具备入仓、出仓和倒仓等工艺流程，工艺流程系统应密封可靠，并应配备完善的吸尘系统。吸尘系统的布置应根据工艺流程和平面布置等因素确定。

5.5.9　装车方式及设备的选择应根据物料特性、车型及平面布置等因素比较确定。在采用仓式堆存装车时，可利用重力装车，装车溜管或出料漏斗口至轨面或地面的净空高度必须满足机车车辆或汽车的建筑限界要求。铁路装车线的长度应根据装车能力、车型和车辆运行组织等因素确定。

5.5.10　卸车方式及设备的选型应根据物料特性、车型和平面布置等因素比较确定。卸车线长度应根据卸车能力、车型和车辆运行组织等因素确定。

5.5.11　筒仓的谷物分选、测温、干燥和熏蒸等辅助设施的设置，应根据温度、湿度、用途和储存期等因素综合分析确定。

5.5.12　对大型散粮码头的筒仓，宜采用可编程序控制器进行工艺流程、计量、温度、筒仓内湿度和粉尘浓度等自动化控制与计算机管理、设置工业电视集中监控。

5.5.13　圆筒群仓仓顶房的设置，应根据所在地的温差、降水量、仓顶输送机械的形式与维修保养等因素比较确定。

5.5.14　散粮码头应设置商检计量与取样设施。

5.5.15　散粮专业化码头装卸工艺设计应符合国家现行环保、防爆等有关规定。

5.6　集装箱码头的装卸机械选型和工艺布置

5.6.1　集装箱码头装卸船作业应配备岸边装卸桥。岸边集装箱装卸桥的使用性能和技术参数应满足到港集装箱船舶及不同规格的集装箱装卸作业和工艺布置要求，并留有一定的发展余地。岸边集装箱装卸桥的主要技术参数应满足下列要求。

5.6.1.1　岸边集装箱装卸桥的起重量，应能吊起到港最大重量集装箱或到港船舶最重的舱盖板，其吊具下的起重能力不应小于 30.5t。

5.6.1.2　应根据不同工艺布置、水平运输作业方式及保证设备具有足够的稳定性来确定岸边集装箱装卸桥的轨距，其轨距不应小于 16m。

5.6.1.3　岸边集装箱装卸桥的外伸距，应保证最大设计集装箱船舶在横倾 3° 时能够装卸船舶甲板以上顶层最外侧的集装箱。

5.6.1.4　岸边集装箱装卸桥的内伸距，应根据工艺布置要求确定，并应能吊放集装箱船最大尺寸舱盖板，其内伸距不应小于 8.5m。

5.6.1.5　岸边集装箱装卸桥的起升高度，应满足到港最大集装箱船空载设计高水位和满载设计低水位时全部集装箱的装卸作业。

5.6.2　集装箱码头的水平运输机械，宜采用集装箱拖挂车、集装箱跨运车或其他运输机械。

5.6.3　集装箱码头堆场作业及装卸车作业机械，应根据泊位的通过能力、集疏运方式、陆场面积和不同的工艺布置形式，经技术经济论证，可选用轮胎式集装箱龙门起重机、轨道式集装箱龙门起重机、集装箱跨运车、集装箱正面吊运车、集装箱叉车、集装箱空箱堆箱机和其他装卸机械。

5.6.4　集装箱码头工艺布置应满足下列要求。

5.6.4.1　多泊位的集装箱码头工艺应考虑连续布置。

5.6.4.2　岸边集装箱装卸桥海侧轨道中心线至码头前沿的距离，应根据到港船舶靠泊及装卸工艺布置的需要确定，不宜小于 3m。对改造的集装箱码头可结合原有码头结构和工艺布置的情况，选择适宜的距离，不宜小于 2.5m。码头前方作业地带宽度应根据工艺布置的需要确定，不宜小于 45m。

5.6.4.3　集装箱码头堆场垂直予岸线的宽度应根据集装箱吞吐量和工艺方案确定，不宜小于 400m。辅助设施宜设在码头堆场的后方，形成各自独立的区域。

5.6.4.4　集装箱堆场内主要通道宽度应根据运输车辆和堆场装卸机械运行和作业要求确定，不宜小于 25m。

5.6.4.5　堆场作业采用轮胎式集装箱龙门起重机时，跨间除堆放集装箱外，还应留有集装箱拖挂车通道，其宽度不宜小于 3.5m。相邻两台轮胎式集装箱龙门起重机运行跑道中心距不宜小于 3.6m，跑道端部应设置转向设施；采用集装箱跨运车时，两行集装箱之间应留出跨运车通道，其宽度宜为 1.5～1.6m；采用集装箱正面吊运车和集装箱叉车时，堆场内作业通道不宜小于 15m。

5.6.5　当集装箱码头确需设置集装箱拆装箱库时，集装箱拆装箱库应布置在集装箱堆场处。拆装箱库的布置形式应根据集疏运条件和机械设备的作业方式确定。根据铁路、公路集疏运货物的比例，设置相应的铁路拆装箱库和公路拆装箱库，其布置应符合下列规定：

5.6.5.1　拆装箱库设站台时，火车装卸货物站台的高度应高出轨面 1.10m，站台边缘至相邻铁路中心线的距离为 1.75m；汽车装卸货物站台高度为 1.2m；拆装箱作业站台高度和宽度应根据工艺布置和设备情况确定，高度宜为 1.2～1.5m，其宽度不宜小于 6m，并设置一定数量的渡板。集装箱站台前应设置停放集装箱拖挂车的场地及一定数量的拆装箱作业场地，其宽度不宜小于 30m。

5.6.5.2　拆装箱库不设站台时，库外应设置一定数量的拆装箱作业场地，其宽度不宜小于 36m。

5.6.5.3　拆装箱库宜采用大跨度结构，库门大小应满足通行机械作业的需要。

5.6.6　集装箱码头设置冷藏集装箱时，冷藏箱堆场应布置在重箱堆场区。每两排冷藏箱间应设电源插座和检查平台。冷藏集装箱的箱位应根据冷藏箱的运量确定。冷藏箱的堆高宜为 2～4 层。

5.6.7　集装箱码头危险品箱应根据危险品的运量及危险品种类，按照国家有关危险品货物装卸和存放的条理确定存放场地和存放方式，并按照国家有关规定配置相应的消防和安全措施。

5.6.8　超限箱的存放方式应根据到港超限箱的数量确定。超限箱宜布置在重箱堆场的两端。到港超限箱数较多时，宜设置超限箱专用堆场。

5.6.9　集装箱堆场的箱位应根据不同工艺布置合理编排，并标明位置和编码。

5.6.10　堆场流动机械及车辆运行通路应根据工艺要求设计，宜按单向环行车流布置，并应设置明显的车辆运行路线标志。

5.6.11　集装箱码头出入口应设置检查桥和单据传递设施。出入口通道数量应根据进出码头的集装箱车辆数量确定。出入口通道宜按照"一岛一道"设计。检查桥的净空高度应根据最大到港集装箱与最高底盘车的组合高度设置，其净空高度不宜小于5m。出入口处还应设置特种车辆或超标车辆的通行车道。集装箱码头的出入口处可根据装卸作业和货主的需要，设置必要的计重设施、出入口内外侧应留有足够的停车场地。

5.6.12　集装箱码头应配备计算机管理系统。

5.6.13　集装箱码头作业区应与其他码头作业区隔离开，并设置必要的封闭设施。

5.7　原油码头装卸工艺设计。

5.7.1　对与长输送管道系统配套建设的原油码头，其油库宜同管道输送系统的末站或首站合设。

5.7.2　原油码头装卸工艺流程设计时，应符合下列规定：

5.7.2.1　有条件时，宜采用自流装船。

5.7.2.2　卸船时，应充分利用油船泵压输油至油库，在管道较长、高差较大或特殊情况下，可设置加压系统和相应工艺设施。

5.7.2.3　港口区原则上不宜设置原油脱水处理设施。

5.7.2.4　当采用流量计算时，装油港宜在装船前计量，中转性卸油港宜在发油前计量。

5.7.3　输油泵应按下列要求选型：

5.7.3.1 根据油品性质和卸船效率及供油参数确定。宜选用密封性好的离心泵，并使其在高效区工作。

5.7.3.2 输油泵的电机应选用防爆型，有困难时应采取有效的防爆措施。

5.7.3.3 输油泵的流量应根据装卸效率、机组台数和泵型等因素综合考虑。

5.7.3.4 输油泵的扬程，应满足在设计流量下原油从起点至终点所需的压头。计算时，宜考虑 15～20m 的富余压头。

5.7.4 输油条应采用自流灌泵，并充分利用泵的吸程。校核泵的吸程时，并应留有 0.5m 的富余量。

5.7.5 输油泵房和阀室应采用地上建筑，有困难时，可采用半地下建筑。

5.7.6 输油管线的布置应符合下列规定。

5.7.6.1 陆上输油管线应沿道路呈带状布置，并减少交叉。管道应采用低支墩明敷，特殊情况下可采用埋地敷设。

5.7.6.2 在引堤或栈桥上敷设管线，宜沿引堤或栈桥一侧或两侧布置。当管线较多需分层布置时，大管径管线及检修频繁的管线应布置在下层，两层管线的净距不应小于 0.8m，下层与地面的净距，不应小于 0.4m。

5.7.7 输油管线的穿越和跨越应符合下列规定。

5.7.7.1 输油管线穿越铁路时，应加设套筒或涵洞。套管项距轨顶的距离不得小于 1.0m，两端伸出路基边坡不得小于 2.0m。

5.7.7.2 输油管线穿越主要道路宜加设套管。套管项距轨顶的距离不得小于 0.8m，套管两端伸出路肩不得小于 1.0m。

5.7.7.3 套管内的输油管不应有连接焊口。

5.7.7.4 输油管线宜与铁路、道路直交。

5.7.7.5 输油管线跨越港区铁路、道路时，轨顶或路面以上的净空高度应符合下列规定：

（1）对港区铁路，蒸汽及内燃机车为 5.5m，电气机车为 6.5m，并符合铁路建筑限界要求。

（2）对港区道路为 5.0m，并符合铁路建筑限界要求。

5.7.8 港区输油管线的热伸长，当利用自然补偿不能满足要求时，应设置补偿器，补偿器应按有关规定设置固定支座，陆域管线应采用方形补偿器；引堤和栈桥上的管线宜采用波纹补偿器、套筒伸缩节或其他形式的补偿器。

5.7.9 输油工艺设施在码头上的布置应符合下列规定：

5.7.9.1 输油管与阀室或其他建筑物之间应有足够距离。

5.7.9.2 两侧靠船码头，输油管线布置在码头中部。

5.7.9.3 码头上应设扫线、消防和通信等设备。大吨位码头应设登船梯。

5.7.10 油罐设备、输油管线和输油臂等应按有关规定设置防雷和接地装置。输油管应设绝缘法兰，码头上应设供油船使用的接地装置。

5.7.11 油罐的数量及灌容应根据码头等级、工艺要求、施工条件、材料来源和平面布置等因素综合确定。油罐选型宜采用金属浮顶罐。油罐应设置温度、液位等控制仪表，报警装置及其他必要的附件。

参考文献

［1］ 孙铮，张明齐. 港口企业装卸实务[M]. 北京：对外经济贸易大学出版社，2011.

［2］ 刘善平.港口装卸工艺[M]. 北京：人民交通出版社，2010.

［3］ 杜学森.集装箱码头操作与管理实训[M]. 北京：中国劳动社会保障出版社，2009.

［4］ 齐延才.集装箱物流操作实务[M]. 大连：大连海运学院出版社，2007.

［5］ 宗蓓华，真虹.港口装卸工艺学[M]. 北京：人民交通出版社，2003.

［6］ 包起帆，罗文斌. 港口物流前沿技术研究与实践[M]. 北京：人民交通出版社，
2009.

［7］ 宋德驰. 中国港口与运输实务[M]. 北京：人民交通出版社，1999.

［8］ 于汝民. 集装箱码头经营管理[M]. 北京：人民交通出版社，1999.

［9］ http://www.tjportnet.com.

［10］ http://www.portqhd.com.